安全管理实用丛书

物业安全
管理必读

杨剑　黄英　等编著

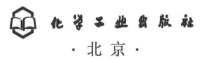

化学工业出版社

·北京·

本书是介绍物业安全管理的专著，内容包括物业安全管理职责、物业治安管理、物业车辆安全管理、物业安全设备管理、物业消防管理、不同类型物业的安全管理要点和物业安全应急救援管理等7章，系统地介绍了有关物业安全管理的职责、方法和技巧。

本书主要特色是内容系统、全面、实用，实操性强。书中各章节还配备了大量的图片和管理表格，其流程图和管理表格可以直接运用于具体实际工作中。

本书是物业管理公司进行内部安全培训和物业从业人员自我提升能力的常备读物，也可作为大专院校安全相关专业的教材。

图书在版编目（CIP）数据

物业安全管理必读/杨剑等编著．—北京：
化学工业出版社，2017.10（2022.1重印）
（安全管理实用丛书）
ISBN 978-7-122-30606-7

Ⅰ.①物⋯　Ⅱ.①杨⋯　Ⅲ.①物业管理-安全管理
Ⅳ.①F293.33

中国版本图书馆 CIP 数据核字（2017）第 221167 号

责任编辑：王听讲　　　　　　　　　　装帧设计：王晓宇
责任校对：王　静

出版发行：化学工业出版社（北京市东城区青年湖南街13号　邮政编码100011）
印　　装：天津盛通数码科技有限公司
710mm×1000mm　1/16　印张15½　字数296千字　　2022年1月北京第1版第4次印刷

购书咨询：010-64518888　　　　　　售后服务：010-64518899
网　　址：http://www.cip.com.cn
凡购买本书，如有缺损质量问题，本社销售中心负责调换。

定　　价：49.00元

前言
FOREWORD

2009年6月27日，上海市闵行区一幢13层在建商品楼倒塌；2013年11月22日，山东青岛市发生震惊全国的"11·22"中石化东黄输油管道泄漏爆炸特别重大事故；2015年天津市滨海新区8·12爆炸事故；2017年6月5日山东临沂液化气罐车爆炸事故……这些事故触目惊心，历历在目！像上述这样的安全事故，全国每年都会发生很多起，这些事故造成了大量的经济损失和人员伤亡。

由于当前我国安全生产的形势十分严峻，党中央把安全生产摆在与资源、环境同等重要的地位，提出了安全发展、节约发展、清洁发展，实现可持续发展的战略目标，把安全发展作为一个重要理念，纳入到社会主义现代化建设的总体战略中。当前，我国安监工作面临着压力大、难度高、责任重的挑战，已经成为各级政府、安监部门、企业亟待解决的重要问题。

安全生产是一个系统工程，是一项需要长期坚持解决的课题，涉及的范围非常广，涉及的领域也比较多，跨度比较大。为了提升广大职工的安全意识，提高企业安全管理的水平，为了减少安全事故的发生，更为了减少人民生命的伤亡和企业财产的损失，我们结合中国的实际情况，策划编写了"安全管理实用丛书"。

任何行业、任何领域都需要进行安全管理，当前安全问题比较突出的是，建筑业、物业、酒店、商场超市、制造业、采矿业、石油化工业、电力系统、物流运输业等行业、领域。为此，本丛书将首先出版《建筑业安全管理必读》《物业安全管理必读》《酒店安全管理必读》《商场超市经营与安全管理必读》《制造业安全管理必读》《矿山安全管理必读》《石油与化工业安全管理必读》《电力系统安全管理必读》《交通运输业安全管理必读》《电气设备安全管理必读》《企业安全管理体系的建立（标准·方法·流程·案例）》11种图书，以后还将根据情况陆续推出其他图书。

本丛书的主要特色是内容系统、全面、实用，实操性强，不讲大道理，少讲理论，多讲实操性的内容。同时，书中将配备大量的图片和管理表格，许多流程图和管理表格都可以直接运用于实际工作中。

《物业安全管理必读》将从实际操作与管理的角度出发，对物业安全部门的管理与治安、交通、车辆、消防、应急管理进行详细的论述。该书共分7章，主要包括物业安全管理职责、物业治安管理、物业车辆安全管理、物业安全设备管理、物业消防管理、不同类型物业的安全管理要点、物业安全应急救援管理等内容。

如果想提升物业安全管理水平，就需要在预防上下功夫，强化物业安全管理的教育培训，提高个人和公司整体的安全专业素质。本书是物业管理公司进行内部安全培训和物业从业人员自我提升能力的常备读物，也可作为大专院校安全相关专业的教材。

本书主要由杨剑、黄英等编著，在编写过程中，水藏玺、吴平新、刘志坚、王波、赵晓东、蒋春艳、胡俊睿、邱昌辉、贺小电、张艳旗、金晓岚、戴美亚、杨丽梅、许艳红、布阿吉尔尼沙·艾山等同志也参与了部分编写工作，在此表示衷心的感谢！

衷心希望本书的出版，能真正提升物业管理人员的安全意识和服务水平，成为物业管理人员职业培训的必读书籍。如果您在阅读中有什么问题或心得体会，欢迎与我们联系，以便本书得以进一步修改、完善，联系邮箱是：hhhyyy2004888@163.com。

编著者

2017 年 9 月于深圳

目 录
CONTENTS

第二章 物业治安管理

第三章　物业车辆安全管理

第四章　物业安全设备管理

第五章　物业消防管理

第七章 物业安全应急与救援管理

参考文献

第一章
物业安全管理职责

Chapter 01

如何保护业主和租户的财产和人身安全，是物业管理活动演绎的全部内容。其中，最为核心就是保护业主财产权和人身权的安全性。物业安全管理职责包括治安管理责任、消防管理责任和交通车辆管理责任等。

第一节　物业安全管理及其职责

一、什么是物业安全管理

物业安全管理是指物业管理公司采取各种措施和手段，保证业主和租户的人身和财产的安全，维持正常的生活和工作秩序的一种管理工作。物业安全管理包括预防与保护两个方面，即：预防灾害性、伤害性事故发生；通过各种措施对万一发生的事故进行妥善处理。两者相辅相成，缺一不可。

众所周知，物业是业主的重要财产，也是业主和租户的主要活动空间，如何保护业主和租户的财产和人身安全，是物业管理的主要任务。其中，最为核心就是保护业主财产权和人身权的安全性，离开安全，物业管理的一切活动就成了"空中楼阁"。

物业安全管理本质是一种安全服务，也可称为物业居住安全服务，是指在物业管理活动中，从业主和租户居住安全的需求出发，尊重客户和他们的隐私权，保护其居住权，促进物业区域环境的最优化、居住场所的有序化、人际关系的和谐化，最终达到他们心理上安全需求的满足感，所提供的是一种系统的、综合的、连续的服务。

二、物业安全管理的责任

（一）责任分类

物业管理安全防范的责任可分为以下两大类。

1. 安保责任

安保责任包括治安管理责任、消防管理责任和交通车辆管理责任。治安管理的主要任务是防盗、防破坏、防流氓和犯罪活动；消防管理的重点是要做好火灾预防；交通车辆管理一是要保证物业区内的交通秩序、交通顺畅及交通安全；二是做好停车场的管理。

2. 物业安全运行责任

物业管理公司除了要重视保安工作外，对于物业在使用及运行过程中可能会出现的灾害和事故的防范同样具有管理责任。这些灾害和事故包括自然灾害、设备事故和人员意外事故等。

（二）物业安全防范责任范围

物业区域内出现安全问题时，人们往往会认为只要在住宅小区或大厦中发生了意外，都是物业管理公司的问题，都应由其承担责任。其实不然，我们必须搞清物业管理安全防范责任范围。

《物业管理条例》第四十五条规定："对物业管理区域内违反有关治安、环保、物业装饰装修和使用等方面法律、法规规定的行为，物业服务企业应当制止，并及时向有关行政管理部门报告。"《条例》第四十六条规定："物业服务企业应当协助做好物业管理区域内的安全防范工作。发生安全事故时，物业服务企业在采取应急措施的同时，应当及时向有关行政管理部门报告，协助做好救助工作。"这两条规定明确指出物业服务企业安全管理服务，应定位在安全防范而不是安全事故后的治理，即没有事故的处理权，而有报告、制止、救援、协助、救助责任。

物业管理公司在签订管理合同时，一定要注意对于可能会出现的安全问题要有明确的责任界定。物业管理公司对在管理合同范围内的公共区域发生的安全事故承担责任，对于有偿服务过程中产生的相关问题，物业公司也需负责，但是通常情况下物业管理公司不应对在私人区域中产生的损失负责。

三、物业安全管理目标

物业安全管理的目的是要保证和维持业主和使用者有一个安全舒适的工作和生活环境，以提高生活质量和工作效率。为了实现这一安全服务目的，物业管理企业应根据物业安全管理实际需求来制定所管物业的安全管理目标。

（一）安全管理目标基准的设定

（1）应达到国家和地方相关法规对物业安全的基本要求。

（2）应满足业主或使用人对安全的委托要求，即物业服务合同所载明的要求。

（3）应以物业管理行业安全管理优秀标准为目标。

（二）安全管理目标的细化

安全管理目标在总体目标的基础上，应细化为可实施的、可检验的具体目标，见表1-1。

表 1-1　安全管理目标的细化

总体目标	具体目标
治安管理目标	1. 编制安全管理相关制度,并保证其得到有效执行
	2. 负责辖区日常治安管理,保证业主生命财产安全,保证辖区内恶性治安事件发生次数为零
	3. 负责辖区内突发事件的处理,保证业主对处理结果满意度评价在_____分以上
消防管理目标	1. 编制消防管理相关制度,并保证其得到有效执行
	2. 负责日常消防隐患的排查工作,保证辖区消防事故发生次数为零
	3. 负责消防设施、设备的日常管理工作,保证设施、设备完好率达到_____%以上
车辆管理目标	1. 编制车辆管理相关制度,并保证其得到有效执行
	2. 负责停车场日常管理工作,保证机动车辆丢失次数为零
	3. 负责日常车辆费用收缴管理工作,确保费用收缴工作按时完成
设备设施安全管理目标	1. 负责安全设施、设备的日常管理工作,保证设施、设备完好率达到_____%以上
	2. 无设施故障造成的伤人或财产损失事故
	3. 有自然灾害应急制度,能采取有效应对措施并减少损失

(三)物业安全管理量化指标

物业安全管理目标中,通常可以使用的量化管理指标见表 1-2。

表 1-2　物业安全管理量化指标

名称	计算测定标准	推荐标准
治安案件发生率	∑治安案件发生次数÷∑物业总人数×1000‰	治安案件发生率≤5‰
刑事案件发生率	∑刑事案件发生次数÷∑物业总人数×1000‰	刑事案件发生率≤1‰
火灾发生率	∑火灾发生次数÷∑物业总户数×1000‰	火灾发生率≤1‰(不发生重大火灾事故)
安全管理有效投诉率	∑安全管理有效投诉次数÷∑物业总人数×100%	安全管理有效投诉率≤2%
安全管理有效投诉处理率	∑完成处理有效投诉次数÷∑有效投诉次数×100%	安全管理有效投诉处理率=100%
物业安全管理客户满意度	∑调查中客户满意人数÷∑调查总人数×100%	物业安全管理客户满意度≥95%

第二节 物业安全管理岗位职责

一、保安部经理岗位职责

(1) 在物业公司总经理的领导下，全面负责物业治安、消防等安全管理服务方面的工作，带领和督导下属做好安全保卫工作。

(2) 坚决执行封闭式管理理念和访客验证登记放行及物品验证登记放行制度，确保物业项目人、财、物的绝对安全。

(3) 负责组织制定安全保卫工作计划，撰写工作总结，传达贯彻上级安全工作会议精神。

(4) 负责制定、健全物业项目的安全保卫制度的实施，部署保安部的工作计划安排和检查落实情况。

(5) 24 小时有效做好辖区秩序管理、交通管理、车辆管理、消防管理。

(6) 协助培训部门组织开展以"防火、防盗、防破坏、防自然灾害"为中心的四防安全教育和法制教育。组织防火安全检查，对发现的火险隐患要及时与相关部门协调解决。

(7) 负责组织调查内外发生的重大案件、事故，并向总经理提出处理意见，汇报查处结果。

(8) 负责组织员工进行防火安全教育和上岗前的消防知识培训，并定期严格对部门员工进行思想教育和军事及安保技能培训，以确保保安人员处于良好状态。

(9) 强化内部考勤管理和绩效管理工作，鼓励先进、淘汰落后、奖勤罚懒，强化对各岗位的工作服务质量监督考评工作，建立健全夜间不定时查岗制度。维护物业项目内部治安秩序。经常巡视物业项目的重要"四防"器材设备，以确保保安人员处于良好状态。

(10) 受理物业项目的业主对有关本部门的投诉，负责解决处理。

(11) 与当地公安机关、消防部门定期联络，保持密切的合作关系，协调有关保安、消防问题。

(12) 督导并协助总经理组建物业项目安全委员会、消防委员会等组织，协助其日常工作的开展。

(13) 负责本部门月度、季度、年度的工作报告。

(14) 与各部门之间密切配合、相互沟通，并深入了解下属管理人员和员工的思想状况，及时纠正不良倾向。

(15) 积极与当地治安机关或同行开展工作沟通，虚心取经，寻求工作合作。

(16) 高效保值保量完成领导及上级业务部门交办的各项临时性保安工作。

二、保安主任岗位职责

（1）在保安部经理的领导下，全面负责保安部的安全保卫工作。

（2）负责物业项目范围内的安全保卫工作，制定并实施安全保卫工作的各项制度及工作程序。

（3）监督检查下属的工作情况，加强内部管理，了解、掌握下属员工思想状态和工作状态，做好思想道德教育工作。

（4）负责按照国家有关行业标准，起草安保各岗位的设置、安保岗位的服务标准、交通协调的管理标准、管理安全视频的监控管理、停车服务的管理标准等。

（5）负责监督、检查、考核保安服务工作的质量。

（6）熟悉物业项目内的所有消防器材及安全措施，并配合处理好突发的安全事件。

（7）负责安保用品的采购、验证及监督管理。

（8）按时组织保安部工作例会，总结和布置工作，及时传达上级领导的指示。

（9）负责与政府有关部门、公安局保持紧密联系，完成所布置的各项工作。协助公安机关处理各种案件。

（10）及时完成领导交办的其他临时任务。

三、消防主任岗位职责

（1）在保安部经理的领导下，全面负责消防安全管理工作，做好分管工作的计划与实施。

（2）负责按照国家有关行业标准，起草消防安全管理各岗位的设置，制定物业项目范围内的消防管理制度以及相关服务标准。

（3）负责对本部门员工进行上岗前的消防知识培训和考核工作，并负责组织各项防火宣传教育活动。

（4）审查各种危险作业项目的防范措施是否可行、完全。

（5）主持物业项目的消防安全管理工作，与业主或新租业主签署《消防安全责任书》。

（6）负责实施物业项目范围内的消防安全管理工作，制定、实施消防工作的应急预案。

（7）负责组建、培训义务消防队，做好义务消防队的管理工作。制定消防演习方案并组织实施。

（8）负责制定消防工作计划，总结消防工作情况，检查落实各项消防安全制度。

（9）负责对口相关政府部门的协调工作。

（10）及时完成领导交办的其他临时任务。

四、保安主管岗位职责

（1）在保安主任的领导下，监督、检查并指导保安领班的工作，全面掌握保安员的岗位值勤情况。

（2）确定保安员的工作计划，了解保安员的思想状况，负责对保安员进行业务培训。根据部门指定的突发事件应急预案要求，合理安排人力，杜绝各种不安定因素。

（3）领导视频监控室做好日常管理工作，组织值班员的业务培训和考核。

（4）每日巡查物业项目各区域，发现问题及时上报解决，审阅各岗位领班交接班本和工作记录本，负责员工的排班、考勤和休假的初审工作。

（5）配合部门经理起草相关服务合同、岗位操作规范。

（6）及时完成领导交办的其他临时任务。

五、消防主管岗位职责

（1）在消防主任的领导下，负责物业项目消防岗位的培训管理工作。

（2）按照部门要求，主动协调部门内消防、维修的工作。

（3）负责各项目消防人员的档案建立及归档工作。

（4）负责日常勤务，认真执行并落实公司下发的各项制度，熟悉消防突发事件处理预案，火情发生时能按预案处理。

（5）建立并管理防火档案，对施工现场进行监督检查。与公安消防机关保持密切联系，完成消防机关布置的工作任务。

（6）及时完成领导交办的其他临时任务。

六、保安领班岗位职责

（1）负责本班次、本岗位的安全保卫工作，负责妥善安排在岗值勤人员的岗位，分配工作任务，组织替换岗，保证重点部位警卫人员不脱岗。

（2）负责处理涉及业主生命财产和物业项目安全方面的调查工作，具体的调查结果需呈报部门主管。

（3）接到各部门案件报告时，要迅速与当值保安人员奔赴现场，及时采取恰当、果断的处理措施，重大问题要及时上报部门主管。

（4）直接负责岗位检查工作，督促保安员值勤、着装、用餐、替代班等，落实部门的通知，及时了解保安员的思想情况及值勤中发生、发现的问题，做好处理登记并及时上报。

（5）负责检查、督促本班各岗位保安设备和器材的使用、保管工作，确保完好无损，及时掌握、及时汇报。

（6）根据部门主管的安排，调查处理发生在物业项目内的一般性治安案件，协助治安管理有关部门查处刑事案件和与物业项目有关的各种重大案件。

（7）及时完成领导交办的其他临时任务。

七、消防领班岗位职责

（1）接到各部门火警报告时，要迅速与当值消防人员奔赴现场，及时采取恰当、果断的处理措施，重大问题要及时上报部门主管。

（2）经常检查各项防火安全措施，负责消防器材和防范措施的检查落实工作。重点巡查防范有关的薄弱环节，确保物业项目的安全。

（3）负责检查、督促本班各岗位消防设备、器材的使用、保管工作，确保完好无损，及时掌握、及时汇报。

（4）根据部门主管的安排，调查处理发生在物业项目内的消防安全隐患。

（5）及时完成领导交办的其他临时任务。

八、保安员岗位职责

（1）熟悉本岗位的任务与要求，仪表、仪容符合要求。遇见业主主动礼貌地打招呼，热情地向业主提供有关咨询与服务。

（2）及时、果断地按有关程序处理本岗位发生的问题，发现可疑情况要及时监控，并向上级汇报。

（3）发现犯罪或危及业主和物业项目安全的情况和行为，及时、果断地制止和排除，并迅速报告上级。

（4）保安部在接到有外单位检查时，应积极配合工作并验明身份，同时报有关部门领导。

（5）发现业主遗留和丢失的物品，及时寻找失主或交上级处理。爱护物业项目工作岗位上的各种设施、设备。

（6）认真填写当班记录，及时完成领导交办的其他临时任务。

九、消防员岗位职责

（1）要有严格的组织纪律性、理解并准确把握消防服务与社会效益、经济效益的关系。认真学习、遵守和执行消防法令、法规和物业项目安全制度。

（2）经常组织参加消防训练，熟悉岗位环境并掌握各种消防器材的使用方法，经常检查本物业项目消防器材，随时处于使用状态。

（3）每日巡查物业项目，检查全物业项目的消防情况，发现物业项目内有消防安全问题及时解决，发现重大隐患或解决不了的问题，立即向上级领导汇报，同时采取防范措施。

（4）发现火警、火灾，立即赶赴现场，协助扑灭火灾，组织人员安全疏散。对一切火警、火患和火灾要采取"三不放过"（即查不出火患的原因不放过、不采取防范措施不放过、不处理和教育当事人不放过）的原则。

（5）熟悉物业项目结构，消防报警系统，自动灭火系统，了解各部位情况，熟悉疏散安全方案，掌握各种消防器材的使用方法。

（6）会同工程部等有关部门定期检查物业项目的消防设施，保证物业项目的各种安全器材和设备始终处于良好的状态。

（7）有权制止违反消防制度的一切行为，在遇到火灾时，要挺身而出，奋力扑救，保护物业项目和业主安全，协助公安、消防部门保护现场，查明原因，并及时向上级报告。

（8）及时完成领导交办的其他临时任务。

十、视频监控室值机员岗位职责

（1）牢固树立认真负责的工作态度，加强责任心，坚守岗位，尽忠尽职。

（2）负责对物业项目区域内各监控部位的监控工作，了解和及时汇报有关保安情况，做出相应处理。

（3）根据规定负责视频监控室的日常工作，负责向有关部门反映各类监控设施的故障状况。

（4）负责保安部内部使用的对讲机电池的充电和对讲机、电池等物品的交接工作。

（5）熟悉各种探头、监视器的位置和保护范围，能够及时准确地判断各种信号。密切观察屏幕上的人和事，发现可疑情况应立即通知保安人员前往调查，严格控制一切不法行为在物业项目内出现。

（6）进行视频监控时应密切注视屏幕情况，严格按规定时间、范围等集中精力密切观察，对异常可疑情况做好记录和录像，并及时向上级主管报告。妥善保管录像带，所有记录内容的录像带应按组别顺序分类登记，每盘录像带做好时间和内容标识，以便查找。

（7）严格遵守安全保密制度。视频监控范围、摄录时间及其他安全防范设施的布防时间均属保密事项，严禁外传，未经上级同意，禁止向无关人员介绍监控情况。

（8）及时完成领导交办的其他临时任务。

十一、消防中控室值班员岗位职责

（1）忠于职守，热爱本职工作，尽职尽责，常备不懈，一丝不苟。

（2）负责上报对通过各类监控设施反映出的消防安全方面的问题。消防中控室值班员负责对物业项目区域，包括重点防火部位的消防巡视。

（3）严格履行交接班制度，遵守公司的各项规章制度，服从管理。值班期间必须坚守岗位，未得到上级领导的许可严禁脱岗、串岗，能够熟练操作室内的各种设备并且严格执行工作程序。

（4）火警就是命令，一旦发生火灾，工作人员必须高度集中，坚守岗位，密切注意火势蔓延情况，及时报告。一经发现业主探试消防报警头、水喷淋系统和用掩盖物遮盖监控器镜头的，立即报告。

（5）保持室内清洁，爱护各种设备，每日检查设备的清洁和工作情况，定期对系统进行检测，保证设备处于良好的工作状态。

（6）严格遵守安全保密制度，未经领导批准，不得查阅任何资料，更不允许无关工作人员进入。

（7）及时完成领导交办的其他临时任务。

十二、车场管理员岗位职责

（1）应具有很强的责任心，管理好自己区域范围内的车辆，如发现异常要及时登记处理，以免发生事故。

（2）需掌握本区域内哪些是租用车位、哪些是计时车位，以便顺利疏导车辆。

（3）车场管理员对每位司机都应使用礼貌用语，不得与业主争吵，避免发生投诉。

（4）对每位司机都应尽职尽责，尤其是负责地面岗的员工，必须正确报出进入车库的车辆意向，确认是公司租车位的应出示停车证后方可让其进入，如是访客车则必须在入口处登记。

（5）应爱护自己使用的对讲机，一旦发现对讲机丢失或损坏应及时报告，待查明责任后，当事人将予以相应赔偿。

（6）严禁乱收费、乱罚款及私自处罚。不得让亲朋好友及其他无关人员进入停车场。

（7）发扬团结协作、互相帮助的团队精神，不得损公肥私。

（8）及时完成领导交办的其他临时任务。

第三节　物业安全管理单位考核标准

为进一步规范物业安全管理行为，完善物业管理区域的安全防范体系，确保落实物业安全管理责任和安全措施，减少物业区域伤亡事故发生，提高业主安全感，形成物业管理公司、业主密切配合的安全工作机制，物业管理公司应建立安全管理考核标准。安全管理考核标准既是指导和评价工作的依据，也是安全管理工作的规范和要求。安全管理考核标准包括对物业管理单位的考核标准和对工作岗位的考核标准。

一、单位安全管理考核标准的建立

对管理单位的安全管理考核标准一般可从以下各方面来建立。

（1）管理方式：封闭式管理、24小时值班、预防为主，人防、物防、技防三者相结合。

（2）管理队伍：专业保安队伍，持证上岗、政治合格、素质过硬、纪律严明、作风优良、具有良好的安全服务意识。

（3）管理制度：岗位职责明确、责任到人、安全管理制度完善、激励奖惩机制有效。

（4）服务行为：工作标准化、管理制度化、服务规范化。

（5）安防设备：全防范设施、消防设施要认真检查、维修养护，检查情况要有记录，发现有安全隐患问题，要及时反映，配合有关部门认真整改，确保设施完好。

（6）服务效果：着装统一、挂牌上岗（见图1-1）；技防设施设备完好，维修养护及时，使用正常；危及人身安全处有明显标志和具体的防范措施；消防设备设施完好无损，可随时起用，消防通道畅通；机动车停车场管理完善，管理责任明确，车辆进出有登记；物业保安力量与当地派出所、110及其他群防群治力量的衔接协调良好，无重大民事纠纷，无刑事案件；小区内重要目标、重点部位的警戒防卫有专人负责；工作职责明确、责任到人、日常工作有记录等。

图1-1 着装统一、挂牌上岗

二、单位安全管理考核标准范例

表1-3是某市某物业小区（大厦）安全管理评价标准范例，仅供参考。

表1-3 某市某物业小区（大厦）安全管理评价标准

序号	小区(大厦)安全管理考核内容	分值
1	创建组织健全,工作计划详细,实施方案具体,责任明确到人;小区安保工作职责明确,日常工作有记录	5
2	与当地派出所、110及其他群防群治力量的衔接协调良好	5
3	有安保公示牌、普法宣传橱窗,居民安保知晓率90%以上	5
4	小区环境优美整洁,无卫生死角,无乱丢垃圾现象,无群体性纠纷、上访事件	8
5	小区基本实行封闭式管理,有专业安全护卫队伍,持证上岗率在90%以上	5
6	着装统一、挂牌上岗,工具佩戴规范,仪容仪表规范整齐	5
7	安全护卫人员熟悉小区环境,熟悉物业管理及有关法律法规,能恰当地处理和应对小区护卫工作	5
8	对小区内重要目标、重点部位(如电视通信等设施设备)的警戒防卫有专人负责	5
9	24小时值班、定期巡逻,交接班制度完善,并有工作及交接班记录	5
10	各出入口24小时有值班看守,有车辆、访客、大件物品进出登记;安全护卫人员具有交通指挥、疏导能力	7
11	有业主(使用人)投诉和求助公开电话	2
12	有停电、停水、火灾、爆炸、地震、炸弹恐吓、安全疏散以及电梯应急等紧急事故应急预案	5
13	对蓄水池、屋顶水箱进行上锁管理,定期检查,定期清洗消毒	8
14	对危及人身安全处有明显标志和具体的防范措施	5
15	安全护卫人员配备对讲装置和其他必备的安全护卫工具	3
16	小区内房屋出租登记率达95%以上	2
17	值班室办公环境较好,主出入口安装平移式电动门,安装电视监控设施,有周界电子报警系统,住户安装防盗设施达80%以上	5
18	安防设施设备完好,维修养护及时,使用正常	5
19	消防组织健全,责任明确,设备设施完好无损,可随时起用,消防通道畅通	5
20	小区内车辆停放有序,交通标志设置明显;停车场由专人管理,车辆进场、离场有检查、记录	5
备注	凡发生在全市有重大影响的刑事案件、火灾伤亡事故,或因物业管理工作失误引发群体性越级上访等群体性事件的,予以一票否决	合计:100

第四节　各岗位物业安全管理考核标准

一、保安部经理考核标准

保安部经理考核标准样本见表1-4。

表1-4　保安部经理考核标准

序号	考核内容	评分	考核与评分细则
1	全责贯彻实施物业项目区域内的治安、消防工作	3	检查、贯彻力度不够，每次扣1分
2	每周例会详细汇报上周治安、消防工作情况，根据总经理指示，部署本周工作	2	①不了解工作，汇报不清，每次扣1分 ②无工作计划，每次扣1分
3	每两个月联系公安消防部门一次，接受工作指导，并按照公安机关的统一部署，做好专项治理工作	2	①未能及时进行工作联系，每次扣1分 ②治安、消防工作达不到公安、消防部门要求，每次扣2分
4	每月召开两次部门例会，研讨治安、消防工作	2	①缺一次例会扣1分 ②未对工作进行总结、部署，每次扣1分
5	每月5号前完成当月物业项目区域内的治安、消防工作总结与计划	2	①不及时完成，每次扣1分 ②完成质量差，每次扣1分 ③计划条例不清晰，每次扣1分
6	在防火总负责人领导下，组织各部门安全防范措施	3	工作完成不够，消防检查不合格，每次扣2分
7	遵循"群防群治"原则，组织实施各项安全防范措施	3	防范措施不力，每次扣1分
8	亲临处理发生在物业项目区域内的重大治安案件和事故，查清案件原因，总结教训，并将发生原因及处理经过，以书面形式向总经理汇报	5	①不亲临处理重大事件，每次扣2分 ②处理后不及时书面汇报，每次扣2分 ③不及时总结教训，导致同类事故发生，每次扣2分
9	每年组织保安员进行一次消防训练，组织全公司开展一次消防实操训练和消防演习	2	①未组织进行消防训练，每次扣1分 ②未进行消防演习，每次扣1分
10	处理物业管理区域重大消防事故，并将发生原因及处理经过书面向总经理报告	2	①对重大消防事故处理不及时或方法不当，每次扣2分 ②处理后未向总经理书面汇报，每次扣1分

使用说明：每个岗位"实际得分"与"评分总和"的百分比率，即判定为该岗位的考核分值。

二、保安主任考核标准

保安主任考核标准样本见表1-5。

表 1-5　保安主任考核标准

序号	考核内容	评分	考核与评分细则
1	在保安经理的直接领导下,具体落实物业管理区域的治安工作	4	未监督,工作不落实,每次扣2分
2	每月25日前,完成下月保安工作计划初稿	2	不按规定完成下月工作计划,每次扣1分
3	每月30日前完成当月部门治安工作总结初稿,并交保安部经理	2	①未按时完成,每次扣2分 ②完成质量差,每次扣1分
4	认真抓好员工纪律和服务工作质量,努力加强保安队伍建设	3	未采取措施,每次扣3分
5	处理发生在物业项目区域内的各种突发事件并及时向上级汇报	5	①未及时处理各种突发事件,每次扣2分 ②未及时汇报,每次扣1分
6	按照部门制定的培训计划,具体组织培训,并实施总结和考核	4	①未组织实施培训,每次扣2分 ②未组织考核,每次扣2分 ③没有培训总结,每次扣1分
7	负责加强与各部门的工作协调,促进日常工作的完成	2	与各部门的工作协调不够,给本部门的工作完成带来难度,每次扣2分
8	保安部经理不在时,代经理参加公司治安例会,处理保安部日常的工作	2	每缺一项,每次扣1分

使用说明:每个岗位"实际得分"与"评分总和"的百分比率,即判定为该岗位的考核分值。

三、消防主任考核标准

消防主任考核标准样本见表1-6。

表 1-6　消防主任考核标准

序号	考核内容	评分	考核与评分细则
1	在保安经理的直接领导下,具体落实物业项目区域的消防工作	4	未监督,工作不落实,每次扣2分
2	每月25日前,完成下月消防工作计划初稿	2	不按规定完成下月工作计划,每次扣1分
3	每月30日前完成当月部门消防工作总结初稿,并交保安部经理	2	①未按时完成,每次扣2分 ②完成质量差,每次扣1分
4	认真抓好员工纪律和服务工作质量,努力加强消防队伍建设	3	未采取措施,每次扣3分
5	认真检查、了解各班工作情况、员工工作表现、纪律执行情况等	2	未能及时掌握情况,每次扣1分
6	每日一次检查消防中控设备设施,内容包括消防联动报警情况、消防主机运行情况等	3	①未检查,每次扣3分 ②未发现存在的问题,每次扣1分

序号	考核内容	评分	考核与评分细则
7	处理消防报警、火灾及一般性消防事故	5	未及时果断处理火警等一般性消防事故,每次扣3分
8	对发生在物业管理区域内的重大消防问题,要果断采取有效措施控制事态,并及时上报保安部经理	5	①未采取果断措施控制事态,导致事态扩大的,每次扣5分 ②不协助保安部经理处理紧急事件,每次扣5分

使用说明:每个岗位"实际得分"与"评分总和"的百分比率,即判定为该岗位的考核分值。

四、保安主管考核标准

保安主管考核标准样本见表1-7。

表1-7　保安主管考核标准

序号	考核内容	评分	考核与评分细则
1	在保安主任的领导下,负责组织、督促、落实保安员的日常工作	3	未切实落实领导部署,每次扣1分
2	监督、检查并指导领班的工作,全面掌握员工的岗位值勤情况	3	未能合理安排工作,影响工作的开展,每次扣2分
3	制定保安工作计划,了解保安员的思想状况	2	未能了解保安员思想状况,影响工作的开展,每次扣1分
4	负责对保安员进行业务培训,合理安排人力,杜绝各种不安定因素	4	未检查指导各班组工作情况,每次扣2分
5	领导视频监控室做好日常工作	2	①未及时发现和处理存在的问题,每次扣1分 ②未能合理安排工作,影响工作的开展,每次扣1分
6	负责协调部门内总机监控、消防、维修的工作	3	未能及时协调、处理存在的问题,每次扣2分
7	配合本部门经理起草相关服务合同,岗位操作规范	2	未能及时配合,影响工作的开展,每次扣1分
8	每日巡查物业项目各区域,负责员工的排班、考勤和休假的初审工作	3	①未能及时处理存在的问题,每次扣1分 ②未能合理安排工作,影响工作的开展,每次扣1分

使用说明:每个岗位"实际得分"与"评分总和"的百分比率,即判定为该岗位的考核分值。

五、消防主管考核标准

消防主管考核标准样本见表1-8。

表 1-8　消防主管考核标准

序号	考核内容	评分	考核与评分细则
1	在消防主任的领导下,负责组织、督促、落实消防员的日常工作	3	未切实落实领导部署,每次扣1分
2	监督、检查并指导领班的工作,全面掌握员工的岗位值勤情况	3	未能合理安排工作,影响工作的开展,每次扣2分
3	制定消防工作计划,了解消防员的思想状况	2	未能了解消防员思想状况,影响工作的开展,每次扣1分
4	负责对员工进行消防知识培训,合理安排人力,杜绝各种不安定因素	4	未检查指导工作情况,每次扣2分
5	负责各物业项目区域消防安全检查工作,制定项目消防方案	3	①未及时发现和处理存在的问题,每次扣1分 ②未能制定消防方案,影响工作的开展,每次扣1分
6	负责与外包单位的联系与沟通,并对外包消防人员进行监督管理	3	未能及时协调、处理存在的问题,每次扣2分
7	建立并管理防火档案,对施工现场进行监督检查,负责安全、消防人员档案建立及归档工作	2	①未能及时处理存在的问题,每次扣1分 ②未能建立相关档案,影响工作的开展,每次扣1分
8	负责日常勤务,认真执行并落实公司下发的各项制度	2	①未能及时处理存在的问题,每次扣1分 ②未能合理安排工作,影响工作的开展,每次扣1分

使用说明:每个岗位"实际得分"与"评分总和"的百分比率,即判定为该岗位的考核分值。

六、保安领班考核标准

保安领班考核标准样本见表1-9。

表 1-9　保安领班考核标准

序号	考核内容	评分	考核与评分细则
1	在保安主管的领导下,具体落实物业区域治安工作	3	对物业管理区域的治安工作,未切实落实领导部署,每次扣1分
2	提前一天安排岗位当值人员	2	未能体现安排工作,影响工作的开展,每次扣1分
3	每月两次召开班组例会,贯彻上级工作指示	2	每月每缺开1次班组例会扣1分
4	每日上班前15分钟列队,强调当班纪律及注意事项,班后15分钟小结当日情况	2	①不按时间规定列队,每次扣0.5分 ②未强调注意事项,每次扣0.5分 ③未总结当日工作,每次扣0.5分
5	每日每班组对物业管理区域不少于两次的全方位巡视	2	①未巡查,扣2分 ②缺一次巡查,扣0.5分
6	督促指导保安员做好每日交接工作	2	督导检查不认真,每次扣1分

序号	考核内容	评分	考核与评分细则
7	监督本班组保安员遵守公司规章制度,执行上级工作指令	2	监督不利,员工出现违纪,每次扣1分
8	详细记录本班组当日工作情况,保安员工作表现和记录执行情况	2	①未记录,每次扣1分 ②记录不清,每次扣1分
9	监督、检查指导本班组工作,及时纠正工作偏差,每日对各岗的巡查不少于三次	3	①未检查指导各班组工作情况,每次扣3分 ②每少一次巡查,扣1分 ③未及时纠正工作质量偏差,每次扣1分

使用说明:每个岗位"实际得分"与"评分总和"的百分比率,即判定为该岗位的考核分值。

七、消防领班考核标准

消防领班考核标准样本见表1-10。

表1-10　消防领班考核标准

序号	考核内容	评分	考核与评分细则
1	在消防主管的领导下,具体落实物业区域消防工作	3	对物业项目区域的消防工作,未切实落实领导部署,每次扣1分
2	提前一天安排岗位当值人员	2	未能体现安排工作,影响工作的开展,每次扣1分
3	每月两次召开班组例会,贯彻上级工作指示	2	每月缺开每1次班组例会扣1分
4	每日上班前15分钟列队,强调当班纪律及注意事项,班后15分钟小结当日情况	2	①不按时间规定列队,每次扣0.5分 ②未强调注意事项,每次扣0.5分 ③未总结当日工作,每次扣0.5分
5	每日交接后,认真检查消防中心各种设备是否运行正常	2	①未检查设备器材,每次扣2分 ②未能及时发现和纠正问题,每次扣1分
6	每班组例行检查楼层消防设备设施运作及消防器材完备状况	2	未能及时发现存在问题,每次扣1分
7	处理各类消防报警、火灾	3	处理不及时,每次扣3分
8	详细记录本班组当日工作情况,消防员工作表现和记录执行情况	2	①未记录,每次扣1分 ②记录不清,每次扣1分
9	监督、检查指导本班组工作,及时纠正工作偏差,每日对各岗的巡查不少于三次	3	①未检查指导各班组工作情况,每次扣3分 ②每少一次巡查,扣1分 ③未及时纠正工作质量偏差,每次扣1分

使用说明:每个岗位"实际得分"与"评分总和"的百分比率,即判定为该岗位的考核分值。

八、保安员考核标准

保安员考核标准样本见表1-11。

表 1-11　保安员考核标准

序号	考核内容	评分	考核与评分细则
1	在保安领班的领导下,密切注意物业项目区域出入人员,谨慎地询问和检查可疑的人或物,必要时可视情况将可疑人或物滞留并报上级领导	5	①未能及时发现可疑的人或物,每次扣1分 ②未将可疑情况及时上报,每次扣1分
2	严格控制闲杂人员和不受欢迎的人员进入楼层	5	控制不严,导致闲杂人员进入楼层,每人次扣2分
3	严格控制门口、通道,不允许堆放杂物	4	未及时发现及处理问题,每次每项扣1分
4	查处并报告物业项目区域周围的治安及安全隐患	3	①未及时查处存在的治安问题,每次扣2分 ②未及时报告,每次扣1分
5	主动对带(运)少量物品的业主进行询问,检查并验收盖有公章的放行条	3	①对出大门物品检查验收不认真、不主动,漏查物品,每次扣1分 ②验收后不签名,每次扣1分
6	劝阻用户使用客梯运载货物,引导业主至货梯	3	①对使用客梯运载货物不加制止,每次扣1分 ②未正确指引用户至货梯,每次扣1分
7	按规定路线巡查各楼层,及时发现并处理楼层的治安情况	3	①不按规定路线及规定的时间巡楼,每次扣1分 ②巡楼时不能发现和处理楼层的治安问题,每次扣1分

使用说明:每个岗位"实际得分"与"评分总和"的百分比率,即判定为该岗位的考核分值。

九、消防员考核标准

消防员考核标准样本见表 1-12。

表 1-12　消防员考核标准

序号	考核内容	评分	考核与评分细则
1	在消防领班的领导下,查处消防问题	4	①未及时查处存在的消防问题,每次扣2分 ②未及时报告,每次扣1分
2	不准在消防通道出入口、周围摆摊或停放车辆	2	未及时发现及处理问题,每次每项扣1分
3	查处并报告物业项目区域周围的消防问题	3	①未及时查处存在的消防问题,每次扣2分 ②未及时报告,每次扣1分
4	按规定路线巡查物业项目区域,及时发现并处理火险隐患	3	①不按规定路线及规定的时间巡查,每次扣1分 ②巡查时不能发现和处理消防问题,每次扣1分
5	接听值班电话,回答有关咨询	2	①接听不及时,每次扣1分 ②回答不礼貌,导致投诉,每次扣2分
6	检查物业项目区域消防设备、器材是否齐全正常	5	①对规定的检查不认真,未能及时发现设备设施损坏或丢失,每次扣3分 ②漏查一项,扣1分
7	检查消防通道是否通畅,消防门是否按规定关闭,闭门器是否完好	2	未及时发现并处理存在的问题,每次扣1分

使用说明:每个岗位"实际得分"与"评分总和"的百分比率,即判定为该岗位的考核分值。

十、视频监控室值机员考核标准

视频监控室值机员考核标准样本见表1-13。

表1-13　视频监控室值机员考核标准

序号	考核内容	评分	考核与评分细则
1	负责视频监控室的运行操作	5	①违反操作规程，致使系统报警，视情况每次扣3～5分 ②不及时处理报警，导致出现较严重的消防问题，每次扣5分
2	视频监控发现故障困梯时，启用电梯对讲电话与困梯人员联系，安慰相关人员。同时，负责通知工程、保安人员赶赴现场解救被困人员	2	①未及时发现故障困梯，每次扣2分 ②未及时通知前往解困，每次扣2分
3	负责录像带的保管工作	3	保管不善造成损失或丢失，除赔偿外，每次扣3分
4	按照规定的号序存取录像带，不得跨号取用录像带	3	不按规定号序取用录像带，每次扣3分
5	制止无关人员进入视频监控室	2	未加制止，每次扣1分

使用说明：每个岗位"实际得分"与"评分总和"的百分比率，即判定为该岗位的考核分值。

十一、消防中控室值班员考核标准

消防中控室值班员考核标准样本见表1-14。

表1-14　消防中控室值班员考核标准

序号	考核内容	评分	考核与评分细则
1	负责消防中心智能火灾控制系统及消防联动控制台的运行操作	5	①违反操作规程，致使系统报警，视情况每次扣3～5分 ②不及时处理报警，导致出现较严重的消防问题，每次扣5分
2	保管好消防中控室放置的消防器材、消防服、手电筒、对讲机、钥匙等	3	保管不善造成损失或丢失，除赔偿外，每次扣3分
3	负责记录本班智能火灾报警控制主机及消防联动控制台的运作情况	2	①未认真记录运作情况，每次扣1分 ②出现故障，未及时通知检修，致使系统无法正常运作，每次扣2分
4	接到火灾报警时，应及时通过显示屏查看报警性质，并通知消防员查看现场。查明误报，通知消防员复位，然后将主机复位	4	①报警系统报警时，未及时通知消防员到现场，每次扣4分 ②不按程序处理，导致延误灭火时机，每次扣4分
5	制止无关人员进入消防控制中心	2	未加制止，每次扣1分

使用说明：每个岗位"实际得分"与"评分总和"的百分比率，即判定为该岗位的考核分值。

十二、车场管理员考核标准

车场管理员考核标准样本见表1-15。

表 1-15　车场管理员考核标准

序号	考核内容	评分	考核与评分细则
1	在保安领班的领导下,按照要求疏导车辆,指挥车辆按照车场交通标识行驶,确保车道或车辆出入口行驶畅通	3	因指挥不当,导致车道或车辆出入口发生堵塞,每次扣3分
2	指导进入/驶离车辆司机使用入口/出口读卡器,劝阻超出入口限高铁杆的车辆进入车场,确保安全	4	①未及时指导,每次扣2分 ②未劝阻超高车辆入场,每次扣2分
3	劝阻单车、摩托车由出车道进入后围;劝阻单车、摩托车进入停车场停放	4	①对单车、摩托车未加以劝阻,每次扣2分 ②未制止单车、摩托车入场停放,每次扣2分
4	入车口机件出现故障车辆不能进入时,要立即报告领班,采取措施疏通车辆,确保人车道畅通	3	①未采取措施疏通车辆,每次扣2分 ②未报领班处理,每次扣2分
5	登记进入/驶离车辆的车牌号码及进入/驶离时间	2	未做登记或登记不清,每车扣2分
6	配合收费工作,及时处理未交费或交费后超时离场的车辆	2	未配合工作,每次扣2分
7	当出车口或收费岗要求拦截有问题的车辆时,要迅速采取措施加以拦截,负责堵截从车场出入口逃离的嫌疑者	3	①未采取措施拦截,每次扣3分 ②堵截不严,导致嫌疑人脱逃,每次扣3分
8	正确回答司机对停车场有关收费问题的咨询	3	未正确回答有关咨询,引起业主误解,给收费工作带来困难,每次扣3分
9	监管车场内的各种交通设施,防止破坏或丢失,发现故障及时报修	3	①未及时发现设备设施存在问题,每次扣2分 ②未及时报修设备设施故障,每次扣2分

使用说明:每个岗位"实际得分"与"评分总和"的百分比率,即判定为该岗位的考核分值。

第五节　安全部内部管理

一、安全部值班管理

(一)保安员值班安排

(1)保安员的值班服务具体操作由保安队长负责。

(2)安全部通常下设三个班,即一、二、三班。每班通常分为五个组,即门岗组、大堂岗组、巡逻岗组、车管岗组、道口岗组。特殊情况下,可增(减)班、组设置，如增加流动岗组等。

（3）实行三班轮流制，24小时全天候值班制，早班7时到15时；中班15时到23时；夜班23时到次日7时，特殊情况可自行调整，例如，也可以设为早班8时到16时，中班16时到24时，夜班24时到次日8时等。

（4）早、中、晚三班每十天依次轮换一次，即每月1日、11日、21日轮换日，特殊情况可自行调整。

（5）对保安员的值班时间安排，一般以月为单位，提前进行安排，具体的安排可以填写在下面所示的保安员月岗位安排表（表1-16）上。

表1-16 保安员月岗位安排表

时间 \ 人员 \ 岗位		大堂岗	门岗	巡逻岗	流动岗	道口岗	车管岗
1日～11日	8:00～16:00						
	16:00～24:00						
	24:00～8:00						
11日～20日	8:00～16:00						
	16:00～24:00						
	24:00～8:00						
21日～31日	8:00～16:00						
	16:00～24:00						
	24:00～8:00						

（二）保安员值班管理规定

（1）严禁值班时间擅自离岗。

（2）上岗时必须穿着统一制服，做到整齐、清洁，仪容端庄，精神饱满。

（3）值班期间不允许做与工作无关的事（如吃零食、抽烟、听音乐、看报纸杂志等）。

（4）值班期间必须保持高度警惕，严密注意责任区域的情况。

（5）对来访人员应礼貌热情，并做好登记，对业主要熟悉，见到业主要问好。

（6）与其他各岗密切配合，共同完成好各项工作。

（7）严格做好相应的当班工作，执行自身的职责，确保物业的安全有序。

（8）发生意外情况时，值班人员应保持沉着冷静，及时有效地处理问题。

（9）严禁易燃易爆品进入物业区域。

（三）安全部的值班控制

（1）安全部在公司安全部总经理的直接领导下，对全公司的保安员值班工作进行督导。

（2）安全部制定年度保安员培训计划，并对各管理处落实培训计划情况实施指导、监督和考核。

（3）安全部对各管理处的保安员值班工作定期或不定期进行检查考核。

（4）安全部主管具体贯彻落实公司安全部制定的各项安全护卫规章。

（5）安全部具体组织实施管理处的保安值班工作。

（6）安全部负责处理保安员值班服务过程中出现的不合格情况。

（四）保安员值班时处理问题的方法

保安员在值班时，应精神饱满、集中精力，待客要文明、热情、礼貌、主动，严禁与无关人员闲聊、说笑、打闹和做其他与岗位无关的事项。

保安员在值班过程中，应及时处理出现的各种问题。处理问题应遵循的原则是：依法办事，照章执行，不徇私情，以理服人。以下是保安员值班时遇到不同性质的问题应采取的不同处理方法。

（1）对物业用户之间出现的问题，如纠纷等，可通过说服教育的办法解决，主要是分清是非，耐心劝导，礼貌待人。

（2）对一时解决不了而又有扩大趋势的问题，应采取"可散不可聚、可解不可结、可缓不可急、可顺不可逆"的处理原则，尽力劝导，耐心调解，把问题引向缓解，防止矛盾激化。

（3）在处理问题上，坚持教育与处罚相结合的原则，如违反法纪情节明显轻微，不需要给予处罚的，可当场予以教育或协助其所在单位、家属进行教育；需要给予治安处罚的，交公安机关处理；违反物业公司有关规定的，则交管理处办公室处理。

（4）对于犯罪行为，必须及时予以制止，设法把犯罪嫌疑人抓获并扭送公安机关。

（5）如遇到不愿出示证件而强行进入物业内，强行在不准停车的地方停车，在不该堆放垃圾的地方堆放垃圾等情况，可采取如下处置方法。

① 纠正违章时，要先敬礼，态度和蔼，说话和气，以理服人。

② 对不听劝阻者，要查清其姓名、单位，如实记录并向管理处汇报。

③ 发生纠纷时要沉着应对，注意掌握策略，若遇到个别用户蛮横无理，打骂保安员，可由管理处与用户进行协商，妥善处理；若情节严重，或社会上的人员故意捣乱，则应报告公安机关依法处理。

（五）保安员日值班记录

表1-17给出的保安员日值班记录表格，对保安员值班的时间、交接班人员、值班情况、检查人员的检查情况等都进行了记录。

表 1-17　保安员日值班记录

年　月　日		签名	值班情况	检查情况
时　分	交班人员			检查人：
时　分	交班人员			
时　分	交班人员			
时　分	交班人员			
时　分	交班人员			
时　分	交班人员			
时　分	交班人员			
时　分	交班人员			
记	时　分	交班人员		
录	时　分	交班人员		
	时　分	交班人员		
	时　分	交班人员		
	时　分	交班人员		
	时　分	交班人员		
	时　分	交班人员		
	时　分	交班人员		
	时　分	交班人员		时间：

管理处主任：　　　　　　　　　　　　　　　　　日期：

注：1. 检查人为物业管理员和管理处主任。

2. 物业管理员每周不定时抽查，但夜间至少抽查 1 次。

3. 管理处主任夜间抽查每月至少 2 次。

二、交接班管理

（1）接班保安员要按规定着装，提前 10 分钟上岗接班，此时应由交班保安员在登记本上记录交班（接班）时间并签名。

（2）交接班时，交班保安员必须将需要接班保安员继续观察或处理的问题，如警械、通信器具等装备器材，以及电梯、监控、道闸等重要设备的运行情况，向接班保安员交待、移交清楚，并做好记录。

（3）交班保安员要等接班保安员对管区巡视一遍进行验收确认后才能下班。如无特殊情况，接班保安员验收时间不得超过规定的接班时间 15 分钟。

（4）值班员交接班时，应将当班情况和公物转交下一班，如有遗留问题应报告值班经理或安全部，并认真做好岗位工作记录。

（5）对发现的问题，交接班双方必须当面说明。如果交班人员离开后，接班人才发现问题是属于上一班的，应立即报告值班经理或安全部处理。

（6）交接班必须正点、守时，非特殊情况，不得超时接班。

（7）交班过程中若有人员、车辆出入，应先由交班人员处理，接班人员需进行配合，等事情处理完后再交接工作。

（8）交班人员必须向接班人员交清所用装备、钥匙、出入证、登记本等。停车场交接班人员还必须同时核实车辆停放数是否与记录本相符及停车费的收费情况。

（9）接班人员如发现交班人员在当值期间应处理而未作处理的问题时，有权拒绝接班，直至其处理完毕。

（10）接班人员要详细了解上一班值勤情况和本班应注意的事项，应做到三明：上班情况明，本班接班的事情明，物品及器械清点明，并填写安全部值班交接班记录表（表1-18）。

表1-18　安全部值班交接班记录表

管理处：　　　　　　　　岗位：　　　　　年　　　月　　　日

班次时间	8:00～16:00		16:00～24:00		24:00～8:00	
交接班	交班人	接班人	交班人	接班人	交班人	接班人
值班情况						
值班器械						

班长：　　　　　　　　班长：　　　　　　　　班长：

主任：　　　　　　　　审批：

（11）所有事项交待清楚后，交班保安员离岗前，由接班保安员在登记本上记录上班（亦即交班保安员下班）时间并签名确认。

（12）接班人员未到岗或虽已到岗但未办毕交接手续并签名确认时，交班人员不得下班。否则，其间发生的问题，由两人共同负责。

（13）交接时必须认真细致，不得敷衍了事，双方必须按照交接内容逐项检查记录。交接完毕，双方在安全部值班交接班记录表上签字，互相敬礼，若交接双方是安全部值班班长，则应填写安全部值班班长交接表（表1-19）。

三、警械管理

1. 保安员的器械管理规定

（1）保安员在值班前领用器械时，需填写保安器械领用登记卡（表1-20），以便记录与管理，每位保安员都需要保管好自己的登记卡。

表 1-19　安全部值班班长交接表

年　月　日

班次		时间		当值领班	
全班应到　　人, 实到　　人, 其中:					
接班情况:					
值班情况:					
交班人		时间		接班人		时间	

表 1-20　保安员器械领用登记卡

姓名:　　　　　　性别:　　　　　　到职时间:

时间	品名	数量	价格	个人出资额	使用人签名	发放单位	经办人签名

注: 1. 经办人必须如实填写。

　　2. 保安员在公司内部调动, 卡片随同移交其所在部门。

（2）保安员个人器械包括对讲机、警棍等，它是保安员执行任务的工具和武器，属公司的公共财产，每个保安员都有责任和义务将其保管好，防止遗失或损坏。

（3）保安员器械只供保安员执行公务时使用，严禁用作其他用途。

（4）保安员器械严禁转借他人，严禁个人携带外出，如因工作需要必须报管理处批准。

（5）对讲机使用应严格按规定频率正确操作，严禁保安员私自乱拆、乱拧、乱调其他频率。若有损坏视情节赔偿。

（6）执勤中禁止保安员使用对讲机聊天、说笑，以及谈一些无关工作的话题。严禁在检查时通风报信。

（7）警棍是保安员制服犯罪分子以及自卫的武器，严禁将其当作斗殴或威吓他人的工具。

（8）保安员交接班时，应做好保安员器械的交接验收记录，防止出现问题时互相推卸责任。

（9）保安员器械不用时，应由当事人交管理处统一保管。

2. 交接班的器械交接管理规定

（一）器械的交接管理

为了使保安员的器械装备处于良好状态，随时有效地应付突发事件，保持通信畅通，保证日常巡视工作的顺利进行，应对器械的交接管理制定规定。

（1）上岗前10分钟进行保安员器械交接，仔细检查器械是否完好，注明交接时间，如发现器械被人为损坏或因非正常使用造成的损坏，应做好记录并上报部门主管。

（2）保安员在巡视值班时，必须随身携带警棍、对讲机等器材，不得随意乱放和丢失，更不得挪做他用。

（3）严禁使用警棍相互打斗等，不准外借他人。

（4）充电装备器械需充电时，应及时充电，以备下班值班者正常使用。

（5）巡视完毕后，将警棍放回原处，与接班人员做好交接。

（6）交接班时，仔细检查对讲机、警棍和充电器、手电筒的使用状态。

（7）接班后，警具、警械应随身携带，不得交与无关人员玩耍。

（8）接班时，移交物品如有人为损坏（因公损伤除外），应追究当事人责任。

（9）所有交接物品，应当面交接时清点检查清楚，并详细记录于表1-21"保安日记"上，以保证遇紧急情况能投入正常使用，否则，由接班保安人员负责。

（二）警棍使用管理

（1）警棍如图1-2所示，只用于自卫，使用时应避免敲击他人的头部或要害部位。除警棍外，保安员决不能使用其他物品作武器用。

（2）警棍是供保安员执行公务时使用的防御专用工具。保安员只能在履行岗位

表 1-21 保安日记

年 月 日				班		星期			

保安姓名		值勤岗位			值勤时间		起	时 分	
							止	时 分	

交接物品	数量	单位	记载事项
警棒		支	
瓦斯棒		支	
电击棒		支	
无线电对讲机		部	
手电筒		支	
交通指挥棒		支	
保安磁卡		片	
电脑磁卡		片	
保安员钥匙		把	
岗位备用钥匙		把	
防水隔板		块	
收件章印		盒	
请勿停车指示牌		块	
照明灯		个	

图 1-2 警棍

职责过程中，当其人身安全受到严重威胁或伤害时才能使用。

（3）安全部主管要从安全、隐蔽、适用性出发，确定集中或分散放置警棍的地点。

（4）执勤保安员只能在特殊条件下（如物业周边治安状况恶化）或夜间必要时才能佩带警棍上岗。严禁正常条件下或非执勤人员佩戴、使用警棍。

（5）严禁将警棍借与他人，用警棍嬉戏打闹，或将警棍交给他人把玩；无特殊公务或未经管理处主任批准，不得将警棍带出管理区域。

（6）保安员必须爱护警棍，不得随意搁置或委托他人保管。

（7）执勤保安员应将警棍挂在腰带右后侧，不得在岗位上随便玩耍或挥舞警棍。

（8）处理一般问题时，不得手持警棍或用警棍指着用户讲话。

（9）非紧急情况或人身安全未受威胁的情况下，保安员不得以任何借口或理由使用警棍攻击他人。

（10）当值保安员要妥善保管所佩戴的警棍，如有遗失或损坏，要照价赔偿。

（11）交接班时，接收人应认真检查警棍，交接双方确认警棍是否完好，接收人如发现警棍被损坏而不报告的，应负责赔偿。

（三）对讲机使用管理

1. 对讲机的使用管理规定

（1）执勤保安员和车辆巡逻管理员每人配一部对讲机（图1-3），另配一个备用充电电池和一个充电器。

（2）对讲机在更换充电电池时，必须先关掉电源和主机上的开关，以保护和延长机身使用寿命。

（3）不准经常更换电池，必须按规定时间（8～10h）轮换使用。

（4）不准用对讲机谈论与本职工作无关的事情。

（5）认真做好对讲机交接工作，以防出现问题时互相推卸责任。

（6）遵守"谁使用，谁保管；谁损坏，谁负责"的原则。

图1-3 对讲机

（7）对讲机是供保安员执行任务时使用的专用通信工具，属公司财产，每个保安员都有责任和义务将其保管好，不得遗失或损坏。

（8）对讲机只供保安员执勤时使用，严禁用作其他用途，如遇特殊情况必须报主管领导同意后方可使用。

（9）严禁将对机讲转借他人，或个人携带外出，如确有需要，必须报主管领导批准。

（10）使用对讲机应严格按规定正确操作，严禁保安员私自乱拆、乱拧或乱调频率，否则按违纪处理，若将对讲机损坏或丢失，视情节赔偿。

（11）保安员有责任保护及爱护对讲机，凡遗失或损坏对讲机者按原价赔偿（追捕犯罪分子等特殊情况损坏除外）。

（12）携带对讲机时，应把对讲机放在腰带的右侧或拿在手中，不得任意摆弄。

（13）执勤时不得把对讲机调至其他频道对讲。

（14）在使用对讲机对话时，不能说粗话。

（15）发现对讲机有损坏或通信失灵时，持机人应立即报告保安队长，由保安队长送交保安部主管或经理，经确认无误后，报总经理批准送交专业人员维修，严禁自行拆卸。

（16）严格按对讲机充电程序充电，以保障电池的性能、使用效果和使用寿命。

（17）交接班时，交班人要讲明对讲机当班的使用状况，接班人应当场查验，如发现有损坏或通信失灵，应立即报告保安队长，同时领取人、还回人必须做好登记签收工作。

（18）保安队长负责检查所有对讲机，并督促保安员注意使用方法及操作事项。

2. 对讲机使用的注意事项

（1）应用正确手势使用对讲机，不要用手提天线，以免损坏天线座。

（2）调整好对讲机音量及对讲频道后，不要随意转动音量、开关及信道转换旋钮，以免损坏电位器；不要将耳机接口的保护盖板拆开，防止水或污物进入对讲机。

（3）通话进口与对讲机话筒应保持半拳距离，以免造成通话不清晰；不需要通话时，不要长时间或频繁按动发射键，以免妨碍他人通话或主机过热造成机体损坏。

（4）不要用指甲随意抠、按发射键，以免造成按键损坏。

（5）应按正确方式安装电池，切勿用力猛烈推撞，以免造成电池及对讲机电源触点损坏；不要随意把玩对讲机电池锁扣，以免锁扣弹簧弹出。

（6）电池充电时，应严格按要求进行，认真填写对讲机电池充电表，带机充电时应将对讲机开关关闭后再进行充电。

（7）更换电池时将对讲机电源关闭，雨天应注意防水，将对讲机佩戴在腰部右后侧，腰部不要佩戴其他金属物品。平时应注意爱护对讲机，轻拿轻放，不要随意丢摔。

3. 对讲机使用的文明用语

（1）在对讲机对话中一定要使用文明用语，对方呼叫时，接听要迅速。

（2）需呼号时，应将对讲机握住，中指按下按钮，距嘴部约10cm，先报自己岗位，再呼对方，并在最后讲"收到请回话"。接收方回话后，呼方要简明扼要地将情况讲清楚，接收方收到情况或信号后，应回答"清楚"或"明白"。

（3）接收人员在应答时应讲"××××岗收到请讲"，待对方呼叫完毕后应回答"明白"，不清楚时应说"请重复一遍"，待完全清楚后回答"明白"。

（4）用对讲机讲话时应使用规范礼貌用语，严禁用对讲机讲粗言秽语、开玩笑或谈与工作无关的事情。

四、钥匙管理

（一）钥匙分类

① 业主（住户）钥匙；

② 公共门窗钥匙；

③ 设备房钥匙（见图 1-4）。

图 1-4 设备房钥匙

（二）钥匙保管

（1）管理处接管楼宇钥匙后，安排房管员专职管理钥匙。

① 无工作需要任何人不得以私人名义借出。

② 借出时必须严格办理登记手续。

（2）标识。

① 将钥匙分类：先将钥匙按每套房，公共门窗按楼层，设备房按设备分门别类，然后用钥匙扣或细绳分别拴在一起。

② 将分类的钥匙贴上标签，在标签纸上写明楼号、单元（大厦按楼层）、房号或设施设备房名称。

③ 业主（住户）的钥匙一般分为防盗铁门钥匙、室内门钥匙、电子对讲门钥匙和信箱钥匙等四类，均应贴标签标识。

（3）制作业主（住户）钥匙挂放牌。

① 一般采用长度 5cm 以上夹板制作钥匙挂放牌。

② 在夹板上划出若干相等的方格，在方格内标明单元（大厦按楼层）和房号，栋号用醒目的颜色（红色）笔直接标在每栋栋首，并将栋与栋之间也用不同于划方格的颜色笔画分开。

③ 每一方格代表一户，在每方格内钉一铁钉，将该户的钥匙挂在此方格内。

④ 挂放顺序按栋号、单元（大厦按楼层）、楼层房号，要求一目了然。

（4）制作公共门窗、设施设备房钥匙牌。

① 采用断面为三角形或 L 型的铝合金型材。

② 将同类钥匙挂在同一铝牌上。

③ 制作钥匙挂入箱，将公共门窗、设备房钥匙分类挂放，在钥匙箱上相应贴上（写上）标识。

（三）钥匙发放

（1）业主（住户）钥匙发放。房管员验证业主（住户）的人住缴费发票后，由业主签领钥匙，并分类登记。

（2）公共门窗、设备房钥匙。

① 设施设备房钥匙由维修部和管理处各保留一套钥匙。

② 公共门窗、设备房钥匙未经管理处主任或维修部主管同意，任何人不得私配钥匙。

③ 因工作需要时，应在"钥匙借还登记表"上登记，并在备注一栏注明"管理人员或×××岗位"。

（四）相关记录

（1）钥匙发放登记表（表1-22）。

表1-22　钥匙发放登记表

栋号：

序号	钥匙类型	钥匙数量	业主签名	领取时间	发放人签名
1	防盗铁门锁匙	把			
2	室内门锁匙	把			
3	对讲门锁匙	把			
4	信箱锁匙	把			

（2）钥匙借还/看房登记表（表1-23）。

表1-23　钥匙借还/看房登记表

看房人姓名	有效证件名称和号码	随行人员数量	看房类别栋号房号	借钥匙人姓名	借钥匙数/把	借钥匙时间	归还时间	接待房管员	登记人姓名	备注

（五）钥匙的保存与领用

（1）机房、库房、机柜、机箱、消防柜、消防门等钥匙实行分类管理，由各责任部门设专人保管，未经许可，不得转借其他部门及人员使用。

（2）部门间由于工作分工调整需要，回交和领用钥匙之前均需向保安部填写工作联系单，并注明钥匙的出处、用途及原因。安全部收放钥匙时，应做详细记录，备案存档。

（3）各部门的办公室门钥匙，按实际需要配发给各自办公区域内人员使用，如出现丢失情况，应立即报告部门经理和安全部，及时采取措施，以防关联事件的发生。

（4）临时借用某处的钥匙，必须填写工作联系单，注明使用人、使用原因、时间、时限和具体位置，并按期归还，安全部应对临时借用钥匙做详细记录。

（5）各部门掌管的所有钥匙要妥善保管，并应由各部门指定专人负责，同时对其所用的钥匙应有详细的登记，包括钥匙的领用时间、位置、数量和使用人。安全部将配合并监督各部门的钥匙管理工作。

（6）更衣柜、箱钥匙由员工个人掌管，如丢失钥匙并造成个人物品被盗，其损失由员工个人自行承担。

（7）各部门所持钥匙如出现丢失、损坏等情况，必须在一个工作日内向保安部申报，并做详细的书面说明，写明钥匙的丢失地点、时间及原因，安全部将按情节的轻重，提出处罚意见，并报公司批准实施。

（8）公司内部补配钥匙、修配锁具，需要填写补配钥匙修配锁具申请表，经部门经理同意签字，报安全部经理审批；租户房间钥匙、锁芯的配置，需要先向客务部提交申请，报安全部核准后办理相关手续。

（六）紧急备用钥匙的管理

（1）物业内所有房间（包括机房设备间及各办公室）的原配钥匙，在物业竣工交付后，统一交给安全部存档管理。

（2）用户所租用房间的房门钥匙，以及因装修更换房门、更换锁芯而形成的新钥匙，必须在安全部留存二套紧急备用钥匙，公司所有自用房间均应在安全部留存一套备用钥匙。

（3）对于商业物业，正常情况下备用钥匙被封存在安全部钥匙柜中，只有在紧急情况下，如物业内发生跑水、火灾或连续报警而急需打开确认或施救的情况下，方能启用相关部位的备用钥匙，同时应通知被启钥匙的用户。其他由于日常工作需要的，须经物业用户指定负责人和安全部经理同意，报公司主管领导批准，方可领用。启用紧急备用钥匙时，正常工作时间由安全部主管负责，其他时间由值班经理负责。

（4）紧急备用钥匙柜的钥匙应设两把，由安全部和值班经理掌管。

（5）封存在钥匙柜的紧急备份钥匙应逐一登记造册，建立台账。

（6）钥匙柜应定期进行核对检查，每月一次，防止出现遗漏和失误，检查工作由安全部进行。

（7）紧急备用钥匙原则上应长期封存保管，任何人不得以任何理由借用。

（8）紧急备用钥匙的使用，必须严格履行登记制度，包括日期、取出时间、使用部门、使用人、原因、批准人、放回时间。

（9）紧急备用钥匙启用后应在 24 小时内办理封存手续。

第二章
物业治安管理

Chapter 02

物业上所谓的治安管理是指负责治安管理人员，为维护物业内的治安秩序，对物业进行全范围的巡逻管理、安全出入管理，对出入物业的外来人员和物品进行登记和管理，同时对物业进行安全闭路监控，及时发现可疑情况，并进行处理，确保物业内处于安全状态。

第一节　治安巡逻管理

一、治安巡逻的基本任务

（一）预防和制止违反治安管理的行为及犯罪行为

1. 预防和制止以下扰乱公共秩序的行为

（1）扰乱小区的秩序，致使小区内工作、生产、营业不能正常进行的。

（2）扰乱小区内的公共交通工具秩序的。

（3）结伙斗殴、寻衅滋事、侮辱妇女或者进行其他违法活动的。

（4）捏造或歪曲事实，故意散布谣言或者以其他方法煽动扰乱小区生活、工作秩序的。

（5）谎报险情，制造混乱的。

2. 预防和制止以下妨碍公共安全的行为

（1）非法携带、存放枪支弹药或者其他违反枪支管理规定的。

（2）违反爆炸、剧毒、易燃、放射性等危险物品管理规定，生产、销售、储存、运输、携带或者使用危险物品的。

（3）非法制造、贩卖、携带匕首、三棱刀、弹簧刀或者其他管制刀具的。

（4）未经批准安装、使用电网的。

（5）在车辆、行人通行的地方施工，对沟、井、坎、穴不覆盖防护板、标志、防围的，或者故意损毁、移动覆盖防护板、标志、防围的。

3. 预防和制止以下侵犯他人人身权利的行为

（1）殴打他人，造成轻微伤害的。

（2）非法限制他人人身自由或者非法侵入他人住宅的。

（3）公然侮辱他人或者捏造事实诽谤他人的。

（4）虐待家庭成员、受虐待人要求处理的。

（5）写恐吓信或者以其他方法威胁他人安全或干扰他人正常生活的。

（6）胁迫或者诱骗不满18岁的少年表演恐怖、残忍节目，摧残其身心健康的。

（7）隐匿、毁弃或者私自拆开他人的邮件、电报的。

4. 预防和制止以下妨碍社会管理秩序的行为

（1）明知是赃物而窝藏、销毁、转移或者明知是赃物而购买的。

（2）倒卖车票、船票、文艺演出或者体育比赛入场券及其他票证的。

（3）违反政府禁令，吸食鸦片、注射吗啡等毒品的。

（4）偷开他人机动车辆的。

（5）故意损毁路灯、邮筒、公用电话或其他公用设施的。

（6）违反物业管理规定，破坏草坪、花卉、树木的。

（7）违反物业管理规定，在住宅物业内使用音响器材，音量过大影响周围居民的工作或休息，不听制止的。

5. 预防和制止以下违反消防管理的行为

（1）在有易燃、易爆物品的地方，违反禁令、吸烟、使用明火的。

（2）故意阻碍消防通道或扰乱火灾现场秩序的。

（3）拒不执行火场指挥，影响灭火救灾的。

（4）指使或者强令他人违反消防安全规定，冒险作业的。

（5）违反消防安全规定，占用防火间距或者搭棚、盖房挖沟、砌墙堵塞消防车通道的。

（6）埋压、圈占或损毁消防栓、水泵、水塔、蓄水池等消防设施，或者将消防器材、设备挪作他用，经公安机关通知仍不加改正的。

6. 预防和制止以下违反户口或居民身份证管理、出租屋管理的行为

（1）假报户口或者冒用他人户口证件、居民身份证的。

（2）故意涂改户口证件的。

（3）出租屋或床铺供人住宿，不按照规定申报登记住宿人户口的。

（二）维护物业内正常秩序

（1）保护各类治安事件现场，疏导群众，维护秩序。

（2）维护物业内交通秩序。

（3）协助物业内住户的报警。

（4）为行人、物业用户指引带路，救助突然受伤、患病遇险等处于无援助的人员，帮助遇到困难的残病人、老人和儿童。

（5）受理拾遗物品，设法送还失主或上交。

（6）巡视物业内的安全防范情况，提示物业内有关部门、商铺、用户，消除隐患。

二、治安巡逻的工作要点

（一）巡逻的时间及规律

（1）时间安排。一般情况下，巡逻保安员实行24小时值班制，早班：8:00～16:00，中班：16:00～24:00，晚班：24:00～8:00；早、中、晚三班每10天依次轮换一次。

（2）小区巡逻。

① 巡逻周期。20分钟一次，每小时打卡一次，每周将巡逻范围内所有楼宇的楼道、天台巡查一遍。

② 巡逻规律。不制定固定路线，但不留"死角"、"偏角"。

（3）大厦巡逻。

① 巡逻周期。90分钟巡逻打卡一次。

② 巡逻规律。先从天台起，自上而下，从每层楼依次巡逻到地下室，最后到室外。

（二）巡逻的工作要点

（1）巡逻保安员要在巡逻过程中多看、多听，以确保完成巡视工作任务。

（2）检查治安、防盗、防火、水浸等情况，如发现问题应立即处理，并报告上级领导及有关部门。

（3）发现有可疑人员应上前盘问，检查证件，必要时还应检查其所带物品。对在小区内流动摆摊的小商贩、推销人员，应劝其离开辖区；如为游荡人员，则按要求对其进行处理。

（4）对物业内的装修工程进行监管，对有碍交通或因超时装修产生噪声，影响他人休息的装修工程进行管理或制止。

（5）巡视范围包括物业内各层楼面、各机房、各处道坡、车库和物业外围等。

（6）按巡逻路线巡视检查，发现问题应及时解决，遇重大问题应通知管理员，巡视要杜绝盲点。

（7）巡视中思想集中，做到"看、听、闻、问"，发现一般问题及时向班长汇报，并注意消防设施及器材的完好性。

① 耳听。听异常声音，包括水流声、撬锁声、脚步声、呼救声等。

② 眼观。观周围情况，如人员活动情况，公共设施、设备运作情况，消防设施情况，门锁情况等。

③ 鼻嗅。嗅异常味道，如焦味、血腥味、煤气味、油漆味、汽油味等。

（8）巡视时有礼有节，认真回答物业工作人员和其他物业用户的询问，热情礼貌服务。

（9）接到治安、火警报警信息时，应及时赶到现场了解情况，做出正确处理。

（10）为了营造安静、祥和的物业环境，巡逻保安员应身着保安制服佩戴对讲机进行巡视检查。

（三）综合物业的巡逻要求

综合物业的治安管理比一般物业复杂，因此综合物业对治安巡逻工作的要求更高，要求巡逻保安员时刻提高警惕，注意可疑人员的行动。

（1）保安员巡逻时不得少于两人，白天巡逻次数不得少于3次，夜间不得少于4次，并将每次巡视检查做好记录，填写在值班日志上。对于写字楼的巡逻，23点后巡视，要记录加班客户，填写23点后客户加班登记表，并由加班人代表签字确认。

（2）巡逻方式可由上至下，也可由下至上交叉进行，发现有未锁门的或门未锁严的应立即报班长，班长核实后，报值班经理处理。严禁私自进入用户房间，发现楼内设施有损坏情况时应及时上报，并通知相关部门进行维修。

（3）对休息日和非工作时间施工的单位，要查看其是否持有经批准的施工加班申请表。

（4）发现有反常情况和意外事件时，除及时报告外，要采取必要措施，防止势态恶化。

① 处理案件和事故时，要保护现场，迅速上报安全部，积极向有关部门提供情况，协助其调查侦破。

② 发现有盗窃、滋事、斗殴、谋杀、破坏、放火等犯罪现象，要挺身而出，坚决果断地采取措施，抓获犯罪分子。

（5）对重点部位要勤查、勤看、细查、细看，掌握消防器材的性能和消防常识，能扑灭初期火灾。

三、治安巡逻的工作规程

（一）巡逻时要文明用语

如图2-1所示，保安员要上前先向客人敬礼，然后问先生/小姐您好，再提出问题或服务内容。

（二）巡逻时处理各种情况的规程

1. 劝离推销员

（1）礼貌地讲清在物业内推销会严重影响用户的正常工作与生活。

（2）要求推销员写下承诺书，不得再次进入物业内推销。

（3）登记推销员有效证件。

（4）劝推销员离开物业。

图 2-1　保安员要上前先向客人敬礼

2. 盘查可疑人员

（1）礼貌地盘问。

（2）仔细观察可疑人员脸部表情及回话神态。如果表情惊慌，说话语无伦次或无身份证，即带其到安全部接受调查。

（3）及时与消防中控室联系，掌握可疑人员在楼层活动的情况，并到其活动过的用户房间询问，了解用户有无财物损失。

（4）视调查了解的情况进行处理。

3. 查看用户是否锁门

（1）巡楼时逐间推拉各房门，检查房门是否锁好。一旦发现用户未锁门，无论是推开还是拉开，都不要将门关回。因为有些门是电子密码锁没关到位，可推开或拉开，但关回时就会锁闭。

（2）班长未到不得离开未锁门的用户房门，不得让其他人进入或私自进入用户室内检查。

4. 对于夜间有人在商业物业内办公或从事其他活动的检查

（1）仔细观察室内人员的活动情况，有无撬锁、翻箱抄物等反常或非法行为。

（2）在不惊动室内人员的情况下，迅速用对讲机与大堂岗值班人员联系，检查该公司有无人员加班登记。如果大堂登记有人加班，且加班人员特征与室内人员特征一致，又无反常行为，可以不过问，但需通知消防中控室留意；如果大堂无登记，则值班人员应将情况报告班长，按班长吩咐敲门或按门铃，征得用户同意后入室，礼貌地询问用户有什么可以帮忙，电源是否跳闸无电等，听候用户解释，观察其表情反应是否正常。核查无疑后，要请用户补填加班登记。如有疑点，要用户出示身份证登记后，再由班长与该公司紧急联络人联系，核查此人是否是该公司职员。如是该公司职员，可让其加班；如不是该公司职员，要盘查清楚，并由班长请示值班经理及征求该公司紧急联络人的意见，决定是否送派出所处理。

5. 发现可疑爆炸物品

（1）小心检查或仔细观察物品包装情况，侧耳倾听有无秒针滴答声，确定是否为爆炸物品。

（2）如确定属爆炸物品，应立即通知班长报警，由警方派专员前来处理，同时做好警戒，疏散周围所有人员。

（3）如一时不可能爆炸，且是用箱或桶等物品盛装的爆炸物品，可小心地拿到物业外围空阔地带放置，做好警戒疏散工作，待警方前来解除爆炸装置。

（4）如属正在燃烧的导火线装置的炸药包，应立即疏散人员，将人员撤离危险区域。

（5）控制放置爆炸物品的嫌疑人员，交公安机关处理。

6. 对安全部标识的检查

（1）安全部标识分为消防标志和交通标识两类。

（2）巡逻人员在巡视时，检查标识是否正确清晰，如有问题应及时补贴和更换，或通知有关部门及人员。

（3）当标识变更时，要及时在台账上做好变更记录。

（4）安全部经理负责监督检查安全部标识的巡视检查及记录情况。

（三）楼内巡逻的规程

（1）保安员对管辖区域进行 24 小时巡视检查，每班在楼内巡逻一至两次。楼内巡逻一般简称为巡楼。

（2）巡楼保安员乘电梯到天台，从上至下认真仔细地巡视一遍，发现不安全因素或问题时应及时处理，并报告班长或管理处，做好值班记录。

（3）巡查电梯机房和水箱等门边暗角，发现不安全因素应及时和电梯工、水工等联系处理，并做好记录。

（4）从天台走后楼梯逐层巡查至地下室。

（5）每巡查五层楼到电表房打卡一次（无打卡钟的应做好巡楼记录），打卡间隔时间至少为 5 分钟。

（6）巡查每层楼时，要多观察有无异常情况，多听有无异常响动，多嗅有无异常气味等。当发现有住户室内冒烟并伴有焦煳味，歹徒撬门行劫行凶，可疑人员在楼道徘徊，室内有水溢出门外，住户房门大开，呼叫无人应答，住户室内有打闹、哭叫、呼救声等情况时，应立即采取行动。

（7）及时发现和消除各种隐患。巡逻时要仔细检查房屋本体、公共设施和消防、防盗设施是否完好无损，若有损坏或异常情况要填写故障通知单，情况严重的要马上报告班长或管理处及时处理，并做好值班记录。

（8）仔细巡查地下室各机房重地，包括发电机房、水泵房、高低压配电房、消防控制中心等重点部位，一旦发现不安全因素，应迅速与值班人员取得联系，及时消除隐患。特别是台风暴雨期间，更要加强巡查，做好应急准备工作。

（9）保安员工作时必须携手电筒（夜间使用警棍）、对讲机和巡逻记录本，并做好巡逻记录。

（10）对于办公物业，一旦有可疑情况，应尽可能避免在办公楼层跑动，以免惊动客户。

（11）检查监控设施（消防栓、探测器、摄像头、灭火器、疏散指示灯、喇叭、防火门、排烟挡板等）有无遮挡、缺损或被人移动，发现异常，及时上报安全部主管。

（12）检查公共区域通道、办公楼道和消防疏散通道是否畅通，有无堆放易燃、易爆、易腐蚀物品，一旦发现有安全隐患，应做详细记录并上报安全部主管。

（13）夜间巡视检查各区域房门是否关好、锁好，如有异常需进行检查时，应立即通知值班经理，保安员不得进入用户房间。

（14）检查各隐蔽部位和死角，防止有人藏匿。

（15）巡视中发现的工程问题，如发生照明、跑水、漏水故障，或保洁、客户投诉等问题，应做巡逻记录，并报告总值班经理。

四、治安巡逻记录与检查

（一）治安巡逻记录

保安员在进行巡逻时，需要对巡逻的情况进行记录，应填写班巡逻记录表以及巡逻情况汇总表，记录巡逻岗每班巡逻的情况，对巡逻的情况进行统一记录、管理。

（1）班巡逻记录表（表2-1）

表2-1　班巡逻记录表

单位：　　　　　　　　　　　年　　月　　日

班次：	当班时间：		值班员：	例巡时间：	
序号	检查内容				检查情况
1	物业内是否有可疑人员、陌生人徘徊、窥视				
2	室内外车辆停放情况,注意渗水与漏电				
3	是否有未按规定的时间和要求进行违章装修的				
4	物业内是否有乱摆卖现象				
5	业主(住户)有无意见、建议				
6	公共照明(灯、开关)情况				

班次：		当班时间：		值班员：		例巡时间：	
序号		检查内容					检查情况
7	公共地方的门窗情况						
8	消防设施(消防栓、广播对讲器、报警按钮等)						
9	水表、阀门是否漏水						
10	业主(住户)家内是否有异常气味和声响,注意煤气泄漏						
11	电梯、机房情况						
12	公共卫生情况(墙面、地面、顶棚、门窗和灯具等设施);走廊是否堆放垃圾						
13	物业内道路、路灯、室外雨水井盖、消防路桩、路墩等设施有无损坏						
14	其他						

注：1. 没有发现问题的在检查情况栏内"√"，"√"，有问题的则记载下来。

2. 发现紧急情况，马上报告主管和总值班室，对于大量渗漏、冒水、设施严重损坏和违章等难以处理的问题，由总值班室或主管立即报告上一级主管、分管、副主任或主任处理。

(2) 巡逻情况汇总表（表 2-2）

表 2-2　巡逻情况汇总表

月日	班次	时间	巡查次数	巡查人签名	异常情况及处理结果	抽查人签名	抽查时间

注：1. 班次为早、中、晚三班。

2. 巡查次数指当日某班巡逻次数。

（二）治安巡逻情况检查

1. 巡逻保安员的检查标准

（1）仪表仪态

① 按规定着装，佩戴齐全。

② 精神饱满，姿态良好。

③ 举止文明、大方。

④ 不袖手、背手或将手插入衣袋，不勾肩搭背。

（2）工作要求

① 服从领导，听从指挥。

② 能熟练掌握物业管理范围内的基本情况，包括用户的基本情况、楼宇结构、防盗消防设备、主要通道的具体位置，发电机房、配电室、水泵房、消防中心等重点位置的防范等。

③ 善于发现、分析和处理各种事故隐患和突发事件，有较强的分析、判断和处理问题的能力。

④ 熟悉停车场的基本情况。

⑤ 能圆满完成规定的检查内容。

（3）服务态度及要求

① 微笑服务。

② 主动、热情、耐心、周到地为物业用户服务。

③ 说话和气，礼貌待人。

④ 不与物业用户发生争吵、打斗事件。

⑤ 按时巡逻，按时到指定地点签到。

⑥ 不出现用户家被盗抢事件。

⑦ 停车场内车辆完好无损，不出现一起交通事故，不丢一辆车。

⑧ 接到物业用户报警应在 2 分钟内赶到现场并报告。

⑨ 处理各种违章要文明礼貌、及时有效、机动灵活、不失原则。

⑩ 及时发现各种事故隐患，不因失职而出现一次意外事故。

2. 巡逻情况的检查程序

（1）交接班时，巡逻班长到各岗位巡查一遍，检查各岗位交接是否清楚，手续是否完备，保安员的着装、仪容仪表等是否符合规定，如发现问题应马上纠正，并填写巡逻交接班记录表（表 2-3）。

（2）上一班巡逻人员交接清楚，下一班巡逻人员方可签字，要严格执行。巡逻内容包括治安、消防、设备、设施（消防栓、煤气系统等）、车辆停放等情况，巡逻频次根据物业的特性及物业公司的自身情况决定。

（3）每小时巡逻班长到各岗位巡视一次。

表 2-3 巡逻交接班记录表

年　　月　　日

交班人		接班人		交接时间	
记录： 签名：					
交班人		接班人		交接时间	
记录： 签名：					
交班人		接班人		交接时间	
记录： 签名：					
领导巡查留言：					

（4）巡查时发现有不认真或违纪、违章等情况，要及时纠正，并做好值班记录，上报管理处。

（5）本班执勤中遇到疑难问题时，本班班长应立即到场，按有关规定处理，若不能解决时，应报管理处处理，并做好记录。

3. 治安巡逻签到制度

（1）签到箱的位置、签到的路线、签到的频率由各管理处根据实际情况制定。一般情况下，签到箱的安装，小区每 100000m² 安装 1 个，大厦每座每五层楼安装 1 个。签到箱的型号应统一，钥匙应统一（尽量能共用），具体位置由管理处确定。

（2）签到箱钥匙的保管。为方便签到、检查，安全部主管、班长、保安队长和一个班次治安巡逻员各配备一把钥匙；班次轮换时由班长收齐后统一交到下一班的班长。

（3）保安员在巡逻中，小区每小时打开签到箱在签到卡上签到一次，大厦90分钟签到一次，责任区内有多少签到箱，均应签到，每张签到卡不允许同时签到。

（4）保安队长在每个巡逻班次时间内检查次数不少于一次，每责任区抽查一次，班长全面检查次数不少于两次。物业管理部、管理处主任、房管员夜间必须进行抽查。

（5）签到人、检查人均要求在签到卡上签名并注明时间，楼管员发现有不合格的可直接记录在签到卡上，保安队长可将其作为考核依据。

（6）凡检查不合格者，记一次不合格。

（7）由保安队长负责每周到签到箱收发签到卡一次，由保安队长保管，保存时间为1个月。

（8）"保安员巡逻签到卡"样式如表2-4所示。

表2-4　保安员巡逻签到卡

岗位：　　　　　　　　　　　　　　　　　　　　　区域：

时间	签名	时间	签名	时间	签名

巡视记录（楼管员填写）：

第二节　安全出入管理

一、物业用户出入管理

（一）物业用户出入的服务规程

（1）保安员应熟悉所服务物业用户的基本情况，包括姓名、楼座号、人口状况、亲友状况、相貌特征、经常出入物业的时间等，物业用户、公司领导及员工进出物业时不用登记。

（2）当有物业用户出大堂时，保安员应主动点头微笑，并用"您早!""您好!""早晨好!"等以示问候；当有物业用户进大堂时，应主动点头微笑，并用"您回来啦!""您下班啦!""您好!"等表示迎接和问候。

（3）当发现有提（抱）着重物的物业用户及访客进出大门有困难时，保安员要主动帮助其开启门锁，并立于门把手外侧，作出"请"的手势。当物业用户及访客说"谢谢!"表示感谢时，保安员应用清晰诚恳的话语回答说："应该的，不用谢!"等，然后轻轻地关门。

（4）当物业用户搬出，或有新物业用户入住时，保安员应请其到管理处办妥有关手续，再开启门锁，并主动维持大堂秩序和电梯运行秩序，提醒搬家的物业用户使用专用电梯，以免造成大堂秩序混乱，同时对搬家情况做好记录。

（5）当遇有特殊情况，如接到匪警、火情报警等，保安员应把好大门关，同时要协助其他保安员，直到警报解除。

（二）出入证发放与回收登记表

对于物业用户进入物业，需要对其发放出入证，对于在某一段时间经常进出物业的装修人员，可发放临时出入证，但在装修完毕后，必须收回。下面给出了"出入证发放与回收登记表"（表 2-5），以供读者参考。

表 2-5　出入证发放与回收登记表

出入证发放		出入证收回	
办证人姓名		办证人姓名	
出入证号码		出入证号码	
办证时间		回收时间	
经办人		经办人	
房号		备注	

二、外来人员出入管理

（一）外来人员的出入服务规程

（1）对外来客人（包括业主或住户的亲友、各类访客、装修队等作业人员、物业公司员工的亲友等）一律实行进出物业登记（或存、取）有效身份证件制度。

（2）当有客人来访时，保安员应主动点头微笑示意，并用"先生（小姐），您好! 请问您拜访哪位? 住哪层、哪座楼?""请您出示身份证件登记。""请您用对讲器与您朋友联系一下。""对不起，让您等候了，谢谢合作，请上楼。""对不起，实行验证登记是我们的工作制度，请您谅解。"等话语予以提示或表示歉意。

（3）准予登记的有效证件，特指有效期内的身份证、暂住证、边防证、回乡证和贴有照片并加盖公安机关印鉴的边境证等。

（4）细心检查证件，将证件号码、被访单位、住户姓名、来访原因、时间等记录在下面所示的来访登记表（表2-6）后给予放行。

表2-6　来访登记表

日　期		备　注
来访人姓名		
性别		
工作单位(地址)		
证件名称		
证件号码		
被访人住址(楼座、房号)		
来访时间		
离开时间		
值班人		

（5）有与物业用户直通对讲设施的值班岗位，应与物业用户联系，经同意后才可将外来人员给予放行。

（6）对形迹可疑的外来人员，应通知班长或巡查保安员，由班长或巡查保安员负责监视。

（7）值班保安员有权拒绝身份不明的外来人员进入物业。

（8）严禁外来人员进入物业推销、收废品、捡破烂等。

（9）对不按规定强行进入物业的外来人员必须予以阻止，并报告班长、管理处经理，必要时报辖区派出所或110报警中心。

（10）当物业用户带有亲友或访客时，保安员应有礼貌地请其出示有效身份证件予以登记，并向物业用户做好必要的解释工作，以消除物业用户的不满情绪。

（11）若有由物业公司（管理处）领导陪同到物业检查、参观、学习的人士，保安员应立即敬礼，以示欢迎，并热情回答客人的询问。等客人离开后，将来访人数、单位、职务等情况记录清楚，备查。

（12）当外来人员出物业时，保安员应及时核准，主动将所押证件退还给访客，说"谢谢合作！""再见！""慢走！"等礼貌语，并记录离开时间。

（二）暂住人员的出入管理规定

1. 出租屋暂住人员的《出租屋治安管理许可证》及《暂住证》的办理

（1）对物业内的出租屋暂住人员在入住小区7天内，通知其办理两证。

（2）按所在地《租住房屋治安管理规定》、《暂住证申领办法》的规定和要求，对业主填写的出租屋许可证申请表、业主与租屋方签订的租屋合同和治安责任书，以及暂住人员填写的暂住人口登记表等有关办证资料进行审批。

（3）将审批办证的有关申请资料及办证工本费用统一送交当地派出所办理。

（4）自出租屋业主或暂住人员的办证申请当天起，15天内办好《出租屋治安管理许可证》，3天内办好《暂住证》。

（5）《出租屋治安管理许可证》的有效期分为一年、半年两种；《暂住证》的有效期分为3个月、半年、一年三种。

2. 证件的年审或补办

在《出租屋治安管理许可证》到期年审或《暂住证》到期时，应提前7天通知出租屋暂住人员进行证件的年审或补办。

3. 对暂住人员的管理

（1）对物业内的出租屋暂住人员的分布及流动情况要准确掌握并登记存档，填写"租户登记表"（表2-7）。

（2）经批准，对辖区内的出租屋暂住人员进行不定期的检查，填写"房屋出租登记表"。

表2-7　租户登记表

序号	楼座号	租户姓名	联系电话	业主姓名	联系电话	备注

填表人：　　　　　　　　　　　审核人：

（3）及时掌握辖区内的出租屋暂住人员的搬迁情况。

（4）协助公安机关对辖区内的出租屋暂住人员进行清查，对漏办的对象应督促其办理《出租屋治安管理许可证》、《暂住证》。

（5）对出租屋的卫生、用电安全、暂住人员的变动、治安责任等实施管理，掌握租住人或暂住人员的活动情况，预防违法犯罪行为发生。

（三）施工人员的出入管理规定

（1）施工人员必须佩戴施工证出入物业。每人当日首次进物业时，应自觉接受检查登记。禁止施工人员乘搭客梯载运货物，一律乘货梯载运。

（2）只在物业内施工一天或到施工现场清运垃圾的施工人员，在施工单位负责人担保下，可凭身份证登记进入。首次进入物业施工未办理施工证的，可凭身份证登记进入，但必须限定在当日内办好出入证。

（3）转借他人证件的施工人员，一律收缴证件并将其清离物业。由保安班长将此情况告知施工单位负责人。

（4）从施工现场带出的电动工具，必须到安全部办理物品持出单，否则，施工人员不得私自带出施工工具。

（四）送餐人员的出入管理规定

（1）未经安全部批准，不允许送餐人员进入物业，经批准的送餐单位和送餐人员应在物业公司安全部备案，领取临时出入证。

（2）送餐人员需佩戴临时出入证，由指定出入口进出物业。

（3）送餐人员应乘坐货梯去楼层送餐，不准进入与服务无关的楼层，不得在物业内到处乱窜、游荡。

（4）送餐人员应衣冠整洁干净，不得穿背心、短裤、拖鞋进入物业。

（5）送餐人员应自觉维护物业整洁，使用旅行袋装盒饭，不得污染物业环境。

（6）违反上述规定者，保安员将对其进行批评改正，不听劝导者不准进入物业。

（五）保姆、钟点工的出入管理规定

保姆、钟点工出入物业应出示保姆、钟点工工作证件，并填写"保姆、钟点工登记表"（表2-8）。

表2-8 保姆、钟点工登记表

序号	姓名	楼座号	出入证号码	身份证号码	家庭住址	暂住地址	备注

填表人：　　　　　　　　　　　审核人：

三、商业物业人员出入管理

（一）商业物业的人员出入管理规定

（1）对于商业物业的正常通道，可在各道口设立不同的出入功能，既要保障物业用户的正常出入，又要有效阻止擅自闯入、误入和蒙混过关的外来人员。

（2）在商业物业客户服务中心配备客户服务人员，负责接待来访人员和发放出入证。由大堂的客户服务人员负责检查、验证、放行出入物业的人员和物品，严格控制出入口。

（3）出入口应实行 24 小时的人员、物资控制，装修期与施工单位、装修单位协调办理临时出入证。

（4）值班保安员对外来人员的出入应严格登记和管理，来访人员出入必须填写来访登记表，写清姓名、工作单位、证件号码，以及被访人姓名、住址等，必要时保安员可通过对讲机机通话，经确认后方可准许其进入。

（5）保安员在登记前，应认真核对证件，若有不符，应谢绝来访者进入物业内；谢绝一切推销人员或其他闲杂人员进入物业。

（6）遇有贵宾前来参观，保安员应立即敬礼，发放临时贵宾卡，对参观客人的人数、单位等情况做好记录后备查。

（7）搬出的物资必须严格跟踪管理，并对有业主签名认可的物资搬运放行条做登记。

（8）值班保安员认真核实业主的签名是否有效，并认真检查运出物资与"物资搬运放行条"（图 2-2）上所列物资是否符合，若不符合应要求立即停止搬运；若相符，则由值班保安员签字放行。

（二）人流高峰期的出入管理规定

商业物业与一般物业不同的是在上下班时间会出现人流高峰期，为了提高通行效率，减少因人流、物流所造成的管理压力，并对物品的漏检漏查做到有效控制，应加强人流高峰期安全力量，正常情况下保安员执行三班运转制。在不增加保安员的情况下，实行早晚班、机动班人员互补支援的办法，在上班高峰期 7:30～8:30 和下班高峰期 17:30～18:30 的各一个小时内，除早晚班正常保安外，还应安排其他保安队的领班带队加强对物业秩序的维护。

（三）非办公时间出入管理规定

为了加强商业物业非办公时间的管理，保证物业用户的财产安全，应制定商业物业非办公时间来访人员和加班人员登记管理规定。

1. 来访人员登记管理规定

（1）非办公时间进入物业的人员，必须在大堂接待处出示身份证或有效证件，并进行登记，如实回答保安员的询问。

（2）来访人员寻访不遇时，应马上离开，不得借故在办公区域停留。

（3）物业当值保安员因安全或其他原因认为有必要时，可随时请来访人员离开物业。

```
项目名称：

业主姓名：              证件号码：

申办人姓名：            电话号码：

楼牌号：

  日期：    年    月    日

有下列物业需要携带：




                              物业管理有限公司二七分公司

                                     物业管理处

                                  经办人：

                                  批准人签名：
```

图 2-2　物资搬运放行条

2. 加班人员登记管理规定

（1）认真核查客务部签发的客户延时服务通知单，并作为延时单位加班人员进入物业放行的凭证，延时结束后，应及时催促客户离场；加班持证人员如与延时服务通知单不符，客户应进行登记，作为临时加班备查单。

（2）临时到物业办事的客户，进入物业时需出示物业公司统一发放的出入证或所在公司工作证，并申报滞留时间，进行登记。

（3）加班人员不得到非公司办公区域游荡。

（4）加班人员应服从管理，配合巡视人员、值班人员的例行检查。

（5）物业值班保安、值班人员因大厦安全或其他原因认为有必要时，可随时请加班人员离开物业。

3. 来访人员和加班人员应遵守的规定

（1）禁止在物业内留宿。

（2）禁止将枪支、弹药、易燃易爆等违禁物品带入物业。

（3）禁止在物业内从事非法活动。

（4）禁止在物业内进行推销。

（5）非紧急情况下，不得动用物业内的消防设施。

（6）衣冠不整或身份不明者不得进入物业。

（7）来访人员和加班人员应在规定时间前离开物业。

（8）所有携带物品，应自觉接受保安员、值班人员的检查和登记。

（9）在非办公时间内带出贵重及大件物品，必须提前到物业公司安全部填写"物品持出单"，并经持出人所在单位盖章后方可带出物业。

四、物品出入管理

（一）物品出入管理人员的职责

（1）安全部负责审查签发"物品放行条"。

（2）安全部负责按"物品放行条"检查、核对搬出物品的品种和数量，并回收放行单据。

（3）安全部主任负责检查执行情况。

（4）安全部当值班长、保安员负责实施物品出入管理。

（二）住宅物业的物品出入管理

（1）安全部的保安员、大堂值班人员对物品出入要严格控制。

（2）租户、来访者进入小区携带有易燃、易爆、剧毒等危险物品时，当值保安员应礼貌地拒绝物主勿将此类物品带入小区。

（3）物业用户若将物品搬出小区，需提前到管理处办理手续，进行登记，由管理处签署放行条。

（4）物业用户若搬出小区居住，应提前3天到管理处结清有关的费用，进行登记，由管理处签署放行条。

（5）物业用户、来访者携带物品离开小区时，当值保安员应礼貌检查放行手续，认真核查搬出物品的名称、数量是否与搬出申请物品相符合。确认无误后给予放行，并在放行条记录栏注明搬出物品的名称、数量、日期及签名确认。

（6）物品放行后，值班保安员应及时将物品的种类、数量等记录在"物品放行登记表"（表2-9）上。

（7）下班前，值班保安员应收集所有放行条交班长，并由班长上交办公室统一保管。

（8）物业用户搬运物品时，请勿将物品堆放于过道上，以免影响他人。

（9）搬运物品的车辆严禁停于消防通道上。

（10）搬运过程中，必须小心爱护公共设施，防止磕碰损坏，否则照价赔偿。

（11）搬运过程中，应注意保持环境卫生，不大声喧哗，以免影响小区的整洁和其他业主的正常生活。

表 2-9 物品放行登记表

日 期	房号	携带物品人姓名、住址、证件号	物品名称	有无放行条	值班人

（12）为配合辖区民警和居委会的工作，对人口进行有效控制，小区业主搬出/搬入的登记内容可供辖区民警、居委会在必要时参考。

（13）管理处保安员均有责任对所有携带物品搬出的人员进行盘查。盘查时应注意礼节，不得无故刁难当事人。大门岗值勤保安员需要密切注意进出车辆及人员，发现情况应及时检查处理。

（三）商业物业的物品出入管理

（1）客户在正常办公时间内，需带（运）出少量物品的，承办人应到安全部办理出入手续，并持盖有其公司公章或负责人签字的出门条（在物业公司备案），出门时交保安员验收。

（2）客户有大件物品，如沙发、办公桌椅、文件柜、计算机、复印机（配件）、保险柜及其他贵重物品等需搬出物业或大型搬迁，必须到管理处办理"物品放行条"（表 2-10）。该放行条需有客户单位公章或负责人签名，并经客户服务部审核认为可以放行后，加盖部门印章方为有效，有效期为当天。其他任何部门及人员不得擅自批准放行。

（3）如客户将大量货物带出时，需提前到客户服务部申请使用专用电梯，在出门时必须将"出门条"交保安员验收。

（4）客户在非办公时间带出大件物品，当值保安员有权截留其所带出的物品。

（5）所有搬运大件货物的公司必须按指定通道、货梯于指定时间内进行搬运。搬运过程中如损坏公共设施，应照价赔偿。

表 2-10　物品放行条

客户名称：　　　　　　　　　　单元：　　　　　座　　单元

联系人：　　　　　　　　　　　联系电话：

申请时间：　　年　月　日　时　分

序号	物品名称	数量	验证、放行人签名	损坏公共设施记录
1				
2				
3				
4				
5				
6				
是否需要申请电梯操作			是□　　　　否□	
计划使用电梯的时间：　　年　月　日　时至　　年　月　日　时				
（公司盖章） 审批人签名：　　　　　　　　　　　　　　年　　月　　日				

　　（6）客户雇请外部搬运人员时，必须对他们进入大厦区域的行为进行担保，禁止其到非搬运楼层乱窜，并在进入大厦前将其姓名、身份证号码、人数等资料交物业保安部。

　　（7）所有带出大件物品者必须服从管理，如实回答保安员的询问。

　　（8）客户随身携带物品可走客梯。

　　（9）安全部要仔细检查核对客户搬出物品的数量及种类。对"物品放行条"，安全部不仅要仔细核对物品范围及数量，而且要按发出数全部收回，此项指标是对安全部的考核内容之一。对客户出具的物品放行证明，保安部要核查经手人的有效放行证件，并留存证件号。

　　（10）保安员负责将回收的放行条，于次日交客户服务部核对，由客户服务部编号并存档。若客户办理的放行条因故暂未使用，客户服务部与保安部要注意衔接，并与客户取得联系。

　　（四）物品出入控制流程

　　物品出入控制流程图如图 2-3 所示。

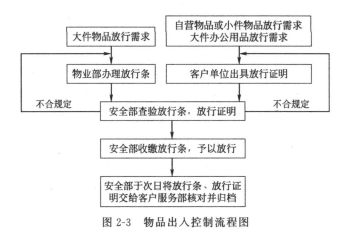

图 2-3 物品出入控制流程图

第三节 安全监控管理

一、安全监控的工作要点

（1）安全监控系统设立 24 小时监控值班岗，全面了解和严密监视物业内外的安全状况。

（2）监控值班岗实行 8 小时轮班制，以确保值班人员精力充沛。值班人员需保持高度警惕，了解社会治安动态，熟知设防部位状况，明确设防目的和要求，忠于职守、坚守岗位，严禁脱岗、酒后值勤。

（3）除监控室值班人员、消防主管、警卫主管、安全部经理、工程部维修人员外，其他人员不得进入中控室，如需进入时必须经安全部经理、消防主管、警卫主管的批准，并且监控室值班人员在非监控室人员进出登记表上做好记录。

（4）值班人员在值班期间，要按规定与巡逻人员保持密切联系，互相沟通有关安全信息。

（5）值班人员应每天对闭路监控系统、报警系统进行检查，如发现问题应及时通知工程部，派工程维修人员对闭路电视监视系统和红外线监控系统进行维修和养护，保证设备能长期正常地运行，确保安防设备的可靠性。

（6）消防、监控设备设施或报警设备在维修中需停机时，要按有关单位（部门）负责人签署的通知书停机，不得用口头通知代替，停机时间的安全工作由签署通知的负责人组织落实。

（7）值班人员要熟练掌握控制设备的操作规程及操作技术，能排除简单的设备故障。

（8）报警监控设备发生故障时，值班人员应立即向消防主管汇报，由消防主管向工程部汇报维修，不得擅自处理。

（9）监控设备的录像机、电视屏幕，不得用于看录像、玩电子游戏等娱乐消遣。

（10）发生报警时值班人员要保持冷静，判明报警的部位和种类，查验清楚后，做好记录。

（11）发生入侵需要做出反应时，值班人员应立即向应急处置指挥人员、备勤人员及其他有关人员报告。

（12）应急处置人员出动后，值班人员应继续利用监视设备了解案发现场及其周围的动态，并随时向应急处置人员通报情况，事后做好记录。

（13）闭路监控采取24小时录像，录像资料保存期限至少为1个月（具体与甲方商定）。发现录像带的录像质量下降，值班人员应及时更换新的录像带，保证录像图片的质量，以便在发生某些事件时能根据录像资料找到有价值的线索，达到安防的效果。

（14）为确保监控中心的正常运作，安全部相关人员应做好各自的工作，不同岗位的具体任务请参照"监控中心作业指导书"（表2-11）。

表2-11　监控中心作业指导书

序号	作业内容	岗位及人员	相关质量记录
1	监控员通过安防系统24小时持续对小区的主干道、中央景观区域、主要出入口，以及住户求救系统进行监控，一旦发现异常，或收到业主的紧急求助，立即通知相应巡逻岗在1分钟内赶至事发现场进行处理，同时通知区队长进行协调，相邻巡逻岗对相邻地段进行严密监控，门岗对小区出入口进行严密盘查，重大情况则立即上报保安主管，处理完毕后及时向监控中心汇报，监控中心岗核对后做好记录	监控岗	执勤情况记录
2	对门岗、巡逻岗报来的信息进行确认、回复，同时协调相关岗位进行处理；对于去向不正确等可疑情况，及时报保安队长或相关哨位进行处理	巡逻岗 门岗 保安队长 监控岗	执勤情况记录
3	每日零点更换录像带并做好记录，更换的录像带应至少保留半个月；保留的录像带必须合理摆放在录像带柜中，确保三分钟取用	监控岗	执勤情况记录
4	每季度对监控中心备用的消防斧头、消防扳手、铁锹、铁锤等消防工具，以及警戒带、医疗箱及常用医药、防烟防毒工具进行检查，检查范围包括其有效期、完好程度等	保安队长	消防设备检查表
5	每班次交班前，做好监控中心的清洁工作，清洁范围包括地面、设备、柜子；交班时，查收备用钥匙箱，并做好记录，如发现备用钥匙箱在没有钥匙借用的情况下被开启过，立即上报保安主管	监控岗	执勤情况记录

序号	作业内容	岗位及人员	相关质量记录
6	监控设备发生故障时,应及时报当班保安队长,由保安队长填写公共维修通知单,一份报维修组签收,一份留存,当维修完毕后,巡逻岗应及时通知保安队长在留存的公共维修通知单上签字认可	监控岗 保安队长	公共维修通知单 执勤情况记录
7	保安队长每天对监控中心工作情况进行抽查,若发现不合格,应立即要求相关责任人进行整改	保安队长 监控岗	执勤情况记录
8	保安队长对监控中心工作情况进行随机抽查,若发现不合格,应立即要求相关责任人进行整改	保安队长	执勤情况记录 公共维修通知单

检验标准:监控及时准确、记录齐全,按时更换录像带,信息发布准确无误。

二、闭路电视的管理

闭路电视是安全监控的重要设备,对闭路电视进行管理是安全监控管理的重点。

(一)闭路电视的操作程序

(1)报警模式置为 MOE,即所有报警均在监视器里输出,在录像机里录像。

(2)程序切换置为 PSET。

(3)选择监视器号码 Sa。

(4)按键盘"O",然后按"GO"键。

(5)选择画面,选择收视器号码;选择摄像机号码。

(二)闭路电视的操作规定

(1)8 台录像机共计 128 盒录像带,分为 8 批,每批编号为 1~8 号,录像时录像带依次排列放入录像机中,不得混用录像带,不得中途停止。

(2)录像时间,白班:8:00~20:00;夜班:20:00~次日 8:00。录像带由接班人员负责更换,每日将使用的录像带编号记录在当值记录本内。

(3)录像带保存两周。有重要录像内容或可疑情况的录像带必须封存,并交保安部处理,然后填写在"异常情况监控录像表"内。

(4)值班人员必须严格按照操作规程监控录像,爱护设备,确保其正常运作。

(5)未经部门主管批准,不得随意播放各录像带。

(6)未经上级批准,无关人员不得进入监控室。

(7)应保持监控室的卫生,营造良好的工作环境。

(三)闭路电视的养护

对闭路电视进行养护,应填写"闭路电视养护记录表"(表 2-12),进行详细记录,便于下一次进行进一步养护。

表 2-12　闭路电视养护记录表

年　月　日

序号	检查项目	养护情况及处理情况	养护人	审核人
1	检查视频线有无松动			
2	调节并检查监视器旋钮			
3	检查摄像头			
4	检查镜头并校焦、擦洗镜头			
5	防雨、防尘罩的密封			
6	检查铁件部位的防锈情况			
7	检查各监控系统的连线接触			
8	其他			

三、监控录像带的管理

（一）监控录像带的管理规定

监控录像带是对一定时间、空间内所发生的具体情况的真实记录，对于事后分析事情发生的起因、过程和结果都有十分重要的参考作用，将被司法机关列入证据范畴。因此，监控录像带的保管使用应执行以下规定。

（1）每盒录像带录制完后，必须填写监控录像带使用保管记录，并在带上做好起始时间、地点、部位等标识，保管期限一般为 15 天，保管期满后，经管理处安全主管浏览，确认无重要情况需要保留后，方可进入重复使用程序。

（2）管理处应备有一盒用于复制、保存重要情况的专用录像带。所谓重要情况录像，系现场摄制的已经发生或有迹象表明有可能发生的治安事故、刑事案件，包括可疑的人或事，并对事后分析事故（案件）发生的原因、过程、结果和所涉及的人员等，以及对事后处理事故（案件）能够提供帮助的实况。

（3）对有重要情况记录的录像带，必须保留至事情处理完毕后，再将有重要情况的录像时段复制到重要情况专用录像带上。经播放确认复制完成后，报请管理处领导同意，原带可转入重复使用程序。

（4）重要情况专用录像带应编好目录，确定专人妥善保管，定期检查，防止丢失或损坏。

（5）重要情况专用录像带列入长期保存范围的，保存时间不少于一年。

（二）更换录像带的记录

更换录像带时，要对更换录像带的时间、号码、更换人进行记录，填写在"更换录像带记录表"（表 2-13）内。

表 2-13　更换录像带记录表

时间	所换录像带号码	更换人签名	时间	所换录像带号码	更换人签名
月 日 时　分			月 日 时　分		
月 日 时　分			月 日 时　分		
月 日 时　分			月 日 时　分		
月 日 时　分			月 日 时　分		
月 日 时　分			月 日 时　分		
月 日 时　分			月 日 时　分		
月 日 时　分			月 日 时　分		
月 日 时　分			月 日 时　分		
月 日 时　分			月 日 时　分		

第四节　安全防范系统

安全防范系统简称安防系统，又称保安系统。它具有很高的自动化程度，一般由以下六部分组成。

一、出入口控制系统

出入口控制系统就是对物业内外正常的出入通道进行管理的系统。该系统可以控制人员的出入，还能控制人员在物业内及其相关区域的行动。在大楼的入口处、金库门、档案室门、电梯等处安装出入口控制装置，比如磁卡识别器或者密码键盘等。用户要想进入，必须拿出自己的磁卡或输入正确的密码，或两者兼备。只有持有有效卡片或密码的人才允许通过。采用这样的系统有以下优点。

（1）每个用户持有一个独立的磁卡或密码，这些磁卡和密码的特点是它们从系统中可以随时被取消，磁卡一旦丢失即可使其失效。同样，离开单位的人持有的磁卡或密码也可以轻而易举地被取消。

（2）可以用程序预先设置任何一个人进入的优先权，一部分人可以进入某个部门，而另一部分人只可以进入另一部门。这样既能够控制人员去的地方，也可以设置一个人在一周里有几天或一天里有多少次可以使用磁卡或密码。

（3）出入口控制系统所有的活动都可以用打印机或计算机记录下来，为管理人员提供了系统运转的详细记载，以备事后分析。

（4）使用这样的系统，仅需很少的人在控制中心，就可以控制整个物业内外所有的出入口，节省了人力，提高了效率，也提高了保安效果。

采用出入口控制为防止罪犯从正常的通道侵入提供了保证。

二、防盗报警系统

防盗报警系统就是用探测装置对物业内外的重要地点和区域进行布防。它可以探测非法侵入，并且在探测到有非法侵入时，能及时向有关人员示警。另外，防盗报警系统还包括人为的报警装置，如电梯内的报警按钮、人员受到威胁时使用的紧急按钮、脚跳开关等也属于此系统。此系统还有一个任务，就是一旦有报警，便会记录入侵的时间、地点，同时还会向监视系统发出信号，让其录下现场情况。

三、闭路电视监控系统

闭路电视监控系统在重要的场所安装摄像机，它为保安人员提供了利用眼睛直接监视物业内外情况的手段，使保安人员在控制中心便可以监视整个物业的情况，从而大大加强了安全防范的效果。该系统除起到正常的监视作用外，在接到报警系统和出入口控制系统的示警信号后，还可以进行实时录像，录下报警时的现场情况，以供事后重放分析。

出入口控制系统、防盗报警系统和电视监控系统由计算机协调起来共同工作，组成了物业的安全防范系统，来完成物业的保安任务，实现物业安保工作。

四、访客对讲系统

随着居民住宅的不断增加，住宅小区的物业管理就显得日趋重要。其中访客登记的管理方法已不适合现代管理快捷、方便、安全的需求。而访客对讲系统是在各住宅单元的门口安装防盗门和对讲系统，它能实现访客与住户对讲，住户可遥控开启防盗门，并有效地防止非法人员进入住宅楼内。

五、住宅防盗报警系统

住宅防盗报警系统是为了保证住户在住宅内的人身、财产安全，通过在住宅内门窗及室内安装各种探测器进行昼夜监控的报警系统。当监测到警情时，通过住宅内的报警主机传输到智能化管理中心的报警接收机，接收机将准确显示警情发生住户的名称、地址和入侵方式等，提示保安人员迅速确认警情，及时赶赴现场，以确保住户人身和财产安全。

住户也可通过固定式紧急呼救报警系统或便携式报警装置，在住宅内发生抢劫和突发疾病时，向管理中心呼救报警，中心可根据情况迅速出警。

六、保安巡更管理系统

在小区保安系统设计时应该强调机防与人防的相互结合，千万不能忽视机防的作用。在保安系统中必须设计相应的子系统，以便配合保安人员的工作，如巡更管理系统、语音对讲系统等。

现代化大型住宅小区出入口较多，来往人员的情况也较复杂。为此，在重要的场所应该设巡更站，进行定期巡逻，以保证居民人身、财产的安全。

保安巡更管理系统可以用计算机组成一个独立的系统，也可以纳入大楼或小区的整个监控系统。对于一幢智能化的大厦或一个现代社区来说，巡更管理系统要求与其他系统合并在一起，组成一个完整的自动化系统，这样做既合理又经济。

第五节　治安管理实用技巧

一、业主之间发生纠纷怎么应对

2017年5月21日上午10时，一男一女两位访客要探访某小区七楼的一位业主，当班护卫员按工作程序，经业主同意并验证登记后给予放行。

10:30左右，该业主打电话给消防监控中心，要求管理处派护卫员将刚才进去的来访者撵出去。当值班长就上楼将两位访客劝说下来，并从他们的交谈中了解到双方是生意上的朋友，因业务关系产生了分歧。他们也是同一小区另一大楼的业主。值班长将所了解到的情况向管理处做了汇报。

11:20，这两人又一次来探访七楼的业主，而且带来了七、八名彪形大汉，将七楼业主围了起来。当值班长立即通知消防监控中心，对该楼层电梯情况进行严密监控，发现异常立即报告。当值护卫班长主动上前给访客讲解小区的规章制度，劝其带领来人离开小区，不要在此闹事，以免给双方造成不可挽回的后果。管理处这时也暗中做了一定的布置，密切关注事态的发展，防止流血事件的发生。几分钟后，管理处当值的护卫员马上来到现场，插到中间将双方分开，同时监控中心也将紧急集合的信息传到员工餐厅，待命的全体护卫员迅速集结到现场，在大家的再三劝阻和制止下，双方纠纷终于和平解决，小区又恢复了往日的安静。

管理处对此事的态度及稳妥的处理方法，得到了在场业主们的一致好评，认为物业管理公司的管理制度完善，员工应急行动反应迅速，人身安全有保障。

从此案例中可以借鉴以下几点经验。

（1）当值人员在工作中收集到的点滴信息都要及时向上级反映，以便管理处随时掌握小区内的各种异常情况，做好防范工作，以免当发生紧急事件时措手不及。

（2）凡是被业主列为不受欢迎的人，无论用什么借口进入小区，必须要提前打招呼，并实施技术监控，必要时可全程陪同，防止骚扰业主。

（3）当发现有事故的苗头，千万不能掉以轻心，要针对可能发生的最坏后果，采取必要的应急措施，当然也要注意技巧，比如现场不要布置太多人员，以减少紧张的气氛，避免引起太多闲杂人的注意和围观。

二、业主与租户发生租房纠纷怎么应对

2016年某日下午刚上班不久，一位女士匆匆来到管理处要找李主任，李主任当时不在，她急得一个劲地说这怎么办啊。观其神情举止必有急事，于是工作人员问她有什么事，是否可告之并协助解决。于是该女士描述了事情的经过。

她本是A栋18楼E座的业主，在去年就想卖房，可是一直没有找到合适的买主，房子也一直空着。与其这样每月交几百块的管理费，不如先把房子出租，既可代交管理费，又有租金收入进账。于是在8月份业主将房屋出租给现在的租客，在签订租约时已经说明房子等待出售，如果卖的话会提前一个月通知租客。事情巧就巧在房子租出去几天的时候就找到了买主。对方确定要买，并且要自己入住，于是业主在8月28日就通知了租客，可是直到10月5日租客也不肯搬走。租客不搬的理由就是业主没有事先通知。管理处的工作人员安慰业主不要着急，房屋租赁手续齐全，可以请求房管所的户管员协助解决，并立即给房管所打电话，电话通了却无人接听，试了几次都是如此。于是管理处工作人员决定先与业主上楼与租客沟通，如果不行再联系房管所人员。

到了楼上，业主与租客一见面就各说各的理，根本没有管理处工作人员说话的份，于是工作人员在一旁认真地听着双方的理由。

听了双方的对话，租客提出的主要问题如下。

(1) 按照合同约定，业主要收回房屋必须提前一个月通知，但没有接到业主明确的通知；租客打电话给业主，业主不是关机就是不接，使得她无法联系到业主，而且在搬入的第二天就带人来看房，让她心里很不舒服。

(2) 既然要卖为什么还要出租，而且事先也没有告诉她，怀疑业主有欺诈嫌疑。

(3) 找房不容易，不是说搬就能搬的，再有这是公司办事处，更换电话号码很麻烦。

(4) 合同是8月26日起租的，那么9月26日到10月5日的任何费用不承担。

(5) 换房的一切费用由业主承担。

针对租客提出的这几个问题，业主也说明了她的以下理由。

(1) 租房时就已和租客说明房子要卖。

(2) 业主确定是在租客入住第二天就带人来看房了，但这也是事先说过的。

(3) 业主在带人看完房后，在对方确定要买的时候就及时通知了租客，到现在已经一个月零几天了，当时通知的时候中介公司的人也在场。

(4) 找房由业主帮忙找（业主在上楼时得知本栋5F的房子要出租，并与5F的业主联系好了租户的事项），中介费由业主承担，但9月26日以来产生的费用租

客必须承担，搬家费用业主拒绝承担。

问题的焦点就落到了费用承担的问题上。经管理处工作人员协调，26 日以后所发生的费用由租客承担；搬家费用由业主承担。因为是同一栋楼，搬家费用不会超过一百元，而且业主已联系好房子，也不存在中介费的问题，劝解业主不要"因小失大"。

最后双方达成一致意见，租客同意搬家。从本案例可以得到以下经验。

（1）急客户之所急，是服务行业对员工的基本素质要求。物业管理就是要帮助客户解决问题。本案纠纷从房屋租赁开始，所以首先想到的办法是由相关管理部门出面解决；在联系不到相关部门的情况下，急客户所急，马上走第二条途径，发挥管理处的优势，主动上楼与租客进行协调。

（2）协助解决问题不能单凭一腔热情和满怀美好的愿望，不仅要有丰富的业务知识，还要有实事求是的态度。管理人员不仅要了解业主出租房屋的合法性，也要详细了解租赁合同中有关房屋卖出的相关约定，对解决问题做到知其根本，才能找到解决问题的途径。

（3）房屋租赁的合法性和手续的齐全，是管理处正式介入协调该事件的前提条件之一，事务主体行为合法，才可能顺利通过政府部门的有力协调解决问题。只有这样才能不给业主带来更大的麻烦。

（4）了解双方的焦点分歧，协调时权衡双方的利益，找到能兼顾双方利益的方案，才能最终解决问题。

三、业主与外来人员发生纠纷怎么应对

某家园业主王先生因故撤换了装修队，但第二天被换的七、八名装修工人在女工头带领下赖在房间内不走，并与王先生纠缠不休，王先生只好请求管理处帮忙解决。

护卫主管带领护卫员立即赶到现场，对他们耐心劝说了近十几分钟，但毫无进展。最后应王先生的强烈要求，在对方的漫骂声中，动手将他们劝拉出了房间。那位女子被请出房间后，不仅辱骂业主和护卫员，还拨打 110 报警。巡警到场后，该女子态度依然蛮横，而且与业主动起手，在现场调解不成的情况下，巡警只好将王先生、护卫主管和装修工带离现场，叫到派出所处理，当日相安无事。

然而没想到事隔两个多月后，该女子一纸诉状将业主王先生作为第一被告，物业管理公司作为第二被告告上了法庭，要求赔偿医疗费、误工费及恢复名誉。后经人民法院判决裁定：物业管理公司无过错，不承担责任。

物业管理公司之所以会被告上法庭，就是物业管理公司没有弄清楚自己的职责和权限到底是什么？物业管理工作涉及房管、物价、街道、公安、交通、环卫、水电燃气、市政等众多的行政管理部门，只有分清与这些行政管理部门的责任范围，

保持良好的沟通渠道和协作关系，才能使物业管理工作顺利展开。此事虽经人民法院判决物业管理公司无过错，但也使物业管理公司从中得到一个教训：就是尽管业主是物业管理公司的"上帝"，但在满足他们的要求时，也要认真掂量"情"与"法"孰重孰轻，对合理不合法的事一定要谨慎处理，千万不要仗着人多势众，又在自己的管辖地面，就昏头昏脑，不仅不去控制事态的发展，甚至促使矛盾的激化。

正确的做法是：第一时间赶到现场（但去的人千万不要多，以免给对方以口实），控制事态的发展；及时安慰业主，保证业主的人身安全；对矛盾双方以劝说调解为主；调解无效，就应该主动寻求行政管理部门介入处理。这样既给足业主面子，又帮业主化解了难题，有利有理又有节，合理合情又合法。

四、小区内有人饲养动物扰人清闲怎么应对

一天上午，某业主气冲冲地来到管理处投诉：该单元楼上有人养鸡，每天天没亮就打鸣，他有老年冠心病，严重影响了他正常的休息，要求管理处马上出面处理。

接到该业主的投诉后，该管理处首先给予了安抚，承诺立即调查和解决。

经调查发现确实9楼有位业主家养了一只大公鸡。原来该业主新婚，养鸡并不是通常意义的家庭喂养，而是其家乡有新婚期养鸡报喜的风俗，照例要喂养一个月。

于是管理处员工就推心置腹地与该业主进行了沟通：一是在小区内养鸡不卫生，违反了《业主公约》；二是打鸣影响了其他业主的休息，尤其是老年人心脏有病，更需要宁静的睡眠环境。由于管理处员工动之以情，晓之以理，并反复强调了建立良好邻里关系的重要性，最后该业主承诺在三、四天内将大公鸡处理掉。

管理处又向投诉的业主反馈了事情解决的最终结果，主动对未能及时发现和制止业主养鸡而造成他休息不好一事承担了责任并道歉，对他提出的意见表示感谢，希望他能一如既往地支持管理处的工作，关心"美好家园"的环境营造与建设。投诉的业主对管理处的工作效率和态度非常满意，一再表示理解和支持。

有投诉是很正常的事情，但如何解决投诉，却是物业管理公司的服务态度和技巧问题。

① 物业管理公司不能回避责任。

② 要对投诉者给予精神上的安慰。

③ 要马上付与行动，不要搪塞拖拉。

④ 要解决实际问题，不要简单粗暴地强行制止。

⑤ 要及时反馈处理，以取得投诉者的谅解。

⑥ 要追踪服务，不能不了了之。

五、业主影响其他住户休息怎么应对

一天夜里，晚上 11 时，某栋 1505 室业主陈女士投诉 1405 室家中有钢琴声，影响到家人的正常休息，要求管理处派人协调。管理处马上致电 1405 室业主张女士，询问事情的缘由。

张女士承认家中的确有人在弹琴，但她认为虽然自己的行为有些不妥，可 1505 室业主通过敲打暖气管、用力踩踏木地板等手段报复更不对。通过管理处从中协调，双方业主商定今后弹琴时间只限于每晚 10:00 以前。

一周后的一天晚上 9:30，管理处又接到陈女士的投诉，反映 1405 室家中钢琴声音很大，影响了自己正在读小学的孩子的正常睡眠，觉得原来商定的时间过晚，要求管理处通知 1405 室业主马上停止，如不合作后果自负。

管理处本着负责的态度，直接来到 1405 业主家中，跟张女士协商，能否提前停止弹琴，照顾一下楼上读书的孩子，但遭到张女士的拒绝。她认为 1505 业主的要求不合理。不得已，管理员又来到 1505 业主家中说明情况，陈女士也是满腔抱怨。无奈管理员又再次返回 1405 业主家协调，请张女士换位思考：如果是自己的孩子受到干扰怎么想？

通过管理处不厌其烦的沟通与协调，终于双方达成谅解，最后将弹琴时间从 10:00 改为每晚 9:00 以前。

管理小窍门

搞物业管理不仅需要一张巧嘴，而且需要一双快腿。业主之间闹矛盾，不能觉得与己无关，要主动两面跑、两面说。跑的次数多了，说的话也就能听进去了。

六、业主深夜喝醉酒回来进不了家门怎么应对

某花园小区护卫员小张正在当值，忽然发现有两个人摇摇晃晃地向 A 座走来，原来是 A 座 6D 的住户郭先生，已醉得不省人事，而陪同的女士却不认识。

小张赶紧上前帮忙按 6D 住户的对讲门铃，但长时间连续按了三次都没有回应。同来的女士神情很紧张，再三叫小张帮忙。原来郭先生在饭店喝了大量的酒，加上本身就有肝炎，很容易出事。

小张马上呼叫班长赶到现场，两人一起扶着郭先生随女士乘电梯来到 6 楼 D 座门口，但门铃响了很久都没有人应答。同来的女士这时叫小张他们帮忙照顾郭先生一下，等郭先生的家人开门，自己先走一步，说怕挨骂，不敢见郭先生的家人。

听该女士这么说，小张意识到问题并没那么简单，如果她走后张先生万一出了

什么事，责任谁来承担呢？所以小张礼貌地说出了自己的意见：要么一起留下来陪着郭先生，要么由女士将郭先生带走。该女士也可能觉得自己就这样一走了之不太妥当，就打电话给郭先生的朋友，叫人帮忙将大门锁匙给送过来。锁匙很快送到，一切都归于平静。

事情是很简单，但有一个细节要提醒大家格外注意：就是当女士提出自己先走时，小张的即时反应非常正确。因为这位女士是干什么的？与张先生是什么关系？他们到底从哪来？中间发生了什么事？对此物业管理公司一无所知，如果让她一走，郭先生真的有个意外，谁的责任呢？或者郭先生第二天醒来，说自己丢失了贵重物品，又不记得前一天晚上所发生的事情，那谁最后一个接触他，就成为被怀疑的对象，如果物业管理公司的好心被坏人所利用，那跳进黄河也洗不清了。

所以，遇见这样的事情，一定不要敢作敢为，因为，这种情况下，好心做的好事有不可预见的后果存在。作为物业管理人员，积极帮助别人是必要的，但千万不能因为要帮助别人就不考虑后果。冷静对待，正确处理是物业管理人员的必备素质。

七、租住户搬出部分家具没有业主书面许可怎么应对

某小区 B 栋的一位租住户想要搬出一部分家具，他多渠道联系此时正在国外的业主，但就是联系不上。按照管理规定，租住户搬出家具，必须要有业主的书面许可，否则管理处不予放行。急于搬出的住户情急之下，找到管理处领导，恳请给予特殊照顾。

管理处的领导经再三考虑，认为若简单放行，恐怕会损害业主的利益；若不放行，又使住户感到非常的不满意，说物业管理公司工作死板，没有灵活性。鉴于租住户只是搬出部分自己的家具，就提出了一个变通的办法。

（1）由租户列出所搬出家具的清单，并暂交与家具价值大约等同的押金。

（2）管理处做好记录，并出具收取押金的收据，一旦租住户能提供业主的书面许可，管理处立即全额退回押金。

这位租住户觉得管理处的建议合情合理，便欣然接受了。时隔不久，该租住户拿到了业主同意搬出家具的书面许可，到管理处退还押金时，还对管理处这种既对业主负责，又为租住户着想的灵活做法赞许有加。

八、业主装修时家具堵占楼道怎么应对

一天，某管理处接到投诉：某某楼某位业主二次装修地板，将家具堆放在楼道和电梯间，妨碍通行。

管理处派人上楼查看，情况属实。经过了解，该业主是某学校的教师，办理装修手续时，就无视装修管理规定，拒交装修保证金，对有关规定吹毛求疵，与管理

处的工作人员闹得不亦乐乎。如何去说服这样的一个难缠的人呢？管理处几经协商，确定了坚持原则，针对其心理状态和实际情况因势利导的策略；另外，安排几个人一起上楼做工作，以形成一定的声势。

管理处人员首先称赞教师是一个崇高的职业，为人师表应体现在各个方面；然后再介绍装修的管理规定，讲明堵塞通道可能带来的可怕后果，不能图一己方便而危及众人；接着表示理解二次装修放置家具有难处，建议采用集中一室、分室进行装修和管理处代找暂存位置、一并装修两种方案，供其选择；最后限定整改的期限，表明若继续我行我素，则按《业主公约》予以处罚。

通过一番苦口婆心的劝说工作，这位业主心悦诚服，很快进行了整改，事后又到管理处，对自己的言行表示歉意。

此案例中，管理处工作人员首先利用集体的智慧，群策群力，制定了切实可行的处理办法；又在处理时，不仅指出错误所在，而且告知怎样做才行，让业主觉得你不仅只考虑自己的工作，同时也在设身处地为业主着想，处理起来就容易多了。

九、住户乱抛脏物怎么应对

某日，管理员在巡查时，发现三楼公厕洗手盆周围污水四溅，地面还扔有不少塑料袋，发出阵阵臭味。经过调查是三楼一间足底按摩店员工所为：他们认为洗手间是公用的设施就随意泼洒，甚至有时离几米远就将装有泡脚污水的塑料袋向洗手盆扔去。

管理处于是与店主沟通，店主一听就连声说保证马上整改，表面上非常合作，但事过之后情况依然如故。管理处于是再次登门，这次店主态度两样，大声质问管理处领导："我店里没有排污水管，你说我应该倒在哪里？"

管理处领导诚恳地解释说："不是不让你们倒，而是提醒你往里倒的时候要注意一点，因为公共环境卫生不好，大家都要受影响。"

可店主不等管理处领导说完，就蛮横地说："那我不管"。

结果，管理处碰了个不软不硬的钉子。

此路不通，就另辟蹊径。管理处考虑到这家店内缺少排水系统确有不便，就买来一个带盖的大塑料桶送到店里，同时向店主提出：请他们在店内将污水与塑料袋分装，等收集到一定程度，再提出来倒掉。店主一开始还很不耐烦，可看到管理处态度诚恳，真正为业主、租户办实事，便欣然接受了管理处的建议，当天就布置店内员工进行整改。此后，该店乱倒脏物的现象再也没有发生过。

十、外来人员不爱护小区环境卫生怎么应对

一天，某大厦某业主的司机，将车停在楼下后，手持鸡毛掸子给汽车掸灰尘。

只见鸡毛掸一挥，就掉下几根鸡毛，不一会儿工夫，大小几十根鸡毛掉下来，随风飘荡，弄得遍地都是。护卫员小吴迅速上前劝阻，司机竟回答道："你们不是有清洁工吗？"

面对司机的强词夺理，小吴仍很客气地对他讲："先生，麻烦您把掉在地面上的鸡毛捡起来。打扫环境卫生的确是物业管理公司清洁工的职责，但美好的环境还必须靠物业管理公司与大家共同保持和营造。"

这时只见司机摆出一副蛮横的架势，大声地说："我什么都干过，下过煤窑、种过地，就是没捡过垃圾！"

看到大家说僵了，小吴无奈地苦笑一下，转过身蹲下一根一根地捡起地上的鸡毛来。也不知过了多长时间，突然小吴发现又有一个人也正在捡地面上的鸡毛，仔细一看原来是那位司机。

司机满含歉意地对小吴说："小伙子，对不起，刚才是我不对，常听老总讲，大厦的物业管理做得如何好，还有些不信，现在亲眼目睹，我真服了。"

十一、外来人员要搬东西离开小区怎么应对

某小区某天来了几位探访 5 栋 128 号的访客，由于感觉来者神情不善，恐有意外，验证放行后，保安班长小刘便在暗中对访客进行监控。

只见访客来到 5 栋 128 号单元前，为首者掏出锁匙径直打开了单元门，小刘当即上前予以制止。据访客讲，该房业主欠他们的钱，愿意用房间内的物品做抵债，锁匙是该业主给的。

为了保护业主的利益和安全，管理处马上根据业主资料打电话求证。该业主一听连忙叫管理处先给予财产保护，随即急匆匆从外面赶回。待双方一见面，来访的债主傻了眼，连说此业主非彼业主。

原来，该业主已将此房连同家具一起出租，而且嫌在管理处办理出租手续麻烦，又担心要交出租税，便谎称租户是自己的弟弟，从而逃避出租管理。结果租户在外面欠人钱财，用房屋内的家具抵债后一走了之。管理处当即证实在场的才是真正的业主。业主强调欠债的是租户，无权处理房间的一切物品。最后，债主在管理处的劝阻下只好悻悻而去。

外来人员要搬东西离开小区要遵循下列管理原则：

① 外来人员要搬东西离开小区，必须事先到管理处开具放行条；

② 保安凭放行条开具的物件、数量放行；

③ 办公室开具小件物品放行条，必须事先与业主联系，征得业主的同意；

④ 办公室开具大件物品放行条或贵重物品放行条，必须凭业主亲笔同意书或由业主亲自到管理处来办理放行条。

十二、外人到小区讨债寻仇怎么应对

某大厦曾发生过这样一件事：有两位住户因在外欠债而与人结怨，债主先后以正当访客身份到大厦内讨债寻仇，其中一位住户的房间门上还被人用红色油漆写上了"×××先生欠债还钱"几个大字，一时闹的周围邻居人心惶惶。

针对这种情况，管理处及时召集护卫员会议，研究部署并采取了一系列新的安全措施：

① 要求大堂护卫员加强与重点住户的沟通，更全面地了解和掌握有关情况；

② 住户一旦提供"不受欢迎人员"的名单，就严格控制其进入大厦；

③ 劝说登门讨债的债主择地与住户协商，或者通过法律途径解决经济纠纷；

④ 发现债主情绪过激而难以控制，迅速寻求公安人员的帮助；

⑤ 动员屡有债主上门讨债寻仇的住户暂时异地居住，避免发生意外。

采取了这些措施之后，债主上门讨债寻仇的事件得到了有效控制，整个大厦又恢复了往日祥和的气氛。

管理小窍门

小区的安全保卫工作看上去似乎平常，但若出一点纰漏就可能酿成无法弥补的大错、大祸，一是砸自己的饭碗，二是砸企业的牌子。所以一定要事事、时时、处处小心谨慎，小题大做。

管理处不能简单地就事论事，头痛医头，脚痛医脚，而是把可能发生问题或漏洞的地方都分析到，并采取相应的对策，防患于未然。

十三、送餐人员需要进入大厦怎么应对

为维护大厦的正常治安秩序，防止送餐人员乱窜楼层，对进入大厦送餐人员需要做出相应的管理措施。

① 送餐人员需配戴临时出入证，在大厦指定出入口进出。

② 送餐人员应乘坐货梯上楼层送餐，不准上与送餐服务无关的楼层，不得在大厦内到处乱窜、游荡。

③ 送餐人员应衣冠整洁干净，不得穿背心、短裤、拖鞋进入大厦。

④ 送餐人员应自觉维护大厦整洁，使用旅行袋装饭盒，不得污染大厦环境。

⑤ 违反上述规定者，保安员将对其批评教育，重犯者不准进入大厦送餐。

也有的物业管理公司对送餐人员做出如下管理规定。

① 要求送餐人员将送餐证佩戴左胸前，并在货梯口接受检查登记。

② 办公时间送餐人员必须乘货梯上下楼层，非办公时间可由大堂登记后乘客

梯上下楼层送餐。

③ 对于无证送餐人员，首次可凭身份证登记上楼层，并要求其到服务中心办理出入证；如第二、三次仍未办理出入证，可让其写下办出入证承诺书；第四次再未办证，可不允其进入大厦送餐，但要问其所送房间，然后打电话给订餐用户，讲明送餐人员不能进入的原因后，请用户自己下来拿，同时，打电话给该送餐店店主，要求其为送餐人员办理出入证。

管理小窍门

现在叫外卖的人越来越多，而不法分子有可能假装送餐混入大厦或小区作案，故需对送餐人员严格管理。

十四、访客不愿登记怎么应对

某晚9点多钟，护卫员小赵正在大堂岗值班，只见进来两个人，夹着公文包，大摇大摆，视若无人的径直往里走。小赵上前礼貌地拦住问到："先生，您好，请问你们到哪里？按小区管理规定请做来访登记。"谁知来人一听，不耐烦地瞪着眼睛说："怎么了，我是业主，还要登记吗？"小赵礼貌地问道："先生请问您是哪楼哪座业主？""我是12B的业主。"来人语气粗暴地说。"请问先生12B业主姓什么？叫什么名字？"小赵依然面带微笑地询问。这时候来人低下头来，无言可对。小赵借机上前把小区管理规定向来人解释了一遍，请他们给予配合。来人不好意思地按照小赵的指引，进行了登记。原来他们是找业主办事的，只是图方便不想登记。

对于访客不愿登记，应如何正确处理呢？

1. 要态度友善

个别护卫员在工作中有一种很不好的作风：对业主诚惶诚恐，恭谨有加；而对业主之外的人，就不分亲疏、长幼、男女，乱开玩笑，毫无礼貌，甚至板起面孔，恶言相斥。殊不知失礼于业主的朋友，也就是失礼于业主，往往会使业主觉得在朋友面前很没有面子，从而迁怒于物业管理公司，如果业主的朋友再火上浇油，言语相激，那就很难说会产生什么样的后果。

业主的朋友范围包括很广，业主家请的保姆、维修工等均属此列。物业管理公司在员工培训工作中，一再强调待客要"一视同仁"，就是这个意思。

2. 不亢不卑

社会上的确有那么一些人，凭着自己特殊的身份或背景，狐假虎威，横冲直撞，无视社会公德的存在。物业管理公司在工作中遇到这一类人时，一不要怕，他们之所以无所顾忌，就是利用普通老百姓惧怕"权贵"的心理，物业管理公司遵纪守法，履行企业赋予的正当职责，有什么可怕的呢？二要礼貌，只要物业管理公司有礼有节，不卑不亢，不给对方留下任何闹事的借口，他奈我何？三要认真，防止"拉虎皮做大旗"的假冒者从中投机取巧，蒙混过关；四要灵活，在不失原则的前提下，善于变通处理。

十五、住户带人上楼不愿登记怎么应对

某天护卫员小张正在值班，发现在几位业主身后跟着走进来一位陌生人。小张主动微笑问好："先生您好，请问您拜访哪一位？""8A。"来访者嘴里应答着，人已到了电梯口。"请您出示证件登记一下，好吗？"小张赶快跟上前去。

"你烦不烦啊！"访客这时已走进电梯，准备上楼。"对不起，小区规定来访客必须登记，请您配合物业管理公司的工作。"小张只好将电梯拦住。"哪来的那么多烂规定。"访客蛮横地推开小张。一位业主也用非常蔑视的口气说道："滚开，你算什么东西，他是我弟弟。"

小张强忍着对方的侮辱，再次把电梯按住，态度诚恳地说："我不是什么大人物，只是一名普通的护卫员，但为了业主的利益，我必须履行我的职责。他要真是业主的弟弟，就更应该登记，您难道不希望您的家人居住在一个安全的环境里吗？"小张的一席话，引来了周围其他几位业主的一阵附和之声，访客也自知理亏，只好拿出身份证配合小张进行了来访登记。

高层楼宇实行封闭式管理，要求大堂护卫员查验所有进入大厦的陌生访客的有效证件，并进行登记，然而，在实际操作中，有些住户带友人上楼，因碍于面子、怕麻烦或其他难以公之于众的缘由，往往不愿予以配合，常常引起吵闹现象。管理处对这一问题应采取以下处理方法。

（1）耐心说服。当住户的友人不愿登记时，护卫员和颜悦色地做好解释工作，讲清对住户带入的友人进行登记，是确保大厦安全的必要措施，这样做既是对访客负责，也是对住户负责，请欲带友人上楼的住户给予理解和协助。

（2）变通处理。当住户坚持不让其友人出示证件时，护卫员便把原则性与灵活性结合起来，婉言询问其友人的姓名、住址等一般情况，登记于来访登记簿上，并在备注中记录下年龄、性别、外貌特征及何时由何人带入楼内。

（3）及时补救。当住户和其友人根本不予配合时，护卫员回避正面的冲突，在做好情况记录后及时报告管理处，由管理处办公室的人员以造访或电话形式，说服住户为了自己和他人的安全，自觉遵守管理制度，补充提供有关的资料。

十六、小区范围内发现小偷怎么应对

护卫员小孟正在小区北广场巡逻，忽然听到后面有人在大喊："抓小偷，快抓小偷"。小孟回头一看，只见两个男子一前一后在广场上追逐而来，后面一个边追边喊："抓住他，他是小偷"。

小孟见此情景，职业的责任感油然而生，一个箭步就冲了上去。小偷见半路有人拦截，吓得慌不择路，转向广场边的绿化带跑去，企图越过绿化带，向对面的马路逃窜。

小孟心中就一个念头：不能让小偷逃过马路，否则就很难抓住。情急之下，借着奔跑的惯性，靠日常过硬的体能训练，在小偷刚踏上马路时，一个虎扑，越过两米多宽的绿化带，把小偷扑倒在马路边上，将其制服，与随后赶到的失主和同事一起把小偷扭送到公安派出所。

物业管理工作最重要的职责之一，就是保护业主（租户）的安全，当业主（租户）的生命、财产受到侵害时，物业管理公司的员工应义不容辞地挺身而出，克尽职守。

 管理小窍门

遇见小偷或其他违法犯罪行为，护卫人员不要忘记"自我保护"原则，物业管理公司不鼓励毫无原则的"牺牲"行为。例如：

（1）当值时发现小区外面有紧急事件发生，物业管理公司绝不能脱岗而去，因为物业管理公司是受业主聘请的企业行为，职责是保护小区内的安宁，而不是整个社会的治安。

（2）如果业主与外人（例如出租车司机）发生争斗，物业管理公司不能成为业主的私人帮手，唯一能做的是制止争斗，控制现场，防止事态扩大，在紧急情况下由管理处办公室报警。

（3）业主将钥匙锁在房间内，无法进屋，要求物业管理公司护卫员从隔壁邻居家爬墙或阳台翻窗开门。遇到这种事情要婉言拒绝，否则很容易把自己变成失窃事件的"嫌疑人"。

十七、辖区内有冲突事件发生怎么应对

某停车场里，一对青年男女发生了激烈的冲突，男青年后来开车要走，女青年则用双手猛烈锤打车窗，结果车窗玻璃被打烂，双手被割伤，全身都沾满了鲜血。当小车强行开走后，女青年像疯了一样，又哭又闹，叫嚷着要杀人，当时围观的闲杂人员一大堆，交通堵塞，场面十分混乱。

管理处领导接报告后立即赶到现场，并迅速采取了以下几项措施，控制住了局面：

① 安排保护现场，防止女青年破坏其他车辆；

② 拿来酒精、药棉、药用纱布给女青年包扎；

③ 询问对方要不要报案？

④ 在没有明确答复的情况下，派两名女员工陪女青年说话安抚，叫她到办公室去处理伤口，哄劝带离公共场合；

⑤ 劝说围观的闲杂人员散去，恢复正常的交通秩序。

原来这对男女是朋友关系，俩人都在 A 座某证券公司炒股票。女的 2016 年 3 月从老家带了 15 万元来深圳炒股，由于没有经验，就存在男友名下的账户炒股票，现在想要回钱款，可男友说钱早已炒亏了。女方认为男友在骗她，因此发生了冲突。管理处在征得女方同意的前提下，立即与公安派出所联系，派出所立即受理了此案，并根据该女青年提供的线索和手机号码，迅速联系到了其男友，让其到派出所说明情况。后经过几方协调，男的将 15 万元拨到了女方的账户，一场风波就此平息。

这里有一个报警的问题需要探讨：遇到类似的事情，物业管理公司该不该报警呢？如果按照物业管理公司安全工作规定，对一时解决不了但又有扩大趋势的问题，应遵循可散不可聚、可解不可结、可缓不可急、可顺不可逆的原则处理；但按照公安机关颁布的《公共场所治安管理条例》有关条文规定，凡在公共场所非法聚集、争吵、打架斗殴，都属违反了条例规定，要由公安机关处理。那么其中的分寸物业管理公司该如何掌握呢？

（1）假如在物业管理公司的辖区内业主（住户）之间发生了一般违规行为，物业管理公司秉着分清是非、礼貌待人的原则，通过说服教育的办法来解决。

（2）假如事态有扩大的趋势或已经升级，可当事人要求不报警，愿意私了怎么办？那物业管理公司就一定不要插手此事，劝事主双方离开辖区到其他地方去协商解决，物业管理公司千万不能充当证人或调解人的角色，事后只要在工作记录上简单注明："几点几分，有何事发生，原因不明，在制止后双方离去"即可。

（3）假如事情性质已发生变化，像有人动用凶器、威胁到他人的生命安全等，物业管理公司在予以制止的同时还必须报警。因为物业管理公司是企业，不是国家行政执法部门，无权处理；如果由于物业管理公司没有及时报警，耽误了解决问题的最佳时机，结果闹出了大事，知情不报的责任物业管理公司将无法推卸。

 管理小窍门

上述此类事情物业管理公司的处理原则如下。

（1）控制局面要快。发生异常紧急事件，物业管理公司要敢于面对各种复杂混乱的场面，沉着冷静，确保业主/住户和顾客生命的安全；迅速将有关人员带离现场（特殊情况可强行带离），不要任由无关的闲杂人员集结、围观，以致产生负面影响。

（2）处理问题头脑要冷静。要怀着对业主、顾客认真负责的精神，诚心诚意地去为他们排忧解难，切不可置之不理，任由事态扩大。

十八、住户在楼层焚香燃纸怎么应对

每逢清明、中秋等农历节日，许多人都有焚香燃纸的习俗。住在高层住宅的往往贪图便利，就在楼层烧。一方面缭绕的烟雾使消防警报频发，令人真假难辨，疲于应付；另一方面残存的烟垢污损墙面很难彻底清除。

对于这种情况，管理处该如何处理呢？

（1）要从实际出发，采取相应的对策，及时解决这一问题。

（2）既加强对住户的教育，又要尊重住户焚香燃纸的习俗，指定供住户焚香燃纸的地点，防止"处处冒烟"，便于统一管理。

（3）逢节日提前发出布告，提醒住户自觉遵守管理处关于到指定地点焚香燃纸的规定，并派专人到现场疏导。

（4）要求所有在楼层作业的员工主动担负起责任，发现违规焚香燃纸的当即予以制止和劝阻，加大管理力度。

（5）严肃查处违规焚香燃纸现象，对不听劝告、屡犯屡禁的给予书面告诫，严重的进行处罚或提请消防主管部门处理。

管理小窍门

焚香燃纸的民间习俗该不该取缔，这不是物业管理公司需要讨论的问题。物业管理公司应该考虑的是：如何对其加以引导，避免其妨碍正常的物业管理工作。

凡涉及民间风俗习惯，切不可鲁莽行事，否则容易出乱子，要在尊重的前提下加强管理，在管理的过程中注意尊重。

十九、访客无理打骂护卫员怎么应对

一访客到租住在某小区 A 栋的朋友家取录像机。当他携机出大堂时，当值的护卫员礼貌地请其办理有关的放行手续，谁知他勃然大怒，张口就骂，而随后赶来的租住户朋友竟然还动手打了护卫员一拳，又撕破了护卫员的制服，护卫员一直克制自己，并未还手。当巡逻护卫员闻讯赶到现场，两人转身便跑，藏匿起来。

管理处领导接到报告后，首先听取当事人和知情者的情况介绍，调看大堂出入口的现场录像，查阅业主和租住户的档案资料，经过冷静、客观、公正分析，确认应由租户和访客负全部责任，而租住户又是业主公司的雇员。

管理处约定了时间，请业主委员会主任、辖区派出所干警和业主一起来协商解决这一事件。管理处领导详细介绍了事情发生的经过，并列举了人证物证，各方面

一致认为管理处工作认真严谨，大堂护卫员处理问题无任何不妥，应当得到大家的理解、尊重和支持，租住户和来访客要对这一事件的一切后果负责。

事情很快有了结果：打人者当众向护卫员赔礼道歉，并且赔偿扯破制服的损失。

管理小窍门

对一些无理取闹的人，不能不了了之，否则会挫伤物业管理公司员工的积极性，又直接助长了不文明的现象，但物业管理公司自己独自处理，又有相当的难度，而善于借助各方面的力量，处理起来就相对容易得多。

二十、发生高空坠物怎么应对

某日，一块玻璃从天而降，砸落在某小区 A 栋的地面，玻璃碎渣四溅，引起一片惊恐尖叫之声。应声赶到的护卫员看幸好未造成人员和财产损伤，便一方面善言安抚惊魂未定的围观群众；另一方面抓紧时间进行现场调查。从楼下查看，8 楼 F 座的一个窗户少了一块玻璃，护卫员当即上楼查证，事实果真如此：该户的夫妻俩因家庭琐事吵架，互相乱扔东西，不巧将客厅的玻璃砸落。

护卫员向其通报了楼下刚才所发生的惊险一幕，但两人依旧争吵不休，对护卫员不理不睬。护卫员只有先劝说调停，待两人平静下来后，再讲明玻璃坠落所造成的现实危害和可怕后果，然后要求他们下楼向受到惊吓的群众赔礼道歉，同时按有关规定接受管理处的处罚，两人均无异议。

谁知道护卫员前脚刚下楼，楼上两口子又大吵起来，护卫员只好再上去做工作，就这样楼上楼下地跑了三趟，才使他们言归于好，携手到楼下管理处处理善后事宜。

图 2-4　高空坠物，危及生命

（1）对于高空抛物一定要出面处理，如果不及时出面处理，一旦砸伤行人就是大问题。

（2）对于造成人员伤害或财产损失的，要立即查清高空抛物的业主，以便于事情的处理。

（3）对于造成人员死亡的，要立即报告公安机关，让公安机关直接处理这类问题。

（4）未造成危害的，也要对这种行为提出批评，对于过失性坠物也要予以教育。

（5）主动抛物的行为，除了批评教育外，要记录在案，一旦出现无人认领的抛物行为，这些人就是重点调查的对象。

二十一、用户报失东西怎么应对

办理用户失物认领的程序如下。

（1）接用户报失后，在失物登记表上详细记录报失用户所在公司名称、房号、失主姓名、电话、遗失物品日期、时间、遗失物品地点，以及失物的名称、款式、型号等资料（表2-14），并将用户所提供的资料转交巡楼保安协助查找。

表2-14　失物登记表

失主所在公司名称		房号	
失主姓名		联系电话	
失物名称			
遗失地点		遗失日期及时间	
身份证明文件类别		证件号码	
失物描述			
失主签收：　　　　日期：		管理公司经办人：　　　日期：	

（2）如失物找回，通知用户到保安部办理认领手续；如失物未能找回，回复用户。

（3）如有人报拾遗物品时，应先将拾遗人的姓名、联系电话、物品名称、拾遗日期等内容填写在失物移交记录表上，连同失物一起保存。失物移交记录表复印一份存档。

（4）保安部将失物名称交服务中心张贴于大厦（或小区）公告栏上。

（5）待失主凭有效的身份证明到保安部办理认领手续后，保安部将用户签收的失物认领表存档。

（6）月底前将当月拾获而暂未有用户认领的失物汇总后交服务中心在大厦（或小区）公告栏上张贴，通知用户尽快到管理公司办理认领手续。

二十二、熟悉的租户要违规搬出物品怎么应对

某室一位平时与大堂护卫员关系较好的吴姓租户要搬出家具。护卫员一见主动上前搭话："您好！吴先生，请您出示放行条。"吴先生说没有。

护卫员就向他解释：按照管理处规定，凡搬出物品都必须经业主同意并由管理处开具放行条后，才允许搬出。吴先生来到管理处，由于没有业主的同意证明而未能开出。

吴先生回到大堂，再叙友情，想借助关系将物品搬出，被拒绝后勃然变色，表示要硬性搬出。

护卫员立即找来当值班长，一起做吴先生的工作。俩人首先感谢吴先生一贯支持管理处的工作，并特别提到他捐款帮助管理处开办业主娱乐休闲场所，然后耐心解释管理处搬出搬入管理制度的必要性和重要性，同时表示只要他按规定办好有关手续，不仅马上放行，还可以组织同事帮助搬运东西。

护卫员合情合理的劝说，令吴先生为之动容。他连声道"对不起"后，委托护卫员帮助照管已搬到楼下的物品，心情舒畅地去抓紧办理了有关手续。

管理小窍门

执行规章制度，应当不讲情面，一丝不苟，但不讲情面，并不一定就伤了感情。

不是简单地用规矩去卡事主，而是满腔热忱地引导和帮助事主按规定办事，情谊自在"无情"中。

二十三、租户伪造业主同意搬出文书怎么应对

某天下午，租户梁先生来到管理处办理搬出手续。管理员陈小姐礼貌地询问他有无业主的搬出文书，谁知梁先生一脸的茫然，似乎还不知道有此要求。陈小姐耐心地解释：为了保障业主的利益，公司规定租住户搬家时，必须提供"业主本人身份证复印件和同意搬出物品的证明书"才能放行。梁先生说马上回去联系业主。

第二天一早，梁先生把业主同意搬出的文书交给陈小姐。细心的陈小姐在验看身份证复印件及文书无误后，又调出业主档案核对，经反复对照比较，发现业主签名笔迹有差异。她灵机一动，找个托词支开梁先生，抓紧时间拨通远在香港的业主的电话。

事情很快查清楚了：原来梁先生已经拖欠业主 8 个月的房租，业主一直联系不到他。显而易见，梁先生所提供的文书不真实，无非是想骗过管理处，搬出物品后一走了之。业主迅速赶到深圳，找梁先生算清了房租。然后业主又来到管理处表示谢意。

管理小窍门

日常物业管理中遇到的大多是一些看似鸡毛蒜皮的小事，实际上小事不小。一个环节上的轻微疏忽，往往都可能铸成难以弥补的大错。所以事事用心，事事精心。

办理用品/物品放行按图 2-5 所示的工作流程处理。

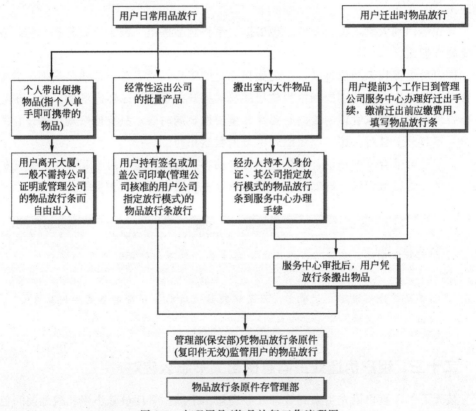

图 2-5　办理用品/物品放行工作流程图

二十四、辖区有人打架怎么应对

（一）业主夫妻俩吵架怎么办

某小区公共场所内，有一对夫妻正在吵架（女的是该小区的业主，男的是随住人员），越吵越激烈，就打了起来。于是女的就打电话求助于该小区保安，保安来了以后就将这女的拉开。这女的冲着保安大喊：你拉我干什么，我是业主，我给你缴管理费来着。那男的也说：我也给你缴管理费了。这保安听了以后不知所措，这时，这保安应该如何处理？

首先要明确：保安来劝架绝对不是因为其交了管理费，而去帮谁打架。再说保安没有义务帮谁去打架。对待此事，保安应只是出于好心使他们停息打架，同时不至于影响别人。因为这是人很正常的反应，有人打架，应该有人去劝架，不管收不收管理费。

正确的处理方法是：先让冲突双方冷静下来，管理员或管理主管出来请他们到会议室，向他们说明在公共场合夫妻吵架，不但影响别人，也影响自己的形象，任何矛盾只能心平气静才能妥善解决。

（二）大厦有人打架斗殴怎么办

首先，保持冷静，以最快方式报告领班或监控中心，简要说明现场情况（如地点、人员数量、斗殴程度、有无使用武器等）。

其次，如能控制现场，即时处理；否则，监视现场并和监控中心保持联络，等待上级的指令和增援人员到达。

处理过程中应保持克制态度。除正当防卫需要，一般情况下应尽量避免与人发生争吵或武力冲突。事件中如有人员受伤，要及时组织抢救。尽可能将争执双方留下或将肇事方截获，等候上级处理。如果自己无法处理，就要报告公安机关，或打"110"报警。

在大厦或小区内发生打架斗殴等暴力事件，按图 2-6 所示的工作流程进行处理。

二十五、小区内有人醉酒闹事怎么应对

一个月朗星稀的夜晚，接连几声异响惊醒了静寂的某物业广场，也吸引了当值的物业管理处护卫员的注意。寻声望去，原来是几个外出游玩意犹未尽的夜归人，正以比赛踢翻消防通道的路标取乐。

护卫员有礼貌地上前制止，但最活跃的三个人满身酒气，脚步踉跄，用挑衅的口气拒绝合作。护卫员看这三个人已是酒醉之人，恐怕一时难以理喻，便一边善言相劝，稳定他们的情绪，一边避开锋芒，劝说另外的两位同行者："麻烦你们扶他们早点回去休息，别碰着哪儿伤了，对谁都不好。"说完就俯身将一个个被踢得东倒西歪的路标扶起来摆正放好。

善意的劝慰和无声的行动，打动了两位清醒的同行者，俩人转而劝阻三位醉酒滋事的同伴，一起悄然离去。

对于醉酒者可以按以下方式处理：

① 在报告监控中心或上级的同时，尽力稳定控制醉酒者的情绪；

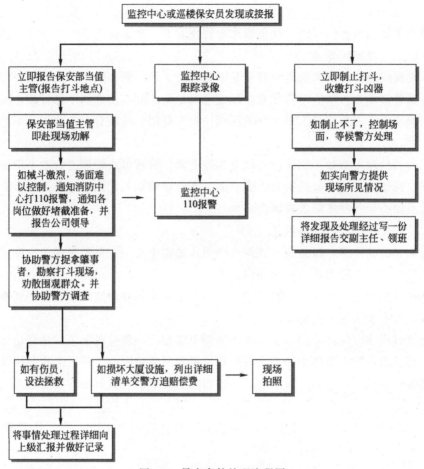

图 2-6　暴力事件处理流程图

②　劝告醉酒者离开车场范围，如醉酒者无理取闹，可使用强制手段请其离开；

③　在处理醉酒人员时一定要保持冷静、克制态度。

管理小窍门

　　人们常说"打酒找提瓶子的要钱"，很多时候大家都是按照这个常理处理问题，但未必时时灵验，对于醉酒的人，不妨换个思路，避开锋芒，做外围或周边人的工作，再请他们出面协助，效果可能会更好。如果能够联系到其家人，处理起来会更加顺当。

　　当然，护卫员在应对醉酒的人时，要以职业道德和自身的行动来感染他人，避免冲突的发生。试想对方已酒后失控，理智不清，就是要找事由发泄自己的情绪，硬性应对，无疑就是给对方闹事的借口。保持冷静、克制态度是护卫员明知、恰当的选择。

二十六、大厦内发现可疑爆炸药品怎么应对

假如在大厦内发现有人拿着可疑爆炸物品怎么办？

（1）小心检查或仔细观察包装情况，侧耳倾听有无秒针滴答声，确定是否为爆炸物品。

（2）如确定属爆炸物品，应立即通知领班报警，由警方派专员前来处理，同时做好警戒，疏散周围所有人员。

（3）如一时不可能爆炸，且用箱或桶等物品盛装的爆炸物品，可小心地拿到大厦外围空阔地带放置，做好警戒疏散工作，待警方前来解除爆炸装置。

（4）如属正在燃烧的导火线装置的炸药包，立即切断导火线；如属易于解除引爆装置的爆炸物品，立即小心解除引爆装置。

（5）控制置放爆炸物品的嫌疑人员，交公安机关处理。

二十七、巡逻检查发现可疑人员怎么应对

一天中午，某花园管理处护卫班长接到监控中心报告：8 号楼西侧有人翻越围墙进入小区。护卫班长当即安排两位护卫员进行搜寻，但没任何发现。是什么人呢？班长迅速来到监控中心，经查阅监控录像，确认是一个身高 1.7m 左右，身穿白色 T 恤和牛仔裤的男子，在 2 号楼附近消失。经过分析初步推断是无出入证的装修工人。

于是班长带人到 2 号楼内搜查，着重是正在装修的房间。当检查到 605 室时，听到里面有说话声，只见室内有三个工人，其中一人和翻围墙者特征极为相似。班长没有当即点破，而是以例行检查为名，要看装修出入证。其中两人拿出出入证，而怀疑对象则非常紧张，声称出入证忘在家里了。班长更加坚定了自己的判断，指出他违反管理规定，翻越围墙进入小区。但对方死不承认，且态度极不友好。

"那请你跟我去看一下监控录像！"班长不温不火地说。对方一听马上软了下来，连忙点头认错。

人找到了，可问题并没有彻底查清。班长又回到办公室查看装修人员登记，经过仔细对照核实，确认了对方的身份，立即通知装修负责人到办公室处理此事，补办出入证。

加强巡逻检查是治安防范工作中预防、发现和打击违法犯罪分子的一项行之有效的措施。对可疑情况视级别及采取相应的措施是巡逻工作的重点，发现可疑人员的处理流程如图 2-7 所示。以下是几种常见可疑情况及处理方法。

（1）可疑情况：在住宅区内游荡或借口找人却说不出被访人姓名和详细住址的，或接二连三一家家敲住户家门或一个个楼道按住户电子门的。

处理方法：密切注意其举动，必要时劝其离开。

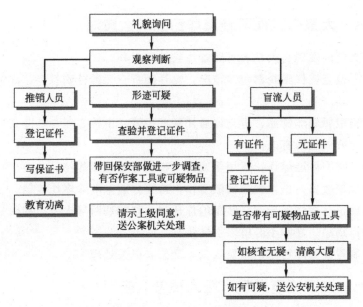

图 2-7　发现可疑人员处理流程图

（2）可疑情况：发现其身上带有管制刀具、钳子、螺钉旋具、铁棒等工具的。

处理方法：核查其携带工具的用途，如用途不明的，先约束起来，送辖区派出所。

（3）可疑情况：携带物品繁多，如电视、音响等贵重物品，又无任何证明的（搬家有管理处放行条者除外）。

处理方法：暂时将人、物扣留，待其出具可靠证明后放行。如无任何证明，即送交派出所审查。

（4）可疑情况：在偏僻、隐蔽处清理皮包或钱包的。

处理方法：立即设法拦截，询问验证，如属盗窃、抢劫财物的，送交公安机关处理。

（5）可疑情况：单车、摩托车无牌、无行驶证、无钢印、有撬损痕迹的，或将未开锁的单车背走或提走的。

处理方法：当即扣留人、车，待查明后放行。

（6）可疑情况：机动车拿不出行驶证，说不出车牌号，没有车辆出入单的。

处理方法：立即联系车管岗亭，暂扣车钥匙，约束其人，待查明后放行；反之，送公安机关查处。

（7）可疑情况：遇到保安即转身远离或逃跑的人。

处理方法：设法阻截（用对讲机向巡逻员通告），擒获。

（8）可疑情况：低价出售物品与实际价值相差较大的。

处理方法：暂扣留人、物，查明情况后放行。

（9）可疑情况：三五成群，没有正当收入来源，大肆挥霍，且住在本小区。

处理方法：密切监视，将情况向派出所和管理处反映。

（10）可疑情况：长时间一个人留在屋里不离开的。

处理方法：上前询问，非本栋业主（住户）劝其离开，如有作案嫌疑要详细盘查。

（11）可疑情况：发现天台隔热层、消防栓内或单车棚内等隐蔽地方藏有刀具、钳、铁棒等工具。

处理方法：不动隐蔽的工具，采取伏击的方法，监视作案者的行动，发现作案，将其擒获。

管理小窍门

安全上出了问题，一是砸牌子，二是丢票子，一位资深物业管理人士说：安全管理无小事。因此，对一切危及安全的因素，都要高度重视、认真对待，切不可掉以轻心。

第三章
物业车辆安全管理

Chapter 03

第一节　交通车辆管理概述

随着拥有车辆的物业用户数量的增多，对物业内的交通车辆管理已成为物业安全管理的重要工作之一。

物业管理中的车辆包括机动车和非机动车，本章所说的车辆若没有特别说明，均指机动车辆。

一、交通车辆管理的原则

（1）依法办事的原则。交通法规是道路交通管理的依据和准绳，只有严格执行交通法规，维护良好的交通秩序，才能保障交通安全与道路畅通。

（2）规范管理的原则。车辆管理员按管辖区内各路段的交通设施要求，对辖区内的车辆进行规范停放及行驶管理，车辆管理员必须按交通管理的正规指挥方法指挥。

（3）贯彻技防为主、人防为辅的原则。做好停车场的出入口控制，建立车辆停放登记制度，严防车辆被盗事件的发生，同时，应防止无关人员进入停车场或在停车场逗留。

（4）文明服务的原则。车辆管理人员在维护交通秩序、纠正违章停车或行驶时，必须以礼待人，文明服务。在严格规范管理的同时，应关注地下停车场的采光、卫生、排气、通风等基础设施，对地面停车场，应配合做好车辆的防护工作，尽量减少热辐射对车辆使用人的影响。

（5）时效性原则。车辆管理员在接到交通事故求助时，按相关的时效性原则采取措施，及时进行处理。遇有计划性重大活动安排时，制定活动开展配合计划，事先做好预留车位及场地检查工作，摆放醒目标志，并做好协调、劝说及解释工作。

二、交通车辆管理的岗位职责

交通车辆管理一般设有交通车辆管理负责人、车辆管理员、道口岗、门岗、流动岗等岗位。车辆管理员可根据停车场规模的大小设 1~2 人，其他岗位均设 1 人。

（一）交通车辆管理负责人的职责

（1）依法循章对物业内的交通、车辆进行管理。

（2）负责按物价部门收费规定收取车辆保管费。

（3）熟悉掌握物业内车辆流通情况、车位情况，合理部署安排，优先保证业主使用车位。

（4）负责监督和落实员工岗位职责，对员工进行日考核。

（5）负责每日工作检查，并填写"车辆管理日检表"（表 3-1）。

（6）负责对外协调与联系，处理车辆管理方面的问题和客户投诉。

（7）负责对员工进行法制教育和职业道德教育，不断提高服务质量。

（8）负责对员工进行岗位培训，并做好培训记录。

（9）定时向管理处主任汇报工作。

表 3-1　车辆管理日检表

单位：　　　　班：　　　　　　　　　　　　　　　　　　年　月　日

岗位	当班人	检查项目	备注
		（1）马路上车辆停放 （2）摩托车保管 （3）自行车保管 （4）出入路口交通秩序 （5）小区内交通秩序 （6）值班记录 （7）收发保管卡 （8）仪容仪表 （9）服务态度 （10）操作程序 （11）值班点和岗亭的卫生 （12）车辆保管场所卫生	

车辆管理日检表的使用注意事项如下。

（1）检查项目栏中打"√"；如发现不合格应写出对应项目序号及不合格原因，其中属轻微不合格的，由班长立即自行处理；如发生严重不合格时，由班长报告主任或车场负责人处理。

（2）本表由管理处保存 1 年。

（二）车辆管理员的职责

（1）负责指挥停车场内的车辆停放、存放及监护，并做好记录。

（2）熟悉每个车位所在公司名称、停放车辆的车型、车号、颜色，车辆进入停车场要验证，指挥车辆停放到指定车位，做到整齐有序，严禁无证车辆进入停车场私自停散，严禁占用他人车位。

（3）当有车辆驶进停车场时，应迅速指引车辆慢行，指挥车辆停放在指定的车位上。

（4）提醒车主关好车门窗，并将车内的贵重物品随身带走。

（5）发现车辆漏油、未关好车门窗、未上锁等现象，应及时处理并通知车主。

（6）发现无关人员或可疑人员到停车场，要及时责令其离开。

（7）严密注视车辆情况和驾车者的行为，若遇醉酒驾车者应立即劝阻，避免交通意外事故的发生。

（8）车辆进出时，应仔细核对进出车辆和驾车者，若有疑问，应有礼貌地询问，发现问题应立即扣留车辆，并及时通知值班负责人。

（9）按规定收取停车费用，严禁收钱不给票和少给票。对持月卡业主要核对卡号与车牌是否相符，禁止一卡多用。

（10）凡是超出入口处规定的高度限制的车辆，一律不得进入停车场。

（11）对因缴费产生不满、扬言闹事的车主开出车辆时，要通知中控室注意观看出口镜头，一旦有情况，应立即用对讲机通知班长，并事先做好录像工作。

（12）留意进入停车场的车辆情况，对带有危险品的车辆禁止其进入停车场。

（13）禁止车主在停车场内洗车、维修，保持车场清洁卫生，负责值班室、岗亭和洗车台的清洁工作。

（14）合理调度出入停车场的车辆，避免车辆出入时产生交叉而引发交通事故。

（15）对停放一天以上的车辆要做详细的记录。

（16）负责自行车的存放管理，将自行车摆放整齐，定期清理长期搁置车辆。

（17）负责检查停车场消防器材，保持消防通道的畅通，定期检查消防设施是否完好、有效，如有损坏，要及时报告上级，维修更换，不准使用消防水源洗车。

（三）道口岗的职责

（1）维持道口交通秩序，保证道口畅通无阻。

（2）对出入住宅区的车辆进行登记、发卡，检查核对后收卡，按规定标准收费。

（3）发现进入车辆有损坏时应向车主指出，并做好记录，使责任分明，防止因责任不清而发生纠纷。

（4）提醒和指挥驾车者按路线行驶，按指定位置泊车。

（5）适当控制外来车辆进入住宅区过夜，以保证业主的车位，2.5t 以上的货车（搬家等特殊情况除外）、大型客车，以及载有易燃易爆、剧毒、放射性等危险品的车辆禁止放行进入物业。

（6）严守岗位，保持警惕，文明上岗，礼貌待人，妥善处理上岗时遇到的各种问题。

（7）坚持原则，对外来车辆进入停车场，必须按规定标准收取费用，严禁收费不给票据和乱收费。

（8）严格执行交接班制度，认真填写交接班记录，做到交接清楚，责任明确。

（9）负责岗亭里外及路口的清洁卫生。

（四）交通门岗的职责

（1）严格履行交接班制度。

（2）对进出车辆做好登记、收费和车况检查记录。

（3）指挥车辆的进出和停放。

（4）对违章车辆要及时制止并加以纠正。

（5）检查停放车辆的车况，发现有漏水、漏油等现象，要及时通知车主。

（6）搞好停车场（库）的清洁卫生。

（7）定期检查消防设施是否完好、有效，如有损坏，要及时报告上级，维修更换。不准使用消防水源洗车等。

（8）停车场（库）门卫不准私自带亲戚朋友在车库留宿，对无关的闲杂人员要劝其离开。

（9）值班人员不准睡觉、下棋、打扑克或进行其他与执勤无关的活动，要勤巡逻、多观察，随时注意进入停车场（库）的车辆情况及车主的行为，对发现的问题，要及时报告上级部门。

（五）流动岗的职责

（1）引导车辆停靠泊位时，应站在车的左侧或右侧，不能站在车后正中间，以防倒车时被撞。

（2）指挥泊位时的手势要让司机能够看到，一般要与反光镜高度持平，不能过高或过低；指挥泊放的车辆位置应在方格正中，不可跨方格停放。

（3）按规定每半小时巡视所负责的地下室车辆情况，每15分钟巡视广场临时停车情况，发现车辆漏水、漏油、车门窗未关好、未上锁等现象，应及时处理并通知车主，然后在"停车场交接班记录表"上做好记录。

（4）清点车场内车辆及停放位置，随时与岗亭联系，以核对车辆数量，确保安全。

（5）发现无关人员或可疑人员进入车场（库），要及时劝其离开，若有紧急情况应按有关规定进行处理。

（6）车主离开后，检查发现车门窗未关严，车内有贵重物品时，应立即报告保安班长前来处理，不得私自进入车内检查或触动车内物品。保安班长检查后，能关锁好门窗的，替其关锁；关锁不了的，应对其拍照或监控录像。如发现车内装有巨额现金的提包，安全部有人当班时，保安班长应通知保安部一起清点、列出清单，签名确认后，由保安主管保管；如安全部无人当班，保安班长应同车场当值保安、保安队长三人共同清点，列出清单并签名确认。车主签领时，要认真核对其驾驶证、行驶证、身份证，并将其复印件与车主收条一起存档。

（7）检查停车场内设备设施是否完好，如发现有异常情况，应在"停车场交接班记录表"记录并及时上报，以便及时处理。

三、交通车辆管理人员的管理

（一）交通车辆管理人员的能力要求

（1）熟练掌握签了租赁合同或购买了车位的车主姓名、楼座号、司机姓名、相貌特征、行（驾）驶证号，以及车辆常规出入物业的时间等。

（2）熟练掌握换牌、换证的操作规程，掌握各种收费标准，做到换牌、换证、收费等准确、及时；迅速、准确填写各类表格、记录。

（3）迅速、安全开启车挡器。

（4）善于观察、分析、处理各种突发事件，确保车辆安全。

（二）交通车辆管理人员的培训制度

（1）凡在职车辆管理人员必须坚持定期接受法制、交通指挥、车辆管理和军事训练方面的业务训练。

（2）新入队的车辆管理人员必须进行上岗前的培训。

（3）对车辆管理人员每周分班集中训练一次。

（4）车辆管理执勤人员和指挥员应按照保安员培训制度，与保安员进行同类培训和训练。

（5）每季度进行一次军训和交通指挥考核（摩托车、单车保管人员不考核此项），每半年进行一次业务考试，每年进行一次普法知识考核。

（三）交通车辆管理人员的着装及仪容仪表规定

（1）统一按当地机动车保管场保管员的着装规定着装，要求举止文明、大方、端庄，精神饱满。

（2）制服统一，穿黑色皮鞋，佩戴员工证，服装整齐、干净、笔挺。

（3）不得佩戴饰物，口袋内不宜装过多物品，制服外不得显露有个人物品。

（4）禁止披衣、敞怀、挽袖、卷裤腿、戴歪帽、穿拖鞋或赤脚。

（5）经常要注意检查和保持仪容整洁。

（6）不准留长发、蓄胡子、留长指甲。

（7）精神振作，姿态良好，抬头挺胸，不得弯腰驼背，不得东倒西歪、前倾后靠，不得伸懒腰，不袖手、背手、叉腰或将手插入衣袋，不准边执勤边吸烟、吃零食，不搭肩挽臂。

（8）不得哼歌曲、吹口哨、听收音机、看书报。

（9）不得随地吐痰，乱丢杂物。

（10）不挖耳、抠鼻孔，不得敲桌椅、跺脚或玩弄其他物品。

（11）做到"微笑服务"，对待车主、业主（住户）要友善、热诚，严格遵守公司规定的文明礼貌服务用语。

（12）上岗前，必须对照整容镜整容，检查衣、帽、领带、鞋带及装备是否穿戴整齐、规范，班组长、分队长、房管员在场应检查或予以纠正。

（四）交通车辆管理人员的服务态度

（1）微笑服务。

（2）说话和气、礼貌待人。

（3）无特殊情况，不准发生一起争吵、一起投诉。

（4）主动、热情、认真、耐心、周到。

（五）交通车辆管理人员的职业道德规范

（1）热爱本职工作，忠于职守，以高度的敬业精神，满腔热忱地投入服务，认真履行职责，任劳任怨，出色地完成本职工作。

（2）遵纪守法，严于律己，切实做到学法、守法、用法，为了物业用户的人身和财产安全，敢于同违法乱纪行为作斗争。

（3）不计个人得失，乐于奉献，廉洁奉公，不牟私利，坚持原则，照章办事。

（4）文明服务，礼貌待人，耐心向车主和客户做必要的解释，以优质服务赢得客户的信任。

（六）交通车辆管理人员的纪律

（1）遵守公司的仪容仪表规定，执行公司文明礼貌用语规范。

（2）严格遵守《停车场值班交接班制度》。

（3）值班时不准嬉戏、打闹、会客、看书报、听广播，禁止喝酒、吸烟、吃东西，不准做其他与值班职责无关的事。

（4）爱护各种器具，不得丢失、损坏、转借或随意携带外出。

（5）依法办事，廉洁奉公，坚持原则，是非分明。

（6）禁止在公司所管物业范围内打麻将，不准借娱乐为名搞变相赌博。

（7）团结互助，禁止闹纠纷，不说脏话，不做不利于团结的事。

（8）遵守员工宿舍管理规定，不得带人留宿，来客留宿必须经管理处分管主任批准。

（七）交通车辆管理人员的工作标准

（1）为车主换牌、登记、开启车挡器，一般一辆车不超过 10～20min，不出现换错牌/证、未收费或乱收费的现象。

（2）不出现乱停、乱放车辆的情况。

（3）停车场内无闲杂、可疑人员。

（4）车辆在停车场内不发生损坏事件。

（5）不发生一起车辆被盗案件。

（6）不因失职发生车主投诉事件。

（7）停车场内不发生一起意外交通事故。

（8）停车场清洁卫生，照明良好，岗内各种设备、设施干净，台面整洁，各种记录、表格完好无缺。

（八）交通车辆管理人员的交接班制度

（1）按时交接班，接班人员应提前 10 分钟到达岗位，在接班人员未到达前，当班人员不能离岗。

（2）接班时，要详细了解上一班车辆出入和停放情况以及本班应注意事项。

（3）向下一班移交值班记录和车辆出入登记。

（4）交接班时应将上一班移交的值班物品，如对讲机及其他设备等清点清楚，并填写"停车场值班交接班登记表"（表 3-2），由主任签字确认。

表 3-2　停车场值班交接班登记表

交班人		接班人		
值班记事：				
交代事项	对讲机　　部； 锁匙　　　把； 胶木棍　　根； 停车费　　元； 手电筒　　个； 票据　　　张。	备注		主任签字

四、交通车辆管理工作规程

（一）车辆管理员工作规程

（1）每半小时要详细检查停车场车辆、车况，发现漏水（油）、未关好车门（窗）或未上锁等情况，应及时处理并通知车主，及时在值班记录上做好记载，同时应报告班长或管理处。对违反停车规定的车主要酌情处理。

（2）随时和道口岗取得联系，清点车辆，核对数量，确保安全。

（3）禁止无关人员或可疑人员进入车库，若有紧急情况按有关规定处理。

（4）严密注视车辆情况和驾驶员的行为，若遇醉酒驾车者应立即劝阻，并报告班长或管理处及时处理，避免发生交通意外事故。

（5）每班至少检查一次防火卷帘门、消防栓和灭火器等防火（盗）设施，发现异常情况，必须在"值班记录"上做好记载并及时上报，立即处理。

（6）禁止用消防水源洗车，经劝阻不听者按有关规定处理。协助清洁工维护好车库内清洁卫生，保持车库整洁。

（7）当通过反光镜或闭路电视监控系统发现有车辆驶出停车场时，应仔细核对出场车辆和驾驶员。核对无误后，立即开启车挡放行，同时应迅速、准确地在登记表上记录车辆离库时间等，并和道口岗取得联系。自行车需经核对车号牌无误后放行，可不做记录，但车号牌要妥善保管。

（8）若对出场车辆和驾驶员有疑问，应立即到车挡前先向驾驶员敬礼，再有礼貌地询问，若与车主联系确认是车主的亲友，并带着车位牌时应放行，同时和道口岗保安员取得联系。若经盘问仍有疑问，应立即扣留车辆，迅速用对讲机通知班长和巡逻保安员，并机警地做好应急准备，以防止不法分子盗车行凶。

（二）道口岗工作规程

（1）当有车辆进入物业时，道口岗值班人员应立即走近车辆并向驾驶员敬礼。

（2）当驾驶员开启车窗时，值班员应说："请先生（女士）用行驶证（或其他有效证件）换取车位牌。"

（3）值班员从驾驶员手里接过行驶证时说："谢谢！"同时将车位牌递交给驾驶员。在交换证、牌的同时，若两人值班，则另一值班员应迅速在停车场车辆出入登记表上准确填写各栏目。

（4）在证、牌交换完毕后，应立即开启车挡器放行。

（5）若后面有紧跟车辆驶入，应示意其停下，若遇强行进入者，应按有关规定处理。

（6）若是临时停车，要主动提醒驾驶员按行驶路线、停车位行驶和泊车。

（7）若是营业性停车场，应按相关的营业性停车场管理规定收取费用，当驾驶员不按规定交费时，应做好耐心细致的解释工作，并礼貌地按有关规定执行。

（8）若是私家车位停车场，应按物业私家车位停车管理规定执行。

（9）在车辆完全进入道口后，方可放下车挡器，确保不因开、关车挡器失误造成车辆的损坏。

（10）迅速准确地将行驶证（或其他有效证件）放在指定栏目（临时停车栏或月卡停车栏）内。

（11）当遇到公、检、法、军、警及政府部门执行公务的车辆要求进入管区时，应在查验核实证件后，方可放入。

（12）本物业公司车辆进入下属管理处车场不必交换证、牌；设立相关协议的公司的车辆进入物业车场，应主动放行，不必交换证、牌。

（13）当发现有车辆要驶出物业时，应立即看清车牌号，并迅速取下该车辆留下的行驶证（或其他有效证件）到车挡器前。

（14）当车辆驶出停在车挡前，驾驶员开启门窗时，道口岗值班员应立正敬礼，接过车位牌时，说："谢谢！"仔细核对车位牌、行驶证和车辆，确认无误后，将行驶证递给司机，同时迅速开启车挡放行。

（15）若后面有紧随车辆驶出，值班员应立即挡在紧随车辆前示意停车，若两人值班，另一值班员应迅速将车挡放下，将上一辆车位牌放在规定栏目内，再按上述规程处理下一辆车的放行，但敬礼时应说："对不起，久等了。"

（16）放车挡时应格外小心，注意安全，确保车挡放下不碰伤车辆和行人。

（17）在交换证、牌的同时，若两人值班，则另一值班员应迅速在登记表上进行详细、准确的登记。

（18）若是营业性停车场的临时停车，发现有超过收费停车时间的车辆，应将计时卡交该车辆的驾驶员核对，请其补交费用。交清费用并换完证、牌后，方可放行。

第二节　车　辆　管　理

一、机动车辆管理

（一）机动车辆管理规定

（1）进入物业的车辆其车速不得超过 10km/h（视情况也可设定为 15km/h），禁止鸣喇叭，管理人员指挥车辆按规定方向靠右行驶，停放在指定的停车位置。

（2）遵守交通管理规定，爱护物业内的道路、公用设施，不乱停放车辆。

（3）物业内车辆行驶停放应服从管理人员指挥，注意前后左右车辆的安全，在指定位置停放。

（4）不准辗压绿化草地、损坏路牌和各类标识，不准损坏路面及公用设施。

（5）不准在人行道、车行道、消防通道上停放车辆，机动车辆只能在停车场（库）或道路上划线停车位内停放，非机动车必须停放在自行车棚或保管站。

（6）管理人员应严密注视车辆情况和驾驶员的行为，若遇醉酒驾车者应立即劝阻，避免交通意外事故的发生。

（7）对于半开放物业，对物业内的出租车按如下规定进行管理：

① 指挥出租车到指定的下客点停靠；

② 在纠正出租车的司机乱停乱放时，应面向司机敬礼，再有礼貌地要求司机将车辆停放到指定的停车位置。

（8）指导行人走人行道，自行车靠右侧道路行驶。

（9）对物业内路面上的一切车辆实行统一停放管理：自行车、摩托车必须统一在自行车库内停放；小型车、中巴等车辆必须统一在规定的黄线内停放；其他任何未画线路段和消防通道、斑马线、人行道上一律禁止停放车辆。

（二）机动车辆的驶入管理

（1）进入停车场的车辆必须具备一切有效证件，包括行驶证或保险单等，车辆牌号应与行驶证相符，待办车辆应与待办证明相符。

（2）车辆进入停车场必须服从管理人员的安排，征得管理员的许可后方可进入。进入时，驾驶员必须向管理人员递交该车的有效证件，管理人员发放停放证并登记车牌号、进入时间、外表配件是否齐全，以备查阅。

（3）发放车辆停放证给驾驶员后，开启道闸，指挥车辆驶进停车场停放，填写车辆出入登记表或进行电脑登记，对进场车辆有损坏的，应及时告知车辆驾驶员。

（4）对持有停车卡车辆，应核实停车卡的有效性、相符性，对停车卡与车辆不符或持无效卡的车辆按规定收费。

（5）对驶入停车场（库）的车辆，均限速 5km/h 以下，严防高速行驶，并有专人指引其按规定存放到指定区域，做到车辆停放规范、整齐，分类科学合理，防止乱停乱放现象发生。

（6）车场入口值班人员必须制止超出入口限高、装载易燃易爆危险物品、车况不良、漏油等车辆进入，以免发生危险或造成车道堵塞。

（7）其他人员不得在行车道上行走，停车场出入口值班人员应对违规者做好劝阻工作。

（8）进入停车场的驾驶员，必须按进出停车场各种程序办理停车手续，并按指定的车位停放。

（9）车辆停放后，驾驶员应配合车辆管理人员做好车辆的检查记录，并锁好车门窗，带走贵重物品。

（10）进入停车场车辆严禁在停车场内加油、修车、试刹车，禁止任何人在停车场内学习驾驶车辆。

（11）进入停车场的车辆驾驶员要保持场内清洁，禁止在场内乱丢垃圾与废弃物，禁止在场内吸烟。

（12）进入停车场的车辆驾驶员必须遵守安全防火规定，严禁将载有易燃易爆、剧毒等危险物品的车辆进入停车场。

（13）进入停车场车辆如不服从车辆管理人员指挥，造成车辆受损时，后果自负。

（三）机动车辆的驶出管理

（1）车辆驶离停车场时应注意周围其他车辆的安全，并在出口处向值班员交回停车卡，管理员核对车牌，将有效证件归还车主后，车辆方可驶离。

（2）出口处值班员待离场车辆停稳后，向驾驶员敬礼，核对车牌号码、驾驶员姓名、相貌与档案记录，回收车辆出入证，收取停车费，出具收费票据，开闸放行，并填写机动车辆出入登记表。

（3）政策性免费车辆、公司领导批准免费车辆、停放时间不足以收费的车辆在离场时不得收费，应在机动车辆出入登记表"备注"栏中予以说明。

（4）系统自动控制的停车场出口，车辆驶出时，值班员应先向驾驶员敬礼，待驾驶员刷卡后，进行电脑资料核对，确认无误后起杆放行，车辆驶出后立即将道闸关闭。

（5）对于与记录不符、无卡、可疑的车辆不予放行，值班人员应报告主任或班长，并采取有效措施阻止车辆强行离场。主任或班长接到报告后应立即赶往现场，复核有关记录，听取驾车者的澄清说明，查阅车辆档案，核实驾车者相关证件，经验证驾车者为车主的，应将该车主行车证、身份证复印件及书面说明留存，车主签字确认、缴费后即可放行，再由班长将处理结果记录在停车场值班交接班登记表上。必要时可向管理处经理汇报情况或与巡警取得联系。

（6）对强行冲卡或弃车逃离现场的疑犯，应扭送至公安机关处理。

（7）车辆进出高峰段，保安班长应派出足够人力，采取措施控制车辆进出秩序，防止车辆丢失。停车场出口处值班人员对应缴费车辆收费后予以快速放行，同时，车场出口处值班人员应指挥车辆按顺序排列，确保车辆正常出入。

（四）机动车辆的出入登记

机动车辆出入停车场应填写"机动车辆出入登记表"（表3-3）。

表3-3　机动车辆出入登记表

单位：　　　　　　　　班：　　　　　　　　地点：

进场	日期		备注
	时间		
车牌号码			
车型			
颜色			
保管卡号			
值班人			
交换保管证件	行驶证		
	驾驶证		
	其他		
离场	日期		
	时间		
值班人			

（五）机动车辆被损坏和被盗的处理

1. 车辆被损坏的处理

（1）当发现车辆被碰撞、摩擦造成损坏时，车辆管理员应记下肇事车辆车牌号，暂不放其驶出停车场，并联系物业部负责人及受损车主与肇事车主共同协商解决。

（2）如果车辆被损坏而未被当场发现时，车辆管理员发现后也要立即通知车主，并报告物业部负责人，共商处理办法。

（3）属楼上抛物砸车事故，车辆管理员应立即制止，并通知肇事者对造成的事故进行确认。

2. 车辆被盗的处理

（1）车辆在停车场被盗后，由物业部主管确认后，立即通知车主，协同车主向当地公安机关报案。

（2）车辆被盗事件发生后，被保险人（车主、停车场）应立即通知保险公司，物业公司要协助车主向保险公司索赔。

（3）车辆管理员、物业部、车主应配合公安机关和保险公司做好调查处理工作。

（4）车辆管理员认真填写交接班记录，如实写明车辆进场时间、停放地点、发现被盗事件的时间，以及发现后报告有关人员的情况。

二、非机动车辆的管理

（一）非机动车辆管理人员的职责

（1）安全部保安队负责非机动车辆安全的管理。

（2）保安内勤负责发放存车牌，并在"非机动车牌发放登记表"上做好记录。

（3）安全部经理负责非机动车辆管理的监督、检查。

（二）非机动车辆的管理规定

（1）凡在非机动车辆停车场存放车辆的业主（住户），应当自觉遵守相关规定，服从车辆管理员的管理。

（2）凡本小区（大厦）业主（住户）的摩托车、自行车到地下停车场停放，必须办理手续，并按规定缴纳车位使用费。

（3）凡到地下停车场停放的摩托车，必须购买车辆综合保险，车辆遗失时，由车主及时报案，并向保险公司索赔。

（4）当车辆进入停车场时，车主应向车辆管理员领取存车牌号；当车辆离开时，必须将存车牌号交还车辆管理员，没有交还或存车牌号与车牌号码不符时，该车辆不得离开现场，否则车辆管理员有权扣留该车辆。

（5）外来摩托车进入地下停车场，必须按指定位置停放；外来自行车必须按发卡停放，并凭卡放行，原则上不准其停放在地下停车场。

（6）对无执照的自行车丢失，管理处概不赔偿。

（7）车辆管理员要认真履行职责，发现车辆停放不整齐要及时整理。

（8）凡需提供车位使用的摩托车、自行车，必须按指定位置停放整齐。

（9）不准在存放车辆处洗车和维修摩托车，保持地面清洁。

（10）停车场的摩托车必须做好防盗措施，否则车辆遗失时，管理处概不负责。

（11）无牌照的摩托车不予停放，并禁止无牌照的非机动车辆进入停车场。

（三）非机动车辆的出入登记

车辆管理员要对进出停车场的非机动车辆进行登记，并填写下面所示的"非机动车辆出入登记表"（表3-4）。

表3-4　非机动车辆出入登记表

进场		车型	颜色	保管卡号	值班人	离场		值班人	备注
日期	时间					日期	时间		

（四）非机动车辆的保管规定

非机动车辆应停放在指定的停放处（图3-1），物业公司应对非机动车辆实行统一保管，非机动车辆的保管分月保与临保两种方式。

1. 非机动车辆的月保管理

（1）需办理月保的车主先到停车场收费处办理登记，缴纳月保费用（收费标准按物价部门文件规定）后，领取月保号牌。

（2）月保车辆凭月保号牌停放，月保号牌禁止外借，禁止其他车辆使用，车主如更换车辆，需到停车场办理相关手续。

（3）月保车辆需每月按时缴纳月保费用（可预缴多月），过期按临保车辆处理。

（4）月保车辆进场需按指定的月保区域停放，并将月保号牌挂放在所保车辆上，以便车辆管理员核对。

图 3-1　非机动车辆的管理

2. 非机动车辆的临保管理

（1）临保车辆进场需按车辆管理员指示到临时停放点停放。

（2）车辆管理员发放临保号牌，并做好车辆登记工作，临保号牌分为两个相同的号码牌：一个挂在临保车辆上；另一个由车主随身携带，作为取车凭证。

（3）车辆停放后，车主需到收费处缴纳临保费用。

（4）临保车辆离场时，车主需交回临保号牌，车辆管理员核对无误后放行。

（5）禁止车主在临时停放点洗车、修车，防止火灾事故的发生。

（6）已缴纳保管费并有原始收费凭证和保管卡的自行车，如有遗失，由保管单位负责赔偿。

（7）存放在保管站的自行车，长期存放没人使用，且未缴保管费达 3 个月，由车辆管理人员将自行车清出保管站，不再负责保管。

第三节　道路交通管理

一、交通的疏导

（1）合理制定车辆流向方案，根据物业内的车辆流向，规定车辆按统一的路线行驶，车辆出入高峰期，应指定专人在现场疏导车辆，保证道路不堵塞。

（2）针对物业的交通状况，设专人负责车辆疏导，负责车辆疏导工作的人员其引导要及时，手势要规范，态度要热情。

（3）对于采用封闭式管理的物业，主要对共用道路和地面交通车辆进行指引、疏导；自行车则有专用车库，由相关工作人员提供管理服务。

（4）对于开户式的物业，应兼顾业主车辆和来客来访车辆的管理疏导。

（5）对于物业内车流量较大的交通交会处和其他特殊地方，可专设一岗位提供交通指引（图 3-2），并针对物业用户需求提供代客泊车服务。

图 3-2　物业交通疏导

二、物业举行活动的交通管理

（1）安全部主管制定具体活动的交通管理计划（方案），制定来客、来宾的车辆出入路线，指定辖区需封闭时间与解封时间，组织落实车辆行驶及停放的管理。

（2）安全部经理对交通管理方案（计划）的可行性进行审批；对计划停放车辆位置及停放车辆是否满足车辆停放需求进行复核；对车辆行驶、停放的管理工作进行监督。安全部经理向公司驾驶员、物业用户，进行有关道路交通管理的法规、道德等方面的宣传教育。

三、交通事故的处理程序

在物业管辖区域的停车场内发生的交通事故，应按以下程序处理。

（1）值班保安员在本工作区域内发现交通事故时，应立即报告当班班长、主管经理（值班经理），保护好现场。

（2）当班班长、主管经理应迅速赶到现场，视情况留住双方当事人和见证人，控制现场事态发展，调遣指挥当班的保安员维护现场秩序。

（3）安全部相关人员到达现场后，应根据不同情况采取相应措施。

① 车辆相互碰撞。了解情况，保护现场，如当事人双方愿意协商解决，可尊重双方当事人意见，但应做好相关记录。如当事人双方无法协商解决，应报交警大

队或当地公安机关处理，事后做好相关记录。

②车辆撞人。了解现场情况，如被撞者伤势较重，应保留现场，扣留肇事车辆，并指派专人和肇事车主一起护送伤者到就近的医院，同时报交警大队或当地公安机关，协助处理有关事宜，做好相关记录。如被撞者伤势较轻，双方愿意协商解决，可尊重双方当事人意见并做好相关记录。

③车辆撞坏物业辖区内设备、设施或物品。了解现场情况，保护好现场并对现场进行拍照，扣留肇事车辆，出具被损坏物品报价的有关规定，双方协商解决赔偿事宜。如肇事者能接受，则协商解决；如肇事者不愿意接受，可报当地公安机关处理。

（4）因抢救受伤人员而需变动现场时，应标明事故车和人员位置。

（5）对于肇事逃逸的车辆应及时进行追踪。如无法继续追踪的，应记录肇事车辆的牌号和车内人员的特征。

（6）寻找事故现场目击证人，做好记录工作。

四、交通设施管理

物业内的交通设施包括交通岗亭、洗车台、路牙、路面、指引标志及交通标识等。

（一）交通岗亭的管理规定

（1）在交通岗亭内应用镜框悬挂车辆管理制度（主要为岗位制度、操作规程和停车场管理规定）、收费标准、营业执照、保安员姓名和照片等。

（2）交通岗亭内设一套完好的单人办公桌椅作记录使用，不准放长椅和床，不准闲杂人员进入，岗亭外不准摆放凳椅。

（3）在交通岗亭外适当位置（室内也可）配置一块 800mm×600mm 的白写字板出通知用，停车场、摩托车、自行车棚（库）固定值班室，应根据车辆停放数量制作一个用于悬挂准停证、停车牌等的标牌框。

（4）交通岗亭内不准存放杂物，应保持室内外清洁。

（5）交通岗亭的"值班记录"、"车辆出入登记表"及"车辆保管卡"均放在固定位置，且应摆放整齐。

（6）交通岗亭不准作其他使用。

（二）洗车台的管理

洗车台的管理主要是对洗车台进行清洁，洗车台的清洁程序与标准如下。

（1）用扫把对洗车台和地面进行清扫。

（2）对地面油污处用洗洁精擦洗。

（3）用水清洗车台和周围的地面。

（4）用锹铲起排水沟里的泥沙，并用手推车运到垃圾中转站。

（5）盖好铁盖，清洁工具。

（6）标准：目视地面无明显垃圾、油污，每天清扫不少于6次（上午、下午、晚上各两次），并保洁；排水沟清除泥沙每周进行一次。

（三）指引标志及交通标识的建立

（1）为保证行车安全，应建立停车场标识系统，如限高牌、限速牌、转弯凸镜、道路指示牌、车辆行驶引向牌、禁停标识、行驶停放识别标记等。

（2）物业出入口及行车主干道地面用白色油漆划出交通指引标志，指明行车方向；道路转弯处及大门口应设置交通禁令、禁示、禁鸣、限速等标志，确保道路车辆行驶畅通、安全。

（3）行车道路两边油漆黄色标志，表示禁止停车；油漆黑黄相间（30cm间距）标志，表示允许临时停车，以确保物业内无违规停车现象，道路路面应保持整洁、无损、通畅。

（4）物业支道及会所外场上允许停车的位置，应用白色油漆标志停车位及编号，标识应清晰、醒目、完整。

（5）对进入物业内的特种车辆应予以引导，并指挥车辆按规定车位停车。

（6）物业内行车道应油漆黑白相间的减速条标志，警示车辆减速缓行。

（四）交通设施的检查

（1）保安班长在每班接班前，对辖区各道路标志、禁鸣喇叭标志、禁止驶入标志等交通标志牌进行检查，发现有损坏的应予以记录，并及时报部门主管处理。

（2）安全部主管对保安班长报告的交通标识的损坏进行核实，并按报修管理规程处理。

（3）安全部保安班长负责检查交通设施的状态，当发现有损坏、歪斜移位或风化变色时，应及时报告安全部主管，以便及时修复或更换。

（4）安全部主管应对整个辖区内的交通设施的效能和合理性作出评价，并报中心经理，以便为改进和完善道路交通设施系统提供依据。

（5）交通设施的管理，除保安班长进行系统管理外，还应将此项内容纳入当班保安员的责任范围。

（6）对有意或过失造成交通设施损毁的责任者，应按相关的规定进行处罚或令其赔偿。

（7）保安班长将辖区交通设施的管理状况填写在交通设施清单上，并归档保存2年。

（五）交通设施清单

管理处要对物业内的交通设施进行记录，并填写"交通设施清单"（表3-5）。

表 3-5　交通设施清单

单位：

名称	型号	价格	单位	数量	保养记录

第四节　停车场管理

一、停车场的管理规定

（一）停车场的管理标准

（1）停车场内无货物堆积、道路阻塞现象。

（2）停车场内地面无积水、油污、纸屑、烟头等杂物。

（3）停车场道路平整无坑，无尖锐物，无金属钉状物。

（4）停车场内有明显禁止烟火标牌，且消防器械及设施均配备齐全，使用功能完好率达 100％。

（5）辖区内交通事故年发生率不超过 2％，车辆丢失事故发生率应为零。

（6）地下停车场光线明亮，能见度高，目测距离 50m 以上。

（7）临时停放车辆收费率应为 100％。

（8）每车位文字档案齐全，资料准确率应为 100％。

（9）外来进出车辆有登记，登记完整率应为 100％，资料准确率应为 100％。

（二）停车场内的管理规定

（1）停车场必须有专职保安员 24 小时值班，建立健全各项管理制度和岗位职责，管理制度、岗位责任人姓名和照片、营业执照、收费标准应悬挂在停车场的出入口明显位置。

（2）停车场内按消防要求设置消防栓，配备灭火器，由管理处消防负责人定期检查，由车辆管理员负责管理使用。

（3）在停车场和物业内行车道路，必须做好行车线、停车位（分固定和临时）、禁停、转弯、减速、消防通道等标识，并在主要行车道转弯处安装凸面镜。

（4）在停车场出入口处设置垃圾桶，在物业内必要位置设路障和防护栏。

（5）机动车进入停车场时应服从车辆管理员指挥，遵守停车场管理规定，履行机动车进出停车场的有关手续，按规定缴纳保管费。

（6）集装箱车、2.5t 以上的货车（搬家车除外）、40 座位以上的客车、拖拉机、工程车，以及运载易燃、易爆、有毒等危险物品的车辆不准进入物业小区。

（7）不准损坏停车场消防、通信、电器、供水等场地设施。

（8）保持停车场内清洁，不得将车上的杂物和垃圾丢在停车场内，车辆有漏油、漏水时，车主应立即处理。

（9）禁止在停车场内洗车（固定洗车台除外）、修车、试车、练车。

（三）停车场的巡查规定

（1）安全部经理、主管每日对停车场及非机动车停车场例行巡查 2 次，并在保安员工作日志上签字。

（2）保安班长每次巡岗必须对车场例行巡查，早、中、晚三班不少于 6 次。

（3）保安队长每天早、中、晚班例行巡查不少于 3 次。

（4）车辆管理员每小时至少详细检查车辆的情况 1 次。

（5）车场实行 24 小时闭路监控，由值班人员负责。

（6）值班人员对监控发现的问题，要及时通知巡查保安员进行处理，必要时应拍照、录像。

（7）车辆管理员对车辆进行检查后，必须填写"车辆状况检查表"（表 3-6）。

表 3-6　车辆状况检查表

检查时间	检查人	车号	颜色型号	车窗是否已闭合	车辆有无明显的损伤或缺陷	有无漏油情况	其他情况	处理情况

（四）营业性停车场的管理规定

（1）地下停车场按年、季或月出租，并签订正式车位租赁合同，车位租金按当地物价局的有关规定执行，每月1~10日收缴下月租金，租金只能预交不可拖欠。拖欠租金，按合同规定执行。

（2）进入地下停车场的车辆必须在道口岗亭（或者地下停车场进口处），用行驶证换取地下停车场停车证后，方可进入地下停车场停车。

（3）出场车辆必须在道口岗亭（或者地下停车场出口处）用停车证换取行驶证，车辆管理员在对车辆、驾驶员、停车证、驾驶证查验无误后方可放行。

（4）停车场停车证由车主放在车辆挡风玻璃左侧醒目处，以便于识别，车辆入场后停车证由车主妥善保管，作为出入停车场存、取车凭证。

（5）车主所租车位原则上属专位专车，如果车主要停不同牌号车辆，必须事先到管理处登记。凡与车位登记牌号不同的车辆，不得停放在地下停车场。

（6）车主不得把贵重物品放在车内，要关（锁）好车门、车窗。

（7）车辆管理员必须严格履行车辆出入登记手续，认真执行规定，对可疑情况要及时报告管理处。

（8）车主停车证一旦遗失，要立即向管理处申明，否则后果自负。

（9）地面停车场为业主（住户）车辆来往或临时停车提供方便，采取计时收费和使用月卡停车的办法。

（10）地面停车场车辆停车半小时以内不收费，超过半小时按当地物价局的有关规定执行。

（11）经常使用地面车位的业主（住户）可购买临时停车卡，收费标准应参照当地物价局的有关规定执行，但不固定车位，每月30日前业主（住户）到管理处办理下月停车卡，停车卡可使用到次月3日。

（12）车辆进入停车场道口，必须用行驶证换取临时停车证或月卡、车位牌方可进场停车，出场时凭临时停车证或月卡、车位牌换回行驶证，停车期间由车辆管理员打卡计时。

（13）停放在停车场的所有车辆，车门（窗）必须关锁好，以防止车内物品丢失。

（五）固定车位的管理规定

（1）物业停车场为办妥长期停车证的用户提供相对固定的车位，凡无固定停车证的车辆一律不得在固定车位泊车，固定车位的车主应将停车证放在车辆挡风玻璃左侧醒目处，以便于识别。

（2）管理处为办理长期停车证的用户进行固定车位登记，并填写"停车场固定车位登记表"（表3-7）。

表 3-7　停车场固定车位登记表

停车场名称：

车位号	类别	车牌号	车型、颜色	房号	车主签字	备注

二、停车场的收费管理

（一）停车场的收费流程

（1）租赁车位主要针对物业用户，对其租赁的车位收取停车位的定期租金和车位管理费。租赁车位停车收费流程如图 3-3 所示。

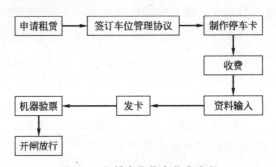

图 3-3　租赁车位停车收费流程

（2）临时车位主要针对停放在地面上的车辆，按政府的相关规定，收取临时停车费。临时车位停车收费流程如图 3-4 所示。

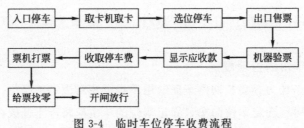

图 3-4　临时车位停车收费流程

（3）免费车位免于收费，主要针对特种车辆及临时停车不超过 15 分钟的车辆。免费车位停车免收停车费流程如图 3-5 所示。

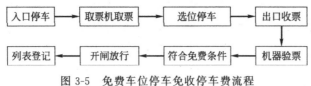

图 3-5　免费车位停车免收停车费流程

（二）停车场的收费管理规定

1. 收费标准

（1）一般物业停车场的临时停车收费标准

白天：早 8:00～晚 22:00 车辆按小时计费，不足 1 小时的按 1 小时计费，超过 1 小时 15 分钟按 2 小时计费，以此类推。夜间：晚 22:00～次日 8:00 按夜间收费标准收费。

（2）免费停车规定

15 分钟以内离开的车辆不予收费；如与业主签订有关临时访客车辆允许停放协议的被访单位的访客车辆，凭被访单位与物业公司共同确认的有效证明，免费放行；军警或特种车牌车辆以及经物业公司批准的备号车辆予以免费；非办公时间，由总值班经理向公司领导、主管汇报，经同意后，才能做免费处理。

2. 收费交接班规定

（1）交班时，交班人员将收取的停车费如数交下一班，填写"车场收费每日票款交接表"，并在交班人一栏签名。接班人核对无误后在接班人一栏签名确认。

（2）接班人接班时，应当面点清收取的停车费总额及票据，认真辨别钞票的真伪，如交班后发现有错误或假钞，由接班人负责。

（3）财务结算规定以 100 元为结算单位，保安员到安全部主管处领取停车票据，并在停车票据领用/退还登记表上签字；安全部主管负责将当日款项和票据一起盘点清楚，交公司财务部，并填写停车场票款收入上缴明细表，每日统计当日票款情况，填写停车票使用情况登记表，上报主管经理签字。

（三）停车卡的办理和使用规定

（1）停车卡的办理停车场保管车辆一般按年、季、月办理停车卡和临时停车卡，年、季、月等卡按年、季、月收费，临时卡则按小时收费。用户若要办理固定停车，可带齐证件或证明到停车场收费处办理，与管理处签订车位租用协议。车辆管理员在收取当期应缴纳的车位租金及管理费后，发给用户停车卡及电子出入卡，并收取电子出入卡押金。

（2）停车卡的使用车辆出入停车场时，要将停车卡放在车辆挡风玻璃左侧，电子出入卡应随身携带，以便检查和车辆出入。用户如更换车辆，需到停车场办理停车卡、电子出入卡更换手续。固定车位费要定期缴纳，逾期不缴者，停车场有权收回车位使用权。若用户遗失停车卡和电子出入卡，应及时告知车辆管理员，并提供有效证明，到收费处办理旧卡停止使用和新卡补办手续。当用户不再租用车位时，应将停车卡、电子出入卡交回停车场，同时停车场退还用户电子出入卡押金。

禁止用户将停车卡、电子出入卡外借给其他车辆使用。为保证车辆的停放安全，减少被盗的机会，电子出入卡应随身携带。

（3）车辆停车收费的标准要根据各地物价部门核定的标准执行。一般经济较发达的地区，收费标准较高，反之收费标准低些。以广州市为例，目前室内停车场收费标准仍没有具体明确的规定，一般只规定最高限额或制定指导价，具体的收费标准则由物业公司根据政府规定的指导价，并参考周围室内停车场的收费标准来确定，同时也可以在市政府规定的收费标准限度内临时调整停车收费标准。

（4）停车卡的收费应填写"停车月卡的收费登记表"（表3-8）。

表 3-8　停车月卡的收费登记表

单位：　　　　　　　　　　　　班岗（区）

姓名		房号		车牌号	
月份	金额	备注	月份	金额	备注
1			7		
2			8		
3			9		
4			10		
5			11		
6			12		

三、电子停车场管理系统

（一）内部停车场管理系统

1. 内部停车场管理系统的组成

内部停车场一般是为居住物业的业主建设的车辆停泊场所，基本上是以内部车辆为主，以少量散客车辆为辅。内部停车场管理系统一般由以下几部分组成。

（1）识别卡。像信用卡大小的塑封卡片，可接收发自读卡器的信号，并返回预先编制的唯一识别码，它的使用寿命可达10年以上。识别卡是停车场所停靠车辆的"身份证"，其唯一性保证了车位的固定性和防止车辆被盗。

（2）读卡器。读卡器不断发出低功率信号，在短距离内（10～20cm）接受识别卡返回的编码信号，并将编码反馈给控制器。

（3）控制器。控制器含有信号处理单元，每个控制器可控制一个门，控制器之间通过接口互连（其中一个为主控制器），可与计算机相连交互数据。

（4）计算机软件。先进的计算机软件可将控制器传来的信息转换成管理数据，其数据库可供及时查询，它还可以对控制器的参数和数据进行设置和控制。

（5）挡车器。挡车器内部有控制逻辑电路，受控制器的"指挥"，采用杠杆门，其速度快、可靠性高、噪声低，有紧急手动开关。

2. 内部停车场管理系统的运作

内部停车场管理系统一般采用反向散射式 RF 无源短距离识别卡。RF 识别卡的特点是体积小，无需电源。将读卡器安装在出入口车道旁边的适当位置，内部车辆进出时，驾驶员持卡在出入口处停车，将识别卡靠近读卡器，读卡后挡车器的挡杆会自动弹开，车过后会自动关闭。这一系统的特点是便于安装，性价比高。车主将车辆停入停车场后，离开时应随身携带识别卡，可有效防止非法人员盗车后将车辆开出停车场。通常还可将监控报警系统与内部停车场管理系统结合起来，即使有人开车闯过出入口挡杆，系统也会自动报警。同时，保安人员也可以电视信号为依据，采取相应措施。

停车场内各车位应有醒目的编号，卡号与车位号一一对应。在发生车辆偷盗时，报警系统与摄像接口记录的摄像资料结合，为报警处理提供完整的资料。内部住户车辆采取固定车位方式，由物业管理部门发给一定级别的固定车位卡（一般为 IC 卡），凭卡自由出入。出入口车道均设有自动挡车器，系统对车位卡进行识别，从而控制挡车器、报警器等工作，在发生紧急情况时挡车器可手动开启。

当持卡数量大于车位数时，可在入口处增加车位占用情况显示，当车位占满时标志点亮，同时低级别车辆禁止入内。主控制系统设在停车场内，有利于及时对报警采取有效措施，也可以放在其他的地方，中央控制计算机用于主控制系统。主控制系统的计算机对整个停车场的情况进行监控和管理，可适时监测每辆车的出入情况，并自动记录包括内部车辆出入时间、出入口等的信息。同时，它也可以完成发卡、设置系统参数、统计与查询历史数据等工作，并可以制成各种报表，及时归档；还可以对不同的内部车辆分级授权，登记其有效使用期，限制当天出入时间与出入口；可随时增加新卡，删除作废卡，将越权车辆视同无效并记录在案，自动作废过期卡。

3. 内部停车场管理系统的软件功能

内部停车场管理系统主要由识别和控制两部分组成。中央计算机和感应控制器、收款机通过网络进行通信。中央计算机可以对控制器的权限组、车主、设备参数、时间等进行设置和修改；控制器将所有行车记录传入主机，以进行计费和统计工作。管理软件提供了一个管理系统中所有设备和人员的功能，包括人员注册、设备参数设置、实时监控、报表生成、口令设置、系统备份和恢复等。

（1）人员组成。一般情况下，内部停车场管理系统的操作人员，由一个系统管理员和若干操作员组成。系统管理员负责整个系统所有设备和人员的管理，具有执行软件所有的操作权力。操作员则只负责日常的事务活动，如进行统计、打印报表、发卡、删卡等。

（2）中央控制系统软件菜单。

① 基本操作。包括监控设备工作情况的工作模式设定，用户登记与保护等。

② 会员管理。主要功能是加入、查询、删除会员或修改会员的信息，并保持计算机和控制器信息一致，同时可根据用户需求自动删除或人工删除到期的会员。

③ 设备管理。设备管理的功能是对出入口（读卡器）和控制器等硬件设备的参数和权限组进行设置。

④ 报表功能。生成会员报表、停车场使用报表和现存车辆报表，以进行统计和结算。

⑤ 软件设置。可对软件系统自身的参数和状态进行修改、设置和维护，包括口令设置、修改软件参数、系统备份和修复等。

（二）综合停车场管理系统

综合停车场管理系统是对内部车辆、临时车辆进行的管理。内部车辆管理在上面已详细讲述，下面主要介绍临时车辆管理和综合停车场管理系统的组成。

1. 临时车辆管理

对于临时车辆的管理主要是提供停车服务和收取停车费。一般在入口车道旁设置条码自动出票机。与磁卡出票相比，条码出票不仅使用寿命长，而且价格更低廉，临时车票含有进入时间、日期、车位及序号等信息。车辆出停车场时，在出口车道旁设一管理岗（管理岗内设置收款机、价格显示屏和条码阅读机等），负责对临时车辆验票收费放行。此外，还要求在入口处设立醒目的标志牌，告知临时车辆，该停车场车辆是否已满；当车满时亮出"车满标志"，告知临时车辆禁止进入该停车场。

2. 综合停车场管理系统的组成

（1）车辆识别卡。识别卡可接受发自读卡器的微弱的 RF 信号，并返回预先编制的唯一识别码。它有不同封装形式与尺寸，可应用于各种环境与气候，也可贴于车窗玻璃内或固定于其他地方，其寿命可达 10 年。

（2）读卡器。读卡器不断发出 RF 信号，接受从识别卡上返回的识别编码信号，并将编码信息反馈给系统控制器。读卡器自有的电子系统可在 5m 内感触信号，对车速达 200km/h 的车辆提供遥控接近控制，并发出超低功率的探测要求，可被方便地安装于门岗上方等位置，应用于不同气候与环境。

（3）系统控制器。控制器含有信号处理单元，可控制 1～8 个读卡器，它接收来自读卡器的卡号信息，利用内部的合法卡号、权限组等数据库对其判断处理，产生开门、报警等信号，并可将结果信息传给计算机进行进一步处理。

（4）中央计算机。先进的计算机软件将系统控制器传来的车辆信息转化为管理数据，其数据库可供及时监测，还可进行收发卡、计费与审计报表等自动化管理。

（5）挡车器。受岗门控制器控制，采用杠杆门，速度快、可靠性高、无噪声，紧急时可用手动控制，起落寿命达 100 万次以上。

（6）岗门控制器与环路探测器。岗门控制器由两个环路探测器接口、灯光报警装置与单片机逻辑电路构成，用于判断车辆位置与状态，并给挡车器发出正确的开关信号。环路探测器用于探测车辆。

（7）收款机。在有临时车辆的综合停车场管理系统中用于收款，可自动接收并显示中央计算机传来的应收款、卡号等信息，并打印出商业票据。

（8）电子显示屏。用于有临时车辆的综合停车场管理系统中，中、英文显示车库信息，如空位、满员及收费标准等。

3. 综合停车场管理系统的软件功能要求

综合停车场管理系统由读卡器、控制器、启动门和计算机四个主要部件组成。计算机可以对控制器的权限组、车主、设备参数、时间等进行设置和修改。控制器将所有行车记录传入主机，以进行计费和统计工作。管理系统中的所有设备和功能，包括人员注册、设备参数设置、实时监控、报表生成、口令设置、系统备份和恢复等应便于操作。

（1）人员组成。一般情况下，综合停车场管理系统的操作人员由一个系统管理员和若干操作员组成。系统管理员负责整个系统所有设备和人员的管理，具有执行软件所有操作的权力。操作员则只负责日常的事务活动，如进行统计、打印报表、发卡、删卡等。

（2）菜单功能。

① 实时监控。是指每当读卡器探测到车辆出现时，应立即向计算机报告，并在计算机屏幕上实时显示各出入口车辆的卡号、状态、时间、日期和车主信息。如果有临时车辆出入停车场，则计算机还应负责向电子显示屏输出信息，向远端收款台的票据打印机传送收费信息。

② 会员管理。会员管理的主要功能是加入、查询、删除会员或修改会员信息，并保持计算机和控制器信息一致。同时可以根据用户的需求自动删除或人工删除到期的会员。

③ 设备管理。设备管理的功能是对出入口（读卡器）和控制器等硬件设备的参数和权限组进行设置。

④ 报表功能。生成会员报表、停车场使用报表和现存车辆报表，以进行统计和结算。也可以根据实际需求进行修改。

⑤ 软件设置。可对软件系统自身的参数和状态进行修改、设置和维护，包括口令设置、修改软件参数、系统备份和修复、进入系统保护状态等。

第五节　物业车辆交通安全管理技巧

一、业主在公共走道乱摆放物品怎么应对

在共用走道摆放物品既不符合消防法规，又妨碍火灾时的疏散、灭火，也不符合"业主公约"的规定；既影响楼内走道的观瞻，还易造成邻里不和。

某大厦有八户人家，经常把鞋柜、鞋架摆到自家门外的公共走道上，此问题由来已久，管理处决心彻底解决这个"老大难"问题，在征得业主委员会的支持后，计划分步进行。

（1）护卫员通过可视对讲规劝住户。

（2）巡逻班长登门解释。

（3）管理员上门做思想工作。

（4）向违章户发书面通知，晓之以理，并明确改正期限，超过期限仍不整改，管理处将以遗弃物处理。

护卫班在管理处的安排下，随即按第一个步骤开始实施：结果有的人家很快将鞋柜、鞋架搬进室内；有的只答应不行动；个别的当时搬进室内，过后又搬出来；还有的邻居间相互较劲，你不搬，我也不搬。护卫员一遍又一遍地上门规劝，不厌其烦做工作，明确转达管理处彻底解决共用通道内摆放物品的决心。终于经过一个星期反复耐心的工作后，仅实施计划的第一步就彻底解决了多年存在的问题，并得到业主委员会的好评。

对违反物业管理规章的现象，首先是一定要敢管，不要顾虑可能影响与个别住户的关系。

其次，一定是要把各种违规迹象扼杀在萌芽之中，否则后面再来解决就相当麻烦。如果允许违规现象，就是放松了管理，实际上就是降低了对广大业主、住户的服务质量，物业管理公司通常说"寓管理于服务之中"就是这个道理。

第三，以劝说为主。

第四，如果实在不行，就要动用业主管理委员会的力量来帮助解决。

二、车辆被盗、被损坏怎么应对

为了及时发现和处理车辆被盗和被损坏的事故，减少业主的财产损失，必须对各小区（大厦）停车场（库）进行严格管理。

（1）当车管员发现停车场里的车辆被盗或被损坏时，车管员应立即通知车主，并报告班长和队长。

（2）属撞车事故的，车管员不得放行造成事故的车辆，应保护好现场。

（3）属楼上抛物砸车事故，车管员应立即制止，并通知肇事者对造成的事故进行确认。

（4）车管员认真填写"车管员交接班记录"（表3-9），如实写明车辆进场时间、停放地点、发生事故的时间，以及发现后报告有关人员的情况。

（5）车辆在停车场被盗后，由管理处确认后协同车主向当地公安机关报案。

（6）发生事故后，被保险人（车主）、停车场双方应立即通知保险公司。

（7）车管员、管理处、车主应配合公安机关和保险公司做好调查处理。

表3-9 车管员交接班记录

岗位			日期		年　月　日
交班人		时间		接班人		时间	
车号			车型		
车辆进场时间			车辆停放时间		
事故发生时间			是否报告上司		
事故情况：					

三、外来车辆故意堵塞道口怎么应对

一次，外来车辆要求进入均为私家车位的某小区。护卫员礼貌地上前说明情况，并劝说司机将车停放在紧挨小区的一个公共停车场。谁知司机勃然变色，嘴里不干不净，把车停在道口扬长而去，道口一下子被堵塞了。

护卫员急忙呼来当值的班长，当值班长简要了解情况后，马上追赶上司机，婉言做他的工作：首先对因小区设施有限而未能提供停车条件表示歉意；然后陈述停车道口堵塞交通的利害；接着动员尽快自行将车移走以弥补影响；最后指出，若一意孤行则立即扣留该车，并用电话报警或请交通管理部门拖车。

司机自知理亏，恐怕也觉得这最后一手难以招架，略做沉思，无言以对，只好乖乖地回来把车开走了，道口又恢复了正常。

（1）在不违反公司原则的情况下，以最快捷的方式疏通出入车道。

（2）如遇到"问题车辆"，可先暂扣司机证件，将车辆安排到不堵塞车道的地方再行处理。

对那些无理取闹的人，物业管理公司首先还是要笑脸相迎，用情理去感化他，但同时又要不卑不亢，想办法制止他。前者叫动之以情、晓之以理，不给人家留下口实；后者叫告之以规、制之以轨，不让人家当"软柿子"捏，总之要有理、有制、有节，先礼后兵。

类似的案例还有管理处停车场对军警人员及军警特种车辆的管理，这类人开军、警车辆停车时，一是经常乱停乱放，不服从小区车管员的指挥；二是不愿交纳停车费。物业管理公司工作时就要分清楚开车人的身份，如果的确是车辆与开车人身份相符，他不交费，物业管理公司也不用纠缠，你就是磨破嘴皮也收不到，因为国家有规定，军警车辆免收高速公路、过桥（隧道）、停车等费用；但如果是军、警开地方车，或普通人开军、警车辆，那物业管理公司就要按小区的管理规定办理，因为以上两种情况不在国家规定的享受优待范围之列。

四、在消防通道上乱停放车辆怎么应对

某广场北侧的道路具有一般通道和消防通道双重功能。一段时间里，一些住在大厦和来大厦办事的人贪图方便，随意将车辆停放在作为消防通道的一侧（图3-6），影响了消防通道的功能发挥。管理处不得不派专人着意看管，然而，仍有车

图 3-6　在消防通道上乱停放车辆

主以"马上就走"为借口，不服从管理，我行我素。

为了从根本上解决这一问题，管理处想了一个新方案：就是在道路中间设立一排隔离墩，将一条道路分割成不同功能的两条通道，但这又不是管理处一家能够独立决定和实施的。管理处领导主动向所在地公安派出所汇报了道路的现状和自己的整改设想，并请他们进行实地考察，经反复沟通和协商，取得了行政主管部门的理解和支持。

在公安派出所的配合下，管理处用隔离墩对大厦北侧道路进行了功能分隔。此后，道路管理起来容易多了，不仅消防通道上再也没有随便停车的现象，增加了大厦的安全保障；而且还收到一个意想不到的额外效果：大厦停车场的停放车辆明显多了，车场收入也随之增加了。

管理小窍门

为了解决类似问题，可以增加人手看管，然而增加人手必然增加开支，光靠人看管、说服教育，未必能真正解决问题。其实只要设置一个驾驶障碍，问题一下子就迎刃而解，并且省人、省钱、省麻烦。

物业管理处虽然人微言轻，但要善于借助于上级行政、权威部门的力量，很多事情就好办了。

五、车主停放的车辆与登记的不符合怎么应对

一车一卡，车卡相符，凭卡出入是停车场的基本管理规定，但在实际工作中，却常会出现一卡多用的情况。

某小区的某位业主有辆车办了月停车卡，一天，办了月卡的车尚停在停车场内，他又开着另外一部车回来，物业管理公司当值的护卫员给他刷了临时卡，让他进了停车场。可是当他开第二部车出去时，不仅没有按规定交费，还拿出月卡给护卫员看，企图逃避交费。

对于该业主这种投机取巧的行为，当值的护卫员非常有礼貌地解释了物业管理公司的停车场管理规定，并通过电脑将两部车的进出时间和车型、车牌照片调出来，用事实说话，该业主只有心服口服，对物业管理公司的安全管理工作称赞不已，最终按规定交费后离去。自此以后，该业主再也没有出现过类似的事情。

管理处在工作中遇到类似问题，可以按照以下方法解决。

① 首先确认要求进入车位的非登记备案车辆的驾驶人，是否为车位的拥有者或其雇请的司机。

② 确认后在查明车位有无停放已登记备案的车辆；若有，则动员其将车停放到附近的收费车场；若无，则问清登记备案车辆未归的原因，同时告知该车停放期

间，登记备案车辆将不能再进入车场。

③ 对方认可并做好详细记录后，准许车辆进入停放，并在交接班记录上注明。

这样变通处理既保持了车场管理的严谨性，使之井然有序，又避免了车辆管理的机械性，让住户满意。

六、车主不按规定地方停车怎么应对

黄线是禁止停车的标志线，黄线以内不可以停车，这是基本的常识，但有人却视而不见，偏偏将车停在黄线内，造成小区内交通混乱，也给物业管理公司的安全管理工作带来很多不应有的麻烦。

一天，护卫员小江正在道口当值，远远见到一辆奔驰轿车直向小区驶来，"吱"的一声停在了道口内侧的黄线上，车主下车关门转身就要离去。小江急忙跑上前去，一个标准的立正敬礼，礼貌地说："先生，早上好！这里是黄线范围，请您把车停放到地下车库。"

车主却不屑一顾地说："我就住在这，停一会儿怎么了？多管闲事。"

小江面带微笑，语气坚决但又热情地解释道："对不起，先生，这里是消防通道，严禁停放车辆及杂物，另外您的车停在这里，物业管理公司也很难照顾到，为了您及全体业主的安全，希望您能配合物业管理公司的工作，谢谢您了！"

听到小江礼貌而又坚决的话语，再看看周围确实没有一辆车违章停放，车主只好无奈地打开车门重新发动了汽车。

小江见此，马上又是一个标准的立正敬礼，以示感谢，并目送小轿车慢慢驶入了地下停车场。

 管理小窍门

服务行业有一个很严厉的规矩：永远不要对客人说"NO"（不）。

当物业管理公司遇见业主违反管理规定时，不要用毫无人情味的"不、不行或不可以"等冷漠的字眼加以拒绝或制止，而是要从关心对方的角度出发，让对方感觉到物业管理公司是在为他的利益着想，都是为他好，这样事情就好办多了。

另外，在对方听从物业管理公司的建议，配合物业管理公司的工作后，一定不要忘了表示真诚的感谢。

七、业主亲属驾车外出怎么应对

某大厦有位业主，他们夫妇俩与物业管理公司护卫员都相当熟悉，由于开车懒得每次进出换证，因此与护卫员有一个口头约定：只要是他们两夫妇开车，打个招呼即可，不用换证，其他人则一概不予放行。

某日上午，护卫员小刘正在道口当值，见该业主的凌志小轿车车窗紧闭向出口驶来。小刘心存疑虑，因为按惯例车窗应该是打开的，便于业主与护卫员确认，就没有打开车挡器，快步跑到车前敬礼示意。车窗摇下后一看，开车的果然是一位陌生的先生。

小刘礼貌地说："先生，请把车往右边靠一下。"对方配合地将车停在路边，急匆匆地说："我有急事，有什么事快说！"小刘解释道："物业管理公司车辆管理规定是专车、专位、专人开，除非业主本人同意或有业主的授权书，否则一律不得开出。"

驾驶者说他是业主的弟弟。他哥去香港出差半年了，嫂子又去外地旅游了，家里没人，无法联系。

小刘马上用对讲与大堂岗进行了核实，了解到业主一家确实不在家，都出远门了。"那请您把车主家人的情况大致描述一下。"小刘用另外一种方式来验明对方的身份。对方将业主一家的情况较详细地说了一遍，跟实际情况相吻合，甚至连业主女儿患有疾病的事都清楚。于是小刘记下其身份证明，放行了。

事过不久，女业主专门到管理处来道谢，说因自己出门一忙，忘了交代，那位先生确实是业主的弟弟，那天有急事要开车回故乡，若没有护卫员的灵活处理，就耽误大事了。

管理小窍门

处理此类问题最稳妥的做法就是：咬定业主有吩咐，你要开走除非拿出业主的授权证明，或请业主亲自打电话来说明情况，否则坚决不能放行。

虽然略显死板，也可能得罪业主和他的亲属，但可以保证物业管理公司和业主个人利益不收损害。

八、破损车辆进入小区停车场后嫁祸于人怎么应对

某小区 B 栋一业主开私家车回到小区，将车停放在地面私家车位后即上楼休息。

随后赶到的巡逻护卫员发现车的后窗玻璃已打碎，当即向班长报告，并做了详细的记录。考虑到夜已经很深了，车主可能已就寝，而且从现场情况可以肯定车窗是在小区外损坏的，说不定车主知道此事，故护卫员就没有打扰车主予以核对。

次日早晨 6:20，当值护卫员见到车主后及时向他通报了情况，谁知车主竟一口咬定车窗玻璃是停在小区后被高空坠物所致，要求管理处赔偿。护卫员拿出巡查记录进行解释，并让其仔细查看保护得很好的现场。但车主胡搅蛮缠，说巡查记录

和现场是不真实的。一方拒不认账，另一方据理力争，事情变得复杂了……

在双方争执不下的情况下，管理处只有报请属地公安派出所出面进行调查和调解。派出所干警经过认真查阅巡查记录、勘察事发现场、询问有关人员和周边住户后，签发了裁定书，裁定车窗是在小区外破碎的，由车主自行负责，并对车主无理取闹，嫁祸于人的不文明行为提出了严厉批评。车主对此哑口无言，只有认账。

管理小窍门

事实胜于雄辩，遇到一些可能产生争议的问题时，聪明人从一开始就注意收集和留存相关证据。一旦发生了纠纷，有理有据，处理起来就可以省去许多麻烦。

当然，如果发现的第一时间就不存侥幸心理，不嫌麻烦，立即与车主联系，而不等到第二天才去解决，事情就会简单多了。

九、军警违规停车怎么应对

某小区发生了这么一件事：一辆武警牌照的外来轿车要进小区停车场，护卫员见是外来车，便告之这里是私家停车场，请他到其他的地方停放。而车主自言是来找楼上业主的，以进去调头为借口驶入车场后，把车往道路中间一横，开始破口大骂。护卫员见他堵塞交通，又如此蛮横不讲理，就争执起来。

护卫班长小田赶到现场后，觉得护卫员认真履行职责，并无不妥之处，但如果处理不好，不仅给业主造成误解，也会打击护卫员的工作积极性，就一定请车主解释清楚，否则不能离开。车主见情况不妙，急忙通知楼上业主，诬告说护卫员不让停车，也不让走，还要打人。

当业主某女士来到停车场，听取小田简要介绍事情后，心里已明白了八九分，忙打圆场说：原来大家误会了，我代他给你们道歉，部队上的人脾气急，就别跟他计较了，让他把车开走吧！

小田见业主很通情达理，自己的基本目的也已达到，不如见好就收，便叫护卫员开闸放行。

军警车辆不按规定停放怎么办？

（1）军车、警车、"0"字头等特种车辆进入车场时，应指引其前往周围可免费停放特种车的停车场，或按指定位置停放。

（2）军、警车辆不按规定停放，应向驾驶员说明公司规定。

（3）如难以独自处理，则尽快通知当值主任、领班到场处理解决。

（4）尽力将驾驶员留在现场。

（5）保持冷静、克制、有礼，不使用过激的言行与驾驶员争执。

如果不是什么原则性的问题，只要物业管理公司的话讲到，基本目的达到，就没有必要跟业主或业主的朋友较真，吃一点亏就非要找回来，或者一定要分出谁是谁非不可。

另外，事后的跟进工作非常重要，一定要做通物业管理公司员工的思想，帮他们放下包袱，轻装前进，以更大的热情投入到工作中去。

第四章
物业安全设备管理

Chapter 04

物业设备是指给排水、供电、供暖、消防、楼控、监控、通风、电梯、空调、燃气供应以及通信网络等设备。

物业安全设备是指出入口控制系统、防盗报警系统、闭路电视监控系统、火灾自动报警系统、访客对讲系统、保安巡更管理系统。

本章主要介绍的是物业安全设备的使用和管理。

第一节　出入口控制系统

一、出入口控制系统简介

出入口控制就是对建筑内外正常的出入通道进行管理。该系统可以控制人员的出入，还能控制人员在楼内及其相关区域的行动。传统的出入口管理方法，是由警卫保安人员对出入者进行登记验证后才放行，这种方法速度慢、费人力且人数统计难，而出入口控制系统采用个人识别卡方式，对进出门的人员进行识别、选择和记录，进行门禁控制，为物业提供安全保障。

出入口控制系统也称为门禁控制系统，其具有以下优点。

（1）该系统所有的活动都可以用打印机或计算机记录下来，为管理人员提供系统所有运转的详细记载，以备事后分析。

（2）使用这样的系统，只要很少的人在控制中心，就可以控制整个大楼内外所有的出入口，节省了人员，提高了效率，也提高了保安效果。

（3）可以通过计算机方便地设置限制性条件或操作控制门的开闭时间。

（4）如果识别卡遗失，可以进行挂失、注销，任何已被注销的编码卡都会被拒绝出入。

总之，采用出入口控制可以为防止罪犯从正常的通道侵入提供有效保障。

二、出入口控制系统的组成和原理

出入口控制系统一般由计算机、控制器、读卡机、电子门锁、识别卡等设备组成，系统结构如图 4-1 所示。

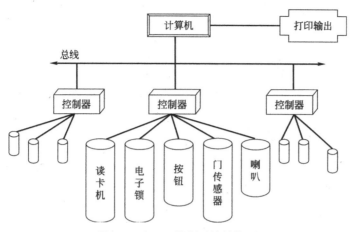

图 4-1 出入口控制系统结构图

　　整个系统包括 3 个层次的设备，底层是直接与人员打交道的设备，有读卡机、电子门锁、出口按钮、报警传感器和报警喇叭等。它们用来接受人员输入的信息，再转换成电信号送到控制器中，同时根据来自控制器的信号完成开锁、闭锁等工作。控制器接收底层设备发来的有关人员的信息，同自己存储的信息相比较以作出判断，然后再发出处理的信息。单个控制器就可以组成一个简单的门禁系统，用来管理一个或几个门。多个控制器通过通信网络同计算机连接起来，就组成了整个建筑的门禁系统。计算机装有门禁系统的管理软件，它管理着系统中所有的控制器，向它们发送控制命令，对它们进行设置，接受其发来的信息，完成系统中所有信息的分析与处理。

三、主要设备

（一）识别卡

　　识别卡记载持有人的数据信息，可以进行出入身份识别。它通常分为接触式和非接触式两种，接触式卡片使用时需将卡插入读卡机内，读卡机才能读出卡中的数据；使用非接触式识别卡时，卡无需与读卡机接触，相隔一定距离，就能读出卡中的数据。

　　随着识别技术的发展，卡片材料的不断更新，识别卡也出现了较多类型，常见的有以下几种。

　　（1）磁码卡。就是我们常说的磁卡，它是把磁性物质贴在塑料卡片上制成的。磁卡可以容易地改写，使用户随时可更改密码，应用方便。其缺点是易被消磁、磨损。磁卡价格便宜，是目前使用较普遍的产品。

　　（2）条码卡。在塑料片上印上黑白相间的条纹组成条码，就像商品上贴的条码一样。这种卡片在出入口系统中已逐渐被淘汰，因为它可以用复印机等设备轻易复制。

（3）红外线卡。用特殊的方式在卡片上设定密码，用红外线光线读卡机阅读。这种卡易被复制，也容易破损。

（4）铁码卡。这种卡片中间用特殊的细金属线排列编码，采用金属磁扰的原理制成。卡片如果遭到破坏，卡内的金属线排列就遭到破坏，所以很难复制。读卡机不用磁的方式阅读卡片，卡片内的特殊金属丝也不会被磁化，所以它可以有效地防磁、防水、防尘，可以长期使用在恶劣环境下，是目前安全性较高的一种卡片。

（5）感应式卡。卡片采用电子回路及感应线圈，利用读卡机本身产生的特殊振荡频率，当卡片进入读卡机能量范围时产生共振，感应电流使电子回路发射信号到读卡机，读卡机将接受的信号转换成卡片资料，送到控制器对比。接近式感应卡不用在刷卡槽上刷卡，比较迅速方便。由于这种卡是由感应式电子电路做成，所以不易被仿制。同时它具有防水功能，且不用换电池，是非常理想的识别卡。

（二）读卡机

读卡机是对进出安防区域的人员进行识别的主要装置，是在出入口控制系统中广泛使用的关键前端设备，它包括感应式读卡机、划拉式读卡机、插入式读卡机等。随着识别技术的发展，具有生物特征识别能力的装置也得到了更多的应用，目前有以下几类。

（1）指纹机。利用每个人的指纹差别做对比辨识，是比较复杂且安全性很高的门禁系统。它可以配合密码机或刷卡机使用。

（2）掌纹机。利用人的掌形和掌纹特性做图形对比，类似于指纹机。

（3）视网膜辨识机。利用光学摄像对比，比较每个人的视网膜血管分布的差异，其技术相当复杂。正常人和死亡后的视网膜差异也能检测出来，所以它的保安性能极高。这种系统也有两点顾虑：一是睡眠不足导致视网膜充血、糖尿病引起的视网膜病变或视网膜脱落时，将无法对比；二是摄像光源对眼睛会有不同程度的伤害。

（4）声音辨识。利用每个人声音的差异以及所说的指令内容不同而加以比较，但由于声音可以被模仿，而且使用者如果感冒会引起声音变化，其安全性将受到影响。

（三）控制器

由一台微机和相应的外围控制电路组成。

（四）电子门锁

通常分为三种：电阻锁、电磁锁和电插锁。电阻锁通常为通电开门，电磁锁和电插锁通电锁门。

（五）计算机

计算机是出入控制系统的控制中心，计算机通过通信网络对门禁系统所有设备和数据进行管理，包括设备注册、级别设定、时间设定、数据管理、通信等。

四、出入口控制系统的操作

通过出入口控制系统实现的操作有以下几种。

（1）设定卡片权限。进出口控制系统可以设定每个读卡机的位置，指定可以接受哪些通行卡的使用，编制每张卡的权限，即每张卡可进入哪道门，何时进入，需不需要密码。系统可跟踪任何一张卡，并在读卡机上读到该卡时就发出报警信号。

（2）设定每个电动锁的开启时间。

（3）能实时收到所有读卡的记录。当读卡进入后，而不读卡出门时（在双向读卡情况下），当再使用该卡读卡进入时，软件将视为警报，并备有记录。

（4）通过设置磁簧开关可以检测门的状况。在读卡机读到卡后，电动锁将开启，则开锁为正常，如门在设定时间内没有关上，则系统会发出警报信号。在读卡机没有读到卡的情况下或没有接到开门键信号，磁簧开关检测到门被打开的信号则会发出报警信号。

（5）当接到消防报警信号时，系统能自动开启电动锁，保障人员疏散。

五、出入口控制系统的计算机管理

出入口控制系统最终将由计算机系统来完成所有的管理工作，如何来完成由计算机内的管理软件来决定。一般市场上出售的出入口控制系统本身带有计算机管理软件，成套商也可以根据用户要求，按照控制器提供的接口协议自行编制。出入口控制系统的管理软件通常包括以下几个部分。

1. 系统管理

这部分软件的功能是对系统所有的设备和数据进行管理，有以下几项内容。

（1）设备注册。比如在增加控制器或是卡片时，需要重新登记，以使其有效；在减少控制器或是卡片遗失、人员变动时使其失效。

（2）级别设定。在已注册的卡片中，设定哪些卡片可以通过哪些门，哪些不可以通过。某个控制器可以让哪些卡片通过，不允许哪些通过。对于计算机的操作要设定密码，以控制哪些人可以操作。

（3）时间管理。可以设定某些控制器在什么时间可以或不可以允许持卡人通过；哪些卡片在什么时间可以或不可以通过哪些门等。

（4）数据库的管理。对系统所记录的数据进行转存、备份、存档和读取等处理。

2. 事件记录

系统正常运行时，对各种出入事件、异常事件及其处理方式进行记录，保存在数据库中，以备日后查询。

3. 报表生成

能够根据要求定时或随机地生成各种报表。比如，可以查找某个人在某段时间内所有的出入情况，某个门在某段时间内都有谁进出等，生成报表，并可以用打印机打印出来。

4. 网间通信

出入控制系统不是作为一个单一的系统存在，它要向其他系统传送信息。比如在有非法闯入时，要向电视监视系统发出信息，使摄像机能监视该处情况，并进行录像，所以，要有系统之间通信的支持。

出入口控制系统除了完成所要求的功能外，还应有漂亮、直观的人机界面，使人员便于操作。

第二节　防盗报警系统

一、防盗报警系统的构成

防盗报警系统是用物理方法或电子技术，自动探测发生在布防监测区域内的侵入行为，产生报警信号，并提示值班人员发生报警的区域部位，显示可能采取对策的系统。防盗报警系统是预防抢劫、盗窃等意外事件的重要设施。防盗报警系统与出入口控制系统、闭路电视监控系统等一起构成了物业安全防范系统。

防盗报警系统通常由报警探测器（又称报警器）、传输通道和报警控制器三部分构成。

（1）报警探测器。由传感器和信号处理器组成，用来探测入侵者入侵行为的装置，是防盗报警系统的关键。报警探测器种类有：开关报警器、玻璃破碎报警器、周界报警器、声控报警器、微波报警器、超声波报警器、红外线报警器、双鉴报警器等。

（2）传输通道。是将探测器所感应到的信息传送至监控中心的信息传输通道。分为有线信道和无线信道。有线信道通过双绞线、电话线、同轴电缆、光纤等向控制器传输；无线信道通过无线发射、接收机接收、解调还原方式传输信号。

（3）报警控制器。负责监视从各种保护区域送来的探测信息，并经终端设备处理后，以声、光形式报警或在报警屏显示、打印的报警控制装置。

二、报警系统工作原理

（一）报警系统结构和工作机制

一般防盗报警系统主要由前端探测器继电器、报警控制中心系统，以及传输信道3部分组成。各种探测器及输出继电器是系统的底层或前端，它们主要负责探测人员的非法入侵，向报警控制主机发出报警信号，同时还可以通过报警主机的继电器联动功能，控制灯光的开关和其他各种设备等。系统的顶层或终端是报警控制中心，由报警控制主机及报警管理软件组成。发生异常情况时，报警控制主机收到探测信号后完成处理，同时输出警报信息，进行报警。

（二）各种探测器工作原理

1. 开关报警器

开关报警器是一种可以把防范现场传感器的位置或工作状态的变化转换为控制电路通断的变化，并以此来触发报警电路的报警器。由于这类报警器的传感器工作状态类似于电路开关，因此称为"开关报警器"。开关报警器一般包括磁控开关型、微动开关型、压力开关型。

（1）磁控开关由带金属触点的两个簧片封装在充有惰性气体的玻璃管（也称干簧管）和一块磁铁组成。使用时，一般把磁铁安装在被防范物体（如门、窗）的活动位，把干簧管装在固定部位（如门框、窗框）。磁铁与干簧管的位置需保持适当距离，以保证门、窗关闭时干簧管触点闭合，门窗打开时干簧管触点断开，控制器产生断路报警信号。

（2）微动开关是一种依靠外部机械力的推动，实现电路通断的电路开关。在使用微动开关作为开关报警传感器时，需要将它固定在被保护物之下。一旦被保护物品被意外移动或抬起时，按钮弹出，控制电路发生通断变化，引起报警装置发出报警信号。

（3）压力开关的压力垫作为开关报警器的一种传感器。压力垫由两条长条形金属带平行地分别固定在地毯背面，两条金属带之间有绝缘材料支撑，使两条金属带相互隔离。当入侵者踏上地毯时，两条金属带接触上，相当于开关点闭合，就将发送报警信号。

2. 玻璃破碎报警器

玻璃破碎报警器如图4-2所示，一般是黏附在玻璃上，利用振动传感器（开关触点形式）在玻璃破碎时产生的2kHz特殊频率，感应出报警信号。

图4-2　玻璃破碎报警器

3. 周界报警器

周界报警器的传感器可以固定安装在围墙或栅栏上及地层下，当入侵者接近或超过周界时产生报警信号，有以下几种类型。

（1）泄漏电缆传感器。这种传感器是同轴电缆结构，但屏蔽层处留有空隙。当电缆传输电场时就会向周围泄漏电场。把平行安装的两根泄漏电缆，分别接到高频信号发生器和接收器上，就组成了泄漏电缆报警器。当泄漏电缆埋入地下后，有入侵者进入探测区时，使空间电磁场的分布状态发生变化，而引起接收机收到的电磁能量产生变化，此能量的变化就作为报警信号触发报警器工作。

（2）光纤传感器。随着光纤技术的发展，传输损耗不断降低，传输距离不断加长。可以把光纤固定在长距离的围栏上，当入侵者跨越光纤时压迫光缆，使光纤中的光传输模式发生变化，探测出入侵者的侵入，报警器发出报警信号。

4. 声控报警器

声控报警器用微音器做传感器，用来监测入侵者在防范区域内走动或作案活动时发出的声响（如启、闭门窗，拆卸、搬运物品及撬锁时的声响），并将此声响转换为电信号，经传输线送入报警主控制器。

5. 红外线报警器

红外线报警器是利用红外线能量的辐射及接收技术，对进入防范区内目标进行监测的报警器。按工作原理，它可分为主动式和被动式两种类型。

（1）主动式红外报警器。主动式红外报警器由收、发装置两部分组成。红外发射装置向红外接收装置发射一束红外光束，此光束如被遮挡时，接收装置就发出报警信号。

（2）被动式红外报警器。被动式红外报警器不向空间辐射任何形式的能量，而是采用热释电探测器作为红外探测器件，探测监视活动目标在防范区引起的红外辐射能量的变化，从而启动报警装置。

6. 微波报警器

微波报警器是利用超高频的无线电波来进行探测的。探测器发出无线电波，同时接受反射波，当有物体在探测区域移动时，反射波的频率与发射波的频率有差异，两者频率差称为多普勒频率。探测器就是根据多普勒频率来判定探测区域中是否有物体移动的。

7. 双鉴报警器

双鉴报警器是人们利用互补的探测技术和方法，进行混合报警的探测器，即把两种不同探测原理的探头组合起来进行联合探测报警，能大大降低误报率。

三、报警控制器的主要功能

（1）布防与撤防。在正常工作时，工作人员频繁出入探测器所在区域，报警控制器即使接到探测器发来的报警信号也不能发出报警，这时就需要撤防。下班后，需要布防，如果再有探测器的报警信号进来，就要报警了。报警控制器一般都带有键盘来完成上述设定。

（2）布防后的延时。如果布防时，操作人员正好在探测区域之内，那么布防就不能马上生效，这需要报警控制器能够延时一段时间，等操作人员离开后再生效。这是报警控制器的延时功能。

（3）防破坏。如果有人对线路和设备进行破坏，报警控制器也应当发出报警。常见的破坏是线路短路或断路。报警控制器在连接探测器的线路上加上一定的电流，如果断线，则线路上的电流为零；若有短路，则电流大大超过正常值。这两种情况中任何一种发生，都会引起控制器报警，从而达到防止破坏的目的。

（4）微机联网功能。目前许多报警控制器不带微机联网功能，作为智能保安的设备，需要有通信联网功能，这样才能把本区域的报警信号送到控制中心，由控制中心的计算机来进行数据分析处理，提高系统的自动化程度。

四、防盗报警系统的布防模式

根据防范场所、防范对象及防范要求的不同，现场布防可分为周界防护、空间防护和复合防护三种模式。

（1）周界防护模式。采用各种探测报警手段，对整个防范场所的周界进行封锁，如对大型建筑物，采用室外周界布防，选用主动红外、遮挡式微波、电缆泄漏式微波等报警器。

对大型建筑物也可采用室内周界布防，使用探测器封锁出入口、门、窗等可能受到入侵的部位。对于面积不大的门窗可以用磁控开关，对于大型玻璃门窗可采用玻璃破碎报警器。

（2）空间防护模式。空间防护探测器所防范的范围是一个特定的空间。当探测到防范空间内有入侵者的侵入时就发出报警信号。在室内封锁主入口及入侵者可能活动的部位，对于小房间仅用一个探测器。若较大的空间需要采用几个探测器交叉布防，以减少探测盲区。

（3）复合防护模式。它是在防范区域采用不同类型的探测器进行布防，使用多种探测器或对重点部位作综合性警戒，当防范区内有入侵者的进入或活动，就会引起两个以上的探测器陆续报警。例如，对重点厅堂的复合防护，可在窗外设周界报警器门窗安装磁控开关，通道出入口设有压力垫，室内设双技术报警器，构成一个立体防范区。

复合防护有如下特点：当在防范区有入侵者进入或活动时，就会使临近的探测器先后报警，这样在控制台上既可显示到入侵的地点，也可显示入侵者的路径及行踪。

在防范区多种探测器先后产生报警信号时，它们互相之间起到报警复合作用，提高了报警系统的可靠性和安全性。

第三节　闭路电视监控系统

一、闭路电视监控系统简介

闭路电视监控系统（又称CCTV）是物业安防系统中的重要子系统，它通过遥控摄像机及其辅助设备（镜头、云台等），直接观察或记录被监视场所的情况，在人无法值守的场合，能适时、真实地反映现场的图像画面，获取现场信息，因此被广泛应用于现代化管理工作中。在物业安全管理中安装和使用该系统，能大大提高物业整体安全防范能力。

电视监控系统的规模可根据监视范围的大小，监视目标的多少来确定，监视系统的大小一般由摄像机的数量来划分。

（1）小型电视监控系统：一般摄像机数量＜10个。

（2）中型电视监控系统：一般摄像机数量在10～100个范围内。监控系统可根据管理需要，设置若干级管理的控制键盘及相应的监视器。

（3）大型电视监控系统：一般摄像机数量＞100个，它是将中型监控系统联网组合而成的，系统设总控制器和分控制器进行监控管理。

二、闭路电视监控系统的组成

电视监控系统的工作原理如图4-3所示，依功能可以分为：摄像、传输、控制和显示与记录四个部分。

1. 摄像部分

摄像部分包括摄像机、镜头、防护罩、支架和电动云台等，是安装在现场的装置，它的任务是对被摄体进行摄像，并将其转换成电信号。其中，摄像机的类型有以下几种。

（1）按性能分：普通摄像机、暗光摄像机、微光摄像机、红外摄像机。

（2）按功能分：视频报警摄像机、广角摄像机、针孔摄像机。

（3）按使用环境分：室内摄像机、室外摄像机。

2. 传输部分

传输部分一般包括线缆、调制与解调设备、线路驱动设备等，它的任务是把现场摄像机发出的电信号传送到控制中心。传输电缆的类型有以下两种。

（1）同轴电缆：用于传输短距离的视频信号。

（2）光缆：常用于长距离传输视频及控制信号。

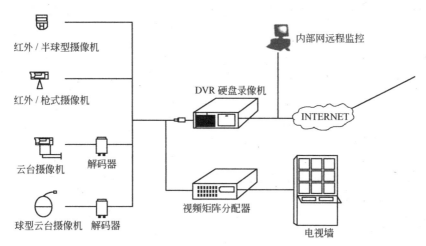

红外 / 半球型摄像机

红外 / 枪式摄像机

DVR 硬盘录像机

内部网远程监控

INTERNET

云台摄像机　　解码器

视频矩阵分配器

球型云台摄像机　解码器

电视墙

图 4-3　电视监控系统原理图

3. 显示与记录部分

它包含的主要设备是监视器和录像机。主要任务是把从现场传来的电信号转换成图像，在监视设备上显示出来，或者在有必要时用录像机记录下来。

（1）显示终端（监视器）：由前端摄像机传送到终端的视频信号，由监视器再现为图像。

（2）录像机：通过磁头与涂有强磁性材料的磁带之间的作用，把视频和音频信号用磁信息方式记录在磁带上。

4. 控制部分

负责所有设备的控制和图像信号的处理。如电动变焦镜头的控制、云台的控制、切换设备的控制、分区控制功能、分组同步切换、任意切换等。控制设备主要有以下几种。

（1）视频切换器：具有画面切换输出、固定画面输出等功能。

（2）多画面分割控制器：具有顺序切换、画中画、多画面输出显示回放影像，互联的摄像机报警显示，点触式暂停画面，报警记录回放，时间、日期、标题显示等功能。

（3）矩阵切换系统：包括分组同类切换、任意切换等功能。

三、闭路电视监控系统设备及使用

1. 摄像机、镜头

使用中应注意以下要点：

（1）操作云台旋转时，不能将摄像停留在逆光摄像处；

（2）电压过低，会增加图像杂波，引起彩色失真；

（3）遇有风沙，或是空气过于混浊，室外系统清晰度必然下降；

（4）摄像机上的灰尘或水蒸气，应用软布轻轻擦拭；

（5）摄像机镜头上的灰尘，应使用镜头清洁剂、橡皮吹子、鹿皮等专用物品进行清理，切忌擦镜片。

2. 云台、支架

云台、摄像机、防护罩、射灯等都要由支架承担着重量。因此，安装不牢固可能会出现支架活动现象，在监视器上表现为图像的大幅度闪过或跳动（脉冲干扰也如此），值机人员如果发现此情况，应及时报知有关人员修复。

注意发现云台的噪声、云台转动的不平稳和刹车回程现象，这些在图像上表现为跳动，应及时报知有关人员修复。

3. 解码器

解码器的作用是将操作人员的指令、变换成电信号，控制前端设备动作。遇有丢码现象，应及时报知有关人员修复。

4. 防护罩

防护罩是保护摄像机的，有室内、室外之分。其功能为：保护摄像机免受冲击、碰撞，自动温度调节、除尘、防潮、雨刷等。防护罩是密封结构，不准私自拆卸。

5. 传输线路

使用者要经常检查电缆接头是否接触良好，特别是一座楼的最高层和最底层，电缆接头最易损坏，如氧化变质等。视频电缆的损坏或变质会造成图像模糊不清。若控制电缆发生故障，则导致受控设备反应不灵敏甚至完全失控。老鼠经常出没的地方，线路也容易遭到破坏，如天花板内的走线就应经常检查。

6. 监视器

监视器有彩色与黑白之分。它们又各自分为专用监视器、监视/接收两用机和由电视机改成的监视器。在由几台或多台监视器组成的电视监控系统中，作为主要监视用的监视器，叫主监视器，它是屏幕较大、清晰度较高的监视器，可以监视任意摄像机摄取的图像或进行时序显示。时序显示的时间、顺序均可人为设定。

7. 视频分配器

视频分配器是将一路视频输入信号分成多路同样的视频输出信号的装置。目前实际应用的视频分配器一般不止一路输入，而是多路输入和多路输出，其输入和输出路数用 $m \times n$ 表示。例如，1×4 表示一路输入，四路输出；2×8 则表示两路输入，每一路输入对应有 8 路输出。

8. 控制键盘

控制键盘是人机对话的窗口，值班人员通过键盘向前端设备发出指令：如控制前端摄像机的开启与关闭、云台的转动，以及对视频信号的遥控和切换等。

以上叙述了单体形式设备的功能和使用，事实上，电视监控系统的终端设备种类繁多，功能各异，有的小型控制设备只控制云台及镜头；稍大一点的控制设备是将各单体设备，做成功能板置于同一机壳内，构成控制矩阵；而大型电视监控系统，特别是一个集入侵、防火、电视监控、通信联络等于一体的系统，一般要用多功能控制台或大型矩阵控制器。采用微机控制的报警、监控系统近几年发展很快，通过微处理器、电源板、视频输入板、视频输出板等，可完成综合控制台或大型控制器的全部功能。

微机控制系统主要功能操作如下（键盘式）。

（1）视频切换。通过键盘输入摄像机编号和监视器编号，就可在监视器上显示该摄像机的图像。

（2）对摄像机、镜头、云台的控制。通过键盘输入摄像机编号，再按控制镜头的变焦距等键，即可在监视器上观察该摄像机摄取的图像；通过键盘还可控制该摄像机云台的上、下、左、右动作。

（3）预置观察位置。可对每台摄像机预置几个画面方位、焦距等。需要时只要按动预置键，即可显示出预置画面。

（4）视频信号的时序显示。可编排现场图像在监视器上显示的时间（0～59s）和顺序。

（5）报警联动。通过键盘将某些摄像机预置为报警状态。如遇报警、摄像、灯光等将立即打开，现场图像立即在监视器上显示，录像机也开始进行录像。

（6）辅助开关功能。送入摄像机编号，再操作相应的按键，即可完成该摄像机电源开关、雨刷、除霜等动作。

（7）字符显示。在监视器出现图像的同时，也将摄像机编号、摄像机位置编号、时间等同时显示出来。

（8）报警状态的优先显示。无论值班人员监视哪一路摄像机的图像，一旦报警发生，都将自动切换到报警区摄像机的现场图像。

第四节　火灾自动报警系统

一、火灾自动报警系统及原理

火灾自动报警系统是人们为了便于早期探测、早期报警，及早发现火灾，而设置在建筑物中或其他场所的一种自动消防设施。统计表明，凡是安装了火灾自动报警系统的场所，发生火灾时一般都能及早报警，及早扑救，酿成重大火灾的可能性就会减小。

火灾自动报警系统的运作原理是，在火灾初期，系统将探测到的火场燃烧产生的烟雾、热量和光辐射等物理量变化，转变成电信号，传输到控制装置，通过控制装置进行处理后，发出火灾报警信号，达到自动报警功能。

具体工作过程为：火灾探测器通过对火灾发出燃烧气体、烟雾粒子、温升和火焰的探测，将探测到的火情信号转化为火警电信号。火灾报警控制器接收到火警电信号，经确认后，一方面发出预警、火警声光报警信号，同时显示并记录火警地址和时间，告诉消防控制室（中心）的值班人员；另一方面将火警电信号传送至各楼层所设置的火灾显示盘，火灾显示盘经信号处理，发出预警和火警声光报警信号，并显示火警发生的地址，通知楼层值班人员立即查看火情，并采取相应的扑灭措施。

二、火灾自动报警系统的组成

火灾自动报警系统是由触发器件、火灾报警装置、火灾警报装置，以及具有其他辅助功能的装置组成。

1. 触发器件

在火灾自动报警系统中，自动或手动产生火灾报警信号的器件称为触发件，主要包括火灾探测器和手动火灾报警按钮。火灾探测器是能对火灾参数（如烟、温度、火焰辐射、气体浓度等）响应，并自动产生火灾报警信号的器件。按响应火灾参数的不同，火灾探测器分成感温火灾探测器、感烟火灾探测器、感光火灾探测器、可燃气体探测器和复合火灾探测器五种基本类型。不同类型的火灾探测器，适用于不同类型的火灾和不同的场所。手动火灾报警按钮是手动方式产生火灾报警信号、启动火灾自动报警系统的器件，也是火灾自动报警系统中不可缺少的组成部分。

2. 火灾报警装置

在火灾自动报警系统中，用以接收、显示和传递火灾报警信号，并能发出控制信号和具有其他辅助功能的控制指示设备称为火灾报警装置（图4-4）。火灾报警控制器就是其中最基本的一种。火灾报警控制器担负着为火灾探测器提供稳定的工作电源，监视探测器及系统自身的工作状态，接收、转换、处理火灾探测器输出的报警信号，进行声光报警，指示报警的具体部位及时间，同时执行相应辅助控制等诸多任务。它是火灾报警系统中的核心组成部分。

在火灾报警装置中，还有一些如中断器、区域显示器、火灾显示盘等功能不完整的报警装置，它们可视为火灾报警控制器的演变或补充。在特定条件下应用，与火灾报警控制器同属火灾报警装置。

火灾报警控制器的基本功能主要有：主电、备电自动转换，备用电源充电功能，电源故障监测功能，电源工作状态指标功能，为探测器回路供电功能，探测器

图 4-4　火灾报警装置

或系统故障声光报警，火灾声、光报警、火灾报警记忆功能，时钟单元功能，火灾报警优先报故障功能，报警消音及再次声响报警功能。

3. 火灾警报装置

在火灾自动报警系统中，用以发出区别于环境声、光的火灾警报信号的装置称为火灾警报装置。它以声、光音响方式向报警区域发出火灾警报信号，以警示人们采取安全疏散、灭火救灾措施。

4. 消防控制设备

在火灾自动报警系统中，当接收到火灾报警后，能自动或手动启动相关消防设备并显示其状态的设备，称为消防控制设备。它主要包括火灾报警控制器、自动灭火系统的控制装置、室内消火栓系统的控制装置、防烟排烟系统及空调通风系统的控制装置、常开防火门、防火卷帘的控制装置、电梯回降控制装置，以及火灾应急广播、火灾警报装置、消防通信设备、火灾应急照明与疏散指示标志的控制装置等控制装置中的部分或全部。消防控制设备一般设置在消防控制中心，以便于实行集中统一控制；也有的消防控制设备设置在被控消防设备所在现场，但其动作信号则必须返回消防控制室，实行集中与分散相结合的控制方式。

5. 电源

火灾自动报警系统属于消防用电设备，其主电源应当采用消防电源，备用电源采用蓄电池。系统电源除为火灾报警控制器供电外，还为与系统相关的消防控制设备等供电。

三、火灾自动报警系统的检查与维护

（一）检查内容和方法

火灾自动报警系统投入运行后，应进行定期检查和试验，以确保系统正常和可靠性。检查内容和方法如下。

1. 系统外观检查

（1）查系统线路连接是否完好；

（2）查探测器是否有损坏；

（3）查报警控制器的各种旋钮，有无松动、断裂、损毁，开关、插件等外形和结构是否完好。

2. 系统的功能、性能检查

（1）通过火灾报警控制器上的手动检查装置，检查报警控制器的各项功能是否正常，包括火警、各类故障监控功能、消音功能等是否正常。

（2）切断交流电源，观察备用电源自动投入工作情况，各项功能是否正常。

（3）观察各电压表、电流表的指示值是否正常。

（4）所有指示灯、开关、按钮应无损坏及接触不良情况。

3. 试验性检查

（1）进行探测器的实效模拟试验，按说明书的要求，用专用加烟、加热试验器（无专用工具的可采用电热吹风等器具），分期分批试验探测器的动作是否正常，指示灯显示是否清晰。发现有故障的应及时更换。

（2）试验火灾警报装置的声、光显示是否正常。

（3）拧下任何一个火灾探测器时，报警控制器上应有故障显示，检查报警控制器输出的灭火控制接点动作情况。

（二）系统的维护

（1）对系统应有专人负责管理、操作和维护，无关人员不得随意触动。

（2）系统的操作维护人员应由经过专门培训，并经消防监督机构组织考试合格的人员担任。值班人员应熟悉掌握本系统的工作原理及操作规程，清楚地了解本单位报警区域和探测区域的划分和火灾自动报警系统的报警部位号。

（3）使用单位必须具备下列文件资料：系统竣工图、设备技术资料和使用说明书；调试开通报告、竣工报告、竣工验收情况表；操作使用规程、值班员职责书、记录和维护图表。

（4）使用单位应建立系统的技术档案，将上述所列的文件资料及其他有关资料归档保存。其中试验记录表至少应保存5年。

（5）火灾自动报警系统应保持连续正常运行，不得随意中断。一旦中断，必须及时向本单位领导和有关管理部门报告，并通报当地公安消防部门。

（6）为了保证火灾自动报警系统的连续正常运行和可靠性，使用单位应根据本单位的具体情况，制定出具体的定期检查试验程序，并依据程序对系统进行定期的检查试验。在任何试验中，都要做好准备和安排，以防发生不应有的损失。

（7）感温、感烟探测器投入运行一年后，每隔3年必须由专门清洗单位全部清洗一遍，清洗后应做必要的功能试验，试验不合格的一律报废，且更换。

（8）为确保火灾自动报警系统的完好，工作正常，系统应由消防监督机构认可的维修单位进行维护，运行中如发现设备运行不正常，应及时检修并做记录。

四、火灾报警控制器的操作

1. 火灾报警控制器的显示

（1）显示控制器的电源参数。如过压保护、欠压保护、交直流工作显示、时间显示等。

（2）显示报警系统的故障总灯。主要对火灾报警控制器与外接设备连接线路故障和控制器内部故障以光信号报警。

（3）显示报警系统的火警总灯。当有火灾发生的情况下，以光信号报警。

（4）火灾报警控制器声响报警。一般分为两种：在火灾报警情况下，控制器发出连续的变调声响；在故障状态情况下，控制器发出断续的声响。

（5）时间显示。在设备运行时可记录火警和故障报警的日期和时间。在正常情况下显示当前时间。

（6）部位显示。正常状态时，没有显示。火灾报警时，显示火灾发生地点火灾探测器的部位号或编号；火灾探测器故障时，显示探测器发生故障地点的部位号或编号。

2. 火灾报警控制器的按键操作

（1）启动键。用来启动各种接口模块。

（2）复位键。将火灾报警控制器当前状态下各种报警信息（包括火警和故障）清除，使控制器回到初始工作状态。

（3）自检键。检查火灾报警控制器本身性能是否处于正常工作状态，诸如：控制器各报警回路能否正常工作；控制器操作面板上的各种指示灯是否正常等。

（4）消声键。对控制器的火警声和故障报警声作暂时的消除处理。当其他未报警部位的火灾探测器动作时，控制器会再次发出火灾报警信号。

第五节　访客对讲系统

一、访客对讲

在住宅楼的每个单元首层大门处设有一个电子密码锁，每个住户使用自己家密码开锁（此密码可根据需要随时修改），以保证密码不被盗用。来访者进入时需按动大门上主机面板上对应房号，此时被访者家的分机发出振铃声，被访者摘机与来访者通话确认身份后，按动分机上遥控大门的电子锁开关，打开大门允许来访者进入，来访者进入后闭门器使大门自动关闭。

来访者如要向管理处的保安人员询问事情时，也可通过按动大门主机上的保安键与之通话。

此系统还具有报警和求助功能，当住户家中遇到突发事件（如火灾）时，可通过对讲分机与保安人员取得联系，以便及时得到救助。

二、访客可视对讲

本系统与访客对讲系统的区别是在大门入口处增加了摄像机，对讲分机处设有显示屏。当来访者按通被访者家可视分机号时，其摄像机就自动开启，被访者可通过分机上的显示屏识别来访者的身份。在确认无误后可遥控开启大门电子锁。管理处保安人员也可根据需要开启摄像机监视大门处来访者，在分机控制屏上监视来访者并可与之对讲。

访客对讲系统可在小区出入口的保安室内安装对讲管理员总机，在各单元门口安装防盗门及对讲主机，在住户室内安装室内对讲机。当来访者进入小区时，保安人员通过对讲管理员总机与住户对话，确认来访者身份后，方可使其进入。各单元门口访客再通过对讲主机呼叫住户，对方同意后方可进入楼内，从而限制了非法人员进入。同时，住户家中发生抢劫或住户突发疾病时，也可通过该系统通知保安人员，以得到及时的支援和救助。

第六节　保安巡更管理系统

一、保安巡更管理系统的组成

保安巡更管理系统的系统结构由现场控制器、监控中心、巡更点匙控开关、信息采集器等组成。通常现场控制器与监控中心可以与防盗报警系统共用。巡更点匙控开关可以接在就近的现场控制器或防盗报警控制主机上。

二、巡更管理系统的功能

（1）保证巡更保安人员能够按巡更程序所规定的路线与时间，到达指定的巡更点进行巡视，不能迟到，更不能绕道。

（2）对巡更保安人员自身的安全要充分保护。通常在巡更的路线上安装巡更开关或巡更信号箱，巡更人员在规定的时间内到达指定的巡更点，使用专门的钥匙开启巡更开关或按下巡更信号箱上的按钮，向系统监控中心发出"巡更到位"的信号，系统监控中心同时记录下巡更到位的时间、巡更点编号等信息。如果在规定的时间内，指定的巡更点未发出"到位"信号，该巡更点将发出报警信号；如果未按顺序开启巡更开关或按下按钮，未巡视的巡更点也会发出未巡视的信号，中断巡更程序并记录在系统监控中心，同时发出警报。此时，应立即派人前往处理。

三、监控中心的功能

（1）用彩色图形显示巡更路线、巡更到位情况、巡更不到位报警，在不到位的巡更点要求有提示性的信息，例如有明显的闪烁，并发出报警声。

（2）为保安人员制定多种巡更时制，操作人员只需简单操作即能选定。

（3）可以维持两个同时进行的巡更时制。

在保安巡更管理系统中，有的还配备有对讲机或对讲驳接插座，方便同系统监控中心报告情况。巡更程序的编制应具有一定的灵活性，对巡更路线、巡更方向，以及各巡更点之间的到达时间，都应该能够方便地进行调整，为了巡更工作具有保密性，巡更的路线也应该经常更换。

第五章
物业消防管理

Chapter 05

消防管理在物业管理中占有头等重要的地位。物业小区消防不仅关系到小区业主生命和财产的安全，而且还涉及社会的安定与经济的健康发展。物业管理中最常见的意外事故之一是火灾，给业主的生命、财产带来的最大危害也是火灾，搞好消防工作是物业安全管理和社会安定的重要保证。

第一节　消防管理工作的要点

一、消防管理工作概要

物业的安全问题始终是物业管理人员无法回避的问题，物业的安全从其性质可分为治安安全与消防安全两大类。随着现代物业规模的日趋完善，设施设备的日趋高档，现代化的保安系统也走进了各类型物业，也就是说，如今治安安全在很大范围内，基本上可以通过技术防范措施得以解决。而现代物业的规模越大，配套设施设备的功能越齐全，也就意味着消防安全对于物业管理越重要。实践证明，一旦发生火灾事故，它所造成的损失和破坏极大，甚至会危及整个物业的安全。因此，要消灭每一处消防隐患，把每一起火灾事故消灭在萌芽状态，就必须要求物业管理人员贯彻执行"预防为主、防消结合"的方针，实行全面细致的巡查制度和周密可行的防火应急方案。

（1）物业的防火工作根据"预防为主，防消结合"的方针，本着自救的原则，依靠物业用户实行综合治理，并接受上级领导监督，同时根据物业楼层平面，建立消防疏散通道，制定消防安全管理方案等。

（2）管理处加强宣传消防法律、法规和防火安全知识工作，所有物业管理人员必须培训上岗，并对业主进行经常性的防火安全宣传教育。

（3）管理处制定防火管理制度，定期组织防火安全检查，掌握物业内的防火情况，协调有关方面采取相应措施，并监督实施。

（4）管理处负责组织业主开展防火自查，督促其整改火险隐患，保证物业内外消防通道的通畅。

（5）实行人防、技防的有效结合，除加强员工的消防意识培训和技能培训外，还应对物业的消防系统和内部消防设施进行定期联动测试。在气候干燥、火灾高发期，需要特别注意防火，应制定严格的消防管理制度，结合物业的具体情况制定切实可行的灭火方案，在出入口处的醒目位置，设置"严禁火种入内"、"严禁吸烟"、"严禁烟火"等标示牌，禁止物业用户和外来人员携带易燃、易爆物品进入物业内，在物业入口处设置存物柜，以便大件物品、提包等在入口处存放。

（6）定期进行消防实战演习，内容包括：人员逃生、救生、常用消防工具的使用、火灾时人员紧急疏散、物业各消防系统的功能检测等。

（7）小区内各地点要配备符合标准的消防设备，工程维修人员应每月对消防监控设备设施进行维修保养，每日按班巡查，确保其运行正常。消防监控应保持 24 小时由专业人员监控，随时记录监控情况。小区各地点应配备的消防设备如表 5-1 所示。

表 5-1　小区各地点应配备的消防设备

序号	地点	消防设备配置要求	管理规定
1	消防监控中心	手提式 CO_2 气体灭火器 4 个 ABC 干粉灭火器 4 个 消防扳手 2 把、消防斧 1 把 消防服 1 套（含头盔、消防靴） 防毒面具 4 个 沙子 2 袋 锯子 2 把 消防腰带 2 条 消防锤 1 把 铁铲 2 把 铁锹杆 4 支 錾子 2 把 消防桶 2 个	1. 消防器材由管理处统一管理 2. 所有消防器材均作为消防应急使用，严禁擅自使用 3. 配置的消防器材由存放地点的值班人员进行日常管理 4. 公共场地、楼层、停车场的消巡视检查一遍，相关记录应记在消防器材由消防管理员每月下旬全面防器材检查记录上
2	保安岗亭	ABC 干粉灭火器 2 个	
3	设备房	ABC 干粉灭火器 2 个	
4	停车场、地下车库	手提式 CO_2 气体灭火器每 $50m^2$ 2 个 推车式 ABC 干粉灭火器/推车式 CO_2 气体灭火器 1 个	
5	大堂	ABC 干粉灭火器 4 个	

（8）保安员要每 2 小时巡查一次，确保各处消火点设备齐全，各消防通道畅通无阻，随时发现隐患，把事故处理在萌芽状态，尽量杜绝事故的发生，保安及消防工程人员每月对物业内消防系统及消防存在的问题、隐患进行总结，并报告给管理处主任。

（9）任何情况下消防设施停水、停电不得过夜。

（10）管理处积极组织义务消防队员及物业用户，进行初期火灾扑救和安全疏散演练。

（11）严禁外来装有危险品车辆进入住宅区停放，制止儿童在住宅区内玩火。

（12）管理处员工及物业用户，有责任发现初期火灾后按规范进行处理，对情况严重的，应及时拨打"119"电话求救，并协助维持火灾现场秩序，配合事故处理。

（13）管理处接到火灾报警后，在向消防机关准确报警的同时，应迅速奔赴现场，启用消防设施进行扑救，并协助消防部门查清火灾原因。

（14）消防事故必须记录在案，事后应组织人员总结，对事故责任人进行追究。

二、消防管理规定

（一）物业用户的消防管理规定

（1）严禁存放易燃易爆、有毒和腐蚀性物品，确因工作需要使用时，事前必须报告地方主管消防的政府部门批准后方可带入，违者追究当事人和使用单位的责任，造成事故者送交公安机关处理。

（2）禁止占用物业内各安全通道、安全出口及消防通道等部位，必须保持通道畅通，严禁堆放物品。

（3）配电室、变压器房、空调机房、消防控制中心等重点部位，严禁堆放可燃物品，严禁吸烟及人员入内。

（4）严禁挪用、损坏物业内配置的消防器材、设备、设施，人为损坏除照价赔偿外，将给予相应追加处罚。

（5）不得损坏物业内安装的疏散指示灯、应急灯、安全防火门等。

（6）商业物业在日常营业中使用的易燃气体、酒精、香蕉水、汽油等要配备专人负责，统一保管，用后残液要带出场外处理。

（7）严格执行用火、用电管理，物业各部门、各用户不准乱拉、乱接电线，严禁使用电热器具，各类电气设备要配备相应的保险装置。

（8）严禁摆弄、玩耍消防设备、设施和消防器材，影响其功能的发挥。

（9）遵守安全用电管理规定，严禁超负荷使用电器，以免发生事故。

（10）各住户进行室内装修，必须向物业服务中心提出书面申请，经批准后方可动工。需要增设电气线路时，必须符合安全规定，严禁乱拉、乱接临时用电线路。装修时应采用不燃材料，使用易燃或可燃材料的，必须经消防部门批准，按规定进行防火处理。

（11）发生火警，应立即告知物业服务中心或拨打火警电话"119"，并关闭电闸，迅速离开住所。消防指挥部在发生火灾时，统一组织和指挥火场扑救工作，有权调动管理各住户、各部门工作人员。安全部负责火场的扑救，抢救人员及物资，同时协助公安消防部门调查火灾原因。

（12）根据相关消防管理规定，有下列情形之一的，依其情况，对直接责任人予以处罚，经报请有关部门批准，可处行政拘留。

① 占用或封堵楼梯、走道或安全疏散出口。

② 封闭或损坏安全疏通指示、事故照明设施或消防栓。

③ 不按规定使用液化石油气。

④ 乱拉、乱接电气线路。

⑤ 擅自挪用灭火工具、器材或消防备用水源。

（13）有下列情形之一的，责令停止作业，并根据情况予以直接责任人相应处罚。

① 未办理申请报批手续即进行室内装修。

② 室内装修所用材料不符合防火要求，不进行防火处理。

③ 烧焊、用火、用电作业，防火安全保障措施不落实。

（14）物业用户必须服从消防部门和管理处有关防火方面的管理。刁难辱骂或以暴力、威胁等手段妨碍消防监督工作人员依法执行职责的，对直接责任人予以处罚，经报请有关部门批准，可处行政拘留，直至依法追究刑事责任。

（二）二次装修的消防管理规定

为了更好地实行消防安全管理，应加强物业用户二次装修的消防管理，以保证装修施工场地及物业用户人身财产的安全。

（1）施工现场必须按装修的实际面积和使用材料，配备相应数量的灭火器（2kg 以上）：100m² 以下配 2～3 支；100m² 以上配 3～4 支；半层配 3～4 支；全层配 8～10 支。

（2）对于复杂装修、大面积装修及相关商铺的装修，装修施工单位必须提供消防报批手续及灭火方案后方可开工。

（3）施工现场严禁吸烟及使用明火烧杂物、弯胶管等。

（4）禁止将易燃、易爆、腐蚀性、有毒等危险物品带入物业内。

（5）装修工程所需的有机溶剂、油漆等材料，只允许带进当天装修所需用量，当天离开时一律带走，不得储存、堆放在物业内。

（6）严格遵守安全用电规定，未经批准不得乱拉、乱接电线或超负荷用电。

（7）室内布装电线时，必须使用阻燃性绝缘导线，并穿硬塑料管或钢管进行明、暗敷设，绝缘导线的绝缘强度应符合电源电压要求。

（8）室内装修时必须严格按消防安全要求执行，使用不燃或难燃的防火材料，不得使用易燃材料。

（9）动用明火时，在计划动火作业前，必须先向物业公司安全部提出申请，严格按临时动火作业安全管理规定作业。

（10）未经申报批准，不得擅自改动烟感器、喷淋头、紧急广播喇叭和消防栓等消防设备。

（11）室内装修间隔必须符合消防安全规定要求，如间隔封顶、间隔内无烟感喷淋的加装等。

（12）装修施工不得遮挡消防设施、疏散指示标志及出口，不得妨碍消防设施和疏散通道的正常使用。

（13）为避免施工场地粉尘过大引起烟感报警，每日施工前必须报经安全部同意后，用胶纸袋将烟感器包住，施工结束后将包裹物去掉，恢复烟感器的正常工作状态。

（14）每日施工结束离场前，应通知安全部主管派专人到场进行消防安全检查，确认无安全隐患后方可锁门离开。

（三）易燃物品存放的消防管理规定

（1）应严格执行《危险化学品安全管理条例》的有关规定。

（2）性质特别危险的物品，必须单独储存；性质互相抵触的、灭火方法不同的物品，应分开隔离储存。

（3）遇水发生危险的物品，不得存放在露天或低洼容易受潮的地方；遇热分解、自燃物品，应储存在阴凉、通风的库房内。

（4）对存放的物品必须定期进行检查，一旦发现有破损、残缺或物质变质分解等情况，应立即采取措施。

（5）定期检查库内电气、照明设备，做好清理、更换工作。

（6）在库内开启易燃物品的容器时，严禁使用能够产生电火花的工具。

（四）临时动火的管理规定

（1）临时动火规章制度。为了加强物业公司自身及外单位在辖区内的动火管理，切实保证消防安全措施的落实，确保业主（租户）的生命、财产安全，物业公司必须制定临时动火规章制度。该制度主要包括下列内容。

① 本单位及外单位在物业辖区内进行临时动火工程时，必须事先通知消防监控中心，在管理处办理动火作业手续。施工单位动火前必须采取切实有效的防火安全措施，管理处应派人监督，待动火完毕后立即清查现场。

对私自动火作业的，一经发现，对施工单位除责令其补办动火作业手续外，还要对施工人员及负责人进行处罚。一旦造成事故，除加重处罚外，还应追究其法律责任。

② 在重点部位、危险地段（变压器室、配电房、汽车库、发电机房、楼层、办公室等处）动火，必须经管理处主任批准并做好防范工作方能动火。

③ 配电房及重要机房内不准堆放可燃物品，不准吸烟，消防设备旁边不准堆

放任何杂物。

④ 要保持各走道、楼梯口等部位畅通，保证疏散标志和安全指示灯完好，禁止物业用户在走道、楼梯、垃圾桶旁烧纸、焚香。

⑤ 物业内所有人员必须遵守国家有关消防法律、法规和物业公司制定的消防管理规定。

（2）动火申请。在物业任何部位动用电焊、气焊、喷灯等明火，必须经部门领导同意，书面报安全部审核、批准（或持工作单）领取动火许可证后方可作业，由安全部负责审核、管理和签发动火许可证。安全部在审核下面所示的"动火作业申请表"（表5-2）的同时，必须到现场勘察，确认一切措施齐全，由消防负责人签字后方可发放动火许可证。

表 5-2　动火作业申请表

时间				
地点				
动火内容 （电焊、气焊、其他）		动火区域		
操作人员		操作证号码		
要求动火的理由：				
采取的安全措施：				
工程部主任意见：				

（3）动火审批。根据用火危险程度，审批动火管理权分为以下三级。

① 一级动火：须由用火部门防火负责人提前向物业公司安全部申请，提出初步动火施工方案和意见。由安全部认真检查施工现场后，定出可靠的防火措施，填写动火许可证（一级），对重大动火项目还要写出专题备忘录，再经公司防火委员会主任批准。批准后的动火许可证需报当地公安消防监督部门审批，经现场检查确认安全措施可靠，逐条落实后，方可准予动火。

② 二级动火：必须由用火部门防火负责人制定消防措施，填写动火许可证（二级）后，报公司防火委员会主任和安全部经理批准，安全部派专人到现场进行全程检查监督。

③ 三级动火：必须由用火部门防火负责人制定消防措施，填写动火许可证（三级）后，报安全部经理批准，安全部派专人到现场进行全程检查监督。

（4）动火前准备

① 防火、灭火措施不落实不动火。

② 周围的易燃杂物未清除不动火。

③ 附近难以移动的易燃结构未采取安全措施不动火。

④ 凡盛装过油类等易燃液体的容器、管道，未经洗刷干净、未排除残存的油质不动火。

⑤ 凡盛装过气体受热膨胀有爆炸危险的容器和管道不动火。

⑥ 凡储存有易燃、易爆物品的房间、仓库和场所，未经排除易燃、易爆危险品时不动火。

⑦ 在高空进行焊接或开始焊割作业时，如下方可燃物品未清理或未采取保护措施的，一律不准动火。

⑧ 未配备相应灭火器材的，不准动火。

（5）动火中的注意事项

① 动火时，要指定现场安全负责人。

② 现场安全负责人和动火人员，必须经常注意动火情况，发现不安全因素时，要立即停止动火。

③ 发生火灾爆炸事故时，要及时扑救。

④ 动火人员要严格执行安全操作规程。

（6）动火后清理。动火人员和现场安全责任人在动火后，应彻底清理现场火种，确保火种完全熄灭，留现场观察15～30min才能离去。

（7）违反规定的处理。在物业范围内进行临时动火的单位或个人，违反上述各项规定时，物业公司安全消防现场负责人，有权视其情节轻重采取以下处理措施：限时整改；责令立即停止动火作业；移交消防管理部门处理。

三、消防安全检查

（一）消防安全检查的内容

（1）检查楼层所配备的消防灭火器材、消防栓设施是否齐全、有效。

（2）检查各楼层配电房、风机房、茶水间，以及顶层电梯机房等设施设备，是否符合消防安全规定，门锁是否完好。

（3）检查各楼层走廊、电梯厅、走火梯是否畅通，走火梯门、烟感探测器、指示灯是否正常。

（4）对于办公大楼，应检查楼内各公司的房间内是否有违反消防安全条例的事项，房间内所使用的电器是否符合安全规定，房间内是否按规定配备了一定数量的灭火器。

（5）对于重点防火区域，应检查区域内设备层各消防栓、灭火器是否完好；检查各机房、配电室的设施设备是否运转正常，机房、配电室内所配备的灭火器材是否完好；检查各走廊、走火通道是否畅通，指示灯及烟感报警系统是否正常，自动消防设备是否在联动位置。

（6）对于下列场所，应增加巡视频率：扑灭火灾后的现场、在动火作业的前后、重点防火的部位、装修施工现场、地下设备机房。

（7）检查中如发现物业内各种设施设备有异常，或有其他违反消防安全规定的问题，要立即查明原因，提出处理意见。对不能立即解决的，要制定限期整改计划。

（二）消防安全三级检查制度

1．一级检查由安全部指导、监督各部门组织实施

（1）每个员工每天对本岗位、本地段的消防安全情况进行一次检查，排除自身能够排除的火情隐患，对不能排除的隐患要及时上报，否则发生事故要由本部门负责人或本岗位当班人员负责。

（2）消防助理负责对物业的消防设备、设施及消防安全情况进行日常检查，并将检查情况进行记录。施工现场的防火安全，也由消防助理每天进行检查。

（3）安全部主管每周将检查情况向管理处主任汇报。

2．二级检查由管理处组织实施

（1）管理处主任每周组织物业部等部门对管辖地段的设备物资（特别是易燃易爆物品）进行一次检查。

（2）检查各部门对消防安全工作的执行落实情况，处理及整改火情隐患，对员工进行安全教育。

（3）每月向公司消防责任人汇报一次管理处消防安全情况。

3．三级检查由公司总经理实施

（1）每月由公司总经理或由总经理授权他人对各部门进行重点检查或抽查，尤其是每年"元旦"、"春节"、"五一"、"十一"前要组织防火安全大检查，公司消防责任人（总经理）每年至少要进行一次全面检查。

（2）检查各管理处贯彻执行消防安全制度的情况，重点检查要害部位的消防安全管理及执行情况，好的要给予表扬奖励，差的要进行批评处罚，奖优惩差。

各级检查要认真填写消防日检登记表、消防安全周检、月检、季检、年检记录，并将这些记录统一由消防中心存档。

（三）火险隐患整改制度

（1）火险隐患包括现实的火灾危险和可以导致火灾发生的违章行为。

（2）隐患整改坚持班组、岗位能整改的不上交部门，部门能整改的不上交公司，公司能整改的不上交上级。

（3）按上级规定实行隐患立案，整改销案制度，对重大火险隐患有"三定"（即定人、定措施、定时间）整改方案，隐患未消除前，要有可靠的安全措施。

（4）因历史遗留的疑难隐患，由物业公司在今后的改造和发展中有计划、分步骤地解决，有关部门配合物业公司采取安全措施。

（5）对公安机关和上级主管部门检查提出和下达的火险隐患整改通知书，有关部门应整改，物业公司负责督促落实，并及时复函。

（6）对由物业公司检查出的火险隐患，通知后不及时整改的实行"处罚通知单"制度，由该部门主管经理签收处罚通知单并存档备查。

（7）对由消防部门及安全部发出的火险隐患通知书，或是由自己查出的隐患，要做到"四定，三不交"。

① "四定"，即定隐患性质，如重大隐患、一般隐患、不安全问题、不安全因素；定整改措施，根据隐患性质采取相应的整改措施；定整改负责人，依据"谁主管，谁负责"的原则，落实整改负责人；定实施整改时限，根据整改隐患因素定出解决隐患所需的最短时间。

② "三不交"，即班组能解决的不交部门，部门能解决的不交管理处，管理处范围内能解决的不交上级公司主管部门。

（四）火险隐患整改通知书使用规定

（1）各部门及外来施工单位在接到火险隐患整改通知书后，必须按照通知书上要求的期限进行整改。

（2）任何部门及外来施工单位不准拒收火险隐患整改通知书，如拒收，发生的一切后果由当事人自负。

（3）收到安全部下发的火险隐患整改通知书，对不执行整改的部门及施工单位，消防专管人员有权对其进行处罚。

（4）对不执行火险隐患整改通知书的部门及外来施工单位，出现的意外情况由当事人自负。

（5）过期整改发生的一切责任由当事人负责。

（6）火险隐患整改通知书必须通过主管消防工作的部门领导和消防主管共同签字方可有效。

（7）火险隐患的解决要严格按照消防部门提出的要求去做。解决完后，要报管理中心安全部和消防部门验收。

（五）消防安全检查记录

负责消防安全检查的值班人员，应填写"消防安全检查记录表"（表5-3）。

四、不同类型物业的防火措施

（一）一般物业的防火措施

根据"预防为主、防消结合"的原则，防火措施的实行是消防安全管理工作的重点，物业用户和物业管理人员都应遵守下列的防火措施。

表 5-3　消防安全检查记录表

年　月　日　　　　　　　　　　　班组：

项目	消防栓	应急灯	开关	防火门 电井门 机房门	通道	烟感器	报警 按钮	正压 送风口
巡视 检查 情况 记录								
其他 异常 情况 记录								
班长 抽检 评语								
主管 阅示					巡逻员签名：			

（1）严禁乱拉、乱接临时用电线路，电气线路需维修时应及时找管理处安排施工。

（2）严禁在物业内烧废纸、杂物，乱丢烟头或燃放烟花爆竹等。

（3）不准改变、拆除、封堵消防设施和消防通道。

（4）不准在楼道、过道设立仓库、堆放杂物，不准阻碍通道。

（5）严格执行装修审批手续、动火审批手续，保证各楼层有必要的消防设施。

（6）公共场所内严禁使用可燃性装修材料，室内使用可燃性材料要严格控制，并加以处理。

（7）配备火警的必需器材，如应急照明灯等。

（8）管理人员必须熟悉自动淋水系统的总控制位置，当听到淋水系统的警钟声时，应立即报告消防局和安全部领导，同时报告中心领导，如警钟声为断断续续，则应检查水压表，如水压表跌至零度则应通知工程部值班室。

（9）管理人员应熟悉消防器材存放的位置及其使用方法，如发现消防器材失效或损坏，应立即报告安全部或管理处领导。

（10）当管理人员发现物业内有浓烟冒出或闻到有燃烧焦味，应立即前往查看，同时报告消防局及安全部。如因电线短路而失火，首先应关闭电闸，如若扑救无效，则应立即通知消防局及管理处；如发现大火应立即响警钟，报告消防局疏散人员，然后备齐所有门匙等候消防员到达，然后带领至现场，交由消防员处理。疏散时尽可能将门窗关闭，以避免火热蔓延，应从走火通道走，决不可搭乘电梯。

（11）事后消防员离开现场，保安员应恢复巡更工作，特别留意保护火警现场。

（二）商场的防火措施

（1）售货现场内，除业务经营中少量易燃物品（如烟、酒）外，禁止存放各种易燃、易爆物品，包括纸盒、纸箱等杂物。

（2）商场内的库房（特别是酒库）要有专人负责，库内码垛要整齐，留有充足的消防通道。保管人员要经常检查、巡视，防止漏电、跑电起火事故发生。

（3）下班时工作人员应关闭电源，锁好柜门、房门后方可离开。

（4）商场内严禁吸烟，杜绝一切火种。

（5）禁止存放易燃、易爆物品。

（6）不得在商场内乱丢纸张及其他可燃品。

（7）不准乱拉临时用电线路，以及在商场内使用任何电热器具。

（三）地下车库的防火措施

（1）按时清扫车库、车场地面上的垃圾和废弃物，以防有火种发生火灾。

（2）禁止在车库、车场内堆放各种包装物、纸张及汽油等易燃品。

（3）擦车用的物品和车内脏物要放在加盖的金属桶内，并定期清理，禁止往车库或车场内乱仍乱倒。

（4）禁止在车库、车场内维修保养车辆。

（5）车库、车场内严禁吸烟。

（6）按顺序停放车辆并保持距离，不准在通道上停车。

（7）出现火情要及时疏散车辆并组织扑救，迅速报警。

（四）用户办公室的防火措施

在楼内，以楼层防火门为分界点设立防火分区，每个防火分区均设有防火责任人，加强监控中心的监控和日常巡视检查，发现事故隐患应及时排除，保持消防设备设施完好。

（五）会展中心的防火措施

会展中心是一个集会议、演出、放映于一体的多功能建筑，活动时人流密度高，其舞台设备功率大，局部发热量较大，因此，应杜绝电气设备超负荷运行，避免电气着火事故发生。会展中心内严禁吸烟，在醒目位置悬挂各类防火标示牌，活动进行前，管理人员应提前到位，对会展中心进行全面检查；活动进行中，管理人员与设备维护人员共同坚守现场，确保消防通道畅通无阻；活动结束后，及时全面检查会展中心内外，对不必要使用的用电设备一律切断电源，消除安全隐患。

（六）食堂的防火措施

食堂存在的火灾隐患较多，除严格按公司规章制度实施管理外，应加大消防检查力度，特别对操作间内易污染的烟感、温感、喷淋头应经常进行清洗，保持设备设施的正常工作状态；定期对食堂排烟道的油垢进行检查和清理，避免发生局部的小火情。经常检查燃气管道及点火器具，还应定期请燃气公司的专业人员前来检查，并及时调整或更换不合格的零件；严禁用潮湿或浸水物品操作电动加工机械加工食品，下班后离开时关闭照明用电或不必要使用的动力电源。

（七）机房的防火措施

机房是重点防火区域，应设置专门消防责任人，定时、定期检查、保养消防设备设施和其他电气设备，杜绝电气设备超负荷运行现象，避免电气着火现象发生。机房内严禁吸烟，在醒目位置悬挂各类防火标示牌。

1. 消防水泵房的防火措施

（1）严禁非工作人员进入泵房，泵房内不准私人会客。

（2）严禁携带剧毒物品进入泵房。

（3）泵房内禁止吸烟。

（4）泵房内不得随便使用明火，必要时需在安全部办理动火手续后方可使用。

2. 电梯机房的防火措施

（1）电梯机房内严禁吸烟，禁止存放各种油料、纸张和易燃易爆物品，严禁将电梯机房兼作库房或其他工作间。

（2）定期打扫电梯机房、梯箱顶部和梯井底部，及时清除布毛、纸屑、垃圾等可燃物。

（3）严禁使用汽油等易燃液体清洗部件。使用可燃液体清洗部件时，应采取有效措施，以防着火，抹布等要妥善处理好，不得乱扔乱放。

（4）未经批准严禁明火作业，如需明火作业时，应经部门主管签字确认后，到安全部领取动火许可证方可作业。

（5）消防器材放置在指定的位置，严禁随意挪动。机房工作人员必须熟悉消防器材放置的地点，掌握消防器材的使用方法，负责扑救初期火灾。

3. 地下层、机械层和设备间的防火措施

（1）严禁在设备间内吸烟、动用明火。如需动用明火作业时，应经部门主管签字后，到安全部领取动火许可证方可作业。

（2）工作人员要严格遵守操作规程，禁止存放各种易燃化学危险物品。

（3）严格执行交接班制度，做好值班记录，当班人员要随时注意设备运转情况，发现问题要及时维修，如需关闭消防设备时，应提前 24 小时通知安全部。

（4）发生火灾时，工作人员要各负其责，及时按规定开闭各种设备。

（5）保持通道畅通，不得在门口、通道处堆放物品。

（6）严禁随意移动消防器材，值班人员必须熟悉消防器材放置的位置，掌握消防器材的使用方法，并负责扑救初期火灾。

第二节　消防培训与演习

一、消防知识的培训制度

（1）在物业内的宣传栏不间断地张贴消防法规、防火知识，并定期邀请消防中队前来举办消防知识讲座。物业管理公司还应向每户业主发放一册《消防知识手册》，同时联系部分消防器材商家到物业内定点服务，建议业主配置灭火器。

（2）公司每年至少两次对物业用户开展消防宣传教育培训，内容包括：物业防火工作的各项规定；手提式灭火器的使用方法；消防应急通道位置及紧急情况时的疏散方法。

（3）管理处内部每月的第一个星期一上午是各班组安全消防学习时间，学习内容是安全消防管理条例、内部的消防管理制度、设备设施的操作方法等，学习情况应详细记录。

（4）管理处主任每月检查一次安全消防活动记录，并签字认可。

（5）在安全消防活动日查出的安全、消防隐患，由各班组自行在活动记录中登记并整改。

（6）专兼职消防员在上岗前，必须接受消防常识和消防技能培训，考试合格后方可任职，其资格每年确认一次。培训率要达到 100%。

（7）对员工的培训包括以下内容：学习消防理论知识；熟练使用常用灭火器材；开展消防综合演练。

（8）中控室操作人员必须参加市消防协会组织的消防控制室操作管理培训，并取得合格证书方可上岗工作；凡因公司需要外派培训的员工，应与公司签订《外派培训协议书》，双方按协议条款履行责任、义务。

二、消防理论知识

（一）燃烧的基本知识

1. 燃烧的条件

（1）可燃物。凡是能在空气、氧气或其他氧化剂中发生燃烧反应的物质都称为可燃物，如木材、纸张、汽油、酒精、氢气、乙炔、钠、镁等。可燃物从化学组成上分为有机可燃物和无机可燃物；从物质状态上分为气体可燃物、液体可燃物、固体可燃物。不同可燃物的燃烧难易程度不同，同一可燃物的燃烧难易程度也会因条件改变而改变，甚至在一定条件下为不燃物，而在另一条件下则成为可燃物。如铁、铝在空气中是难燃物质，而在纯氧中则能发生剧烈的燃烧。

（2）助燃物。凡能帮助和支持可燃物燃烧的物质都叫助燃物，如空气、氧、氯酸钾、过氧化钠、浓硝酸、浓硫酸等。发生火灾时，空气是主要的助燃物。必须注意的是，有时可燃物和助燃物是合二为一的，这类物质在燃烧过程中发生分解反应，如硝酸甘油的爆炸就是一个典型的例子。

（3）着火源。凡能引起可燃物质燃烧的热能源均称为着火源（也称点火源）。着火源可以是明火，也可以是高温物体，它们可以由热能、化学能、电能、机械能转换而来。电器开关、电器短路、静电等产生的电火花、炉火、烟头、烛火等，是常见的引起火灾的着火源。金属与金属、金属与岩石之间的撞击、摩擦所产生的火星，可引燃可燃气体、可燃液体蒸气以及棉花、干草绒毛等物质。雷电是很强烈的放电现象，其电火花往往是木结构建筑、森林的着火源。

上述三个条件在燃烧过程中缺一不可，统称燃烧三要素，是发生燃烧的三个必要条件。燃烧一旦发生，火焰中必定含有自由基，自由基一旦消失，则燃烧无法继续维持。从这个意义上讲，维持燃烧持续进行需要有四个条件，即可燃物、助燃物、点火源和自由基。

2. 制定防火措施和采取灭火方法的依据

维持燃烧的四个条件是制定防火措施和采取灭火方法的依据。

（1）防火措施

① 控制可燃物。在可能的情况下，用难燃和不燃材料代替易燃材料；对工厂中易产生可燃气体的地方，可采取通风措施加以排除；对生产可燃气体和液体的设备，应尽可能防止可燃物的跑、冒、滴、漏现象发生。

② 隔绝空气。涉及易燃易爆物质的生产过程，应在密闭设备中进行；对有异常危险的物质，要充惰性气体进行保护；对某些特殊物质，应隔绝空气储存，例如，硝存于煤油中，磷存于水中等。

③ 消除着火源。在易产生可燃性气体的场所，采用防爆电器，同时禁止一切火种。

（2）灭火方法

① 隔离法。将尚未燃烧的物质移走，使其同正在燃烧的可燃物分开，燃烧得不到足够的可燃物，火就会熄灭。

② 窒息法。窒息法就是隔绝空气，使可燃物得不到足够的氧气而停止燃烧。例如用水蒸气或惰性气体灌注容器设备，封闭起火的建筑和设备的孔洞，用泡沫覆盖燃烧表面等。

③ 冷却法。即把燃烧着的物体温度降低，当可燃物的温度低于其燃点时，燃烧便停止。如用水扑灭火灾时，主要是冷却法起作用。

④ 抑制法。这种方法的原理是使灭火剂参与到连锁反应中去，使燃烧过程中产生的自由基消失，而形成稳定的分子或低活性的自由基，使连锁反应中止。如1202、1301、1211等灭火剂均属这类灭火剂。

3. 燃烧的分类

由于热源的产生和性质的不同，使燃烧表现出不同的形式，据此将燃烧分为如下三种。

（1）强迫着火。又称点燃或引燃，指可燃物的局部受到火花、炽热物体、引燃火源等明火源加热着火、燃烧，然后依靠燃烧波传播到整个可燃物中去。大多数火灾就是通过这种着火方式发生的。

（2）受热自燃。又叫热自燃，是没有明火直接作用，而靠外界加热引起燃烧的过程。

（3）化学自燃。指在没有外来热源的情况下，由于体系内发生了某种物理化学过程，从而产生热量，使体系温度升高，并发生燃烧的现象。

受热自燃和化学自燃统称自燃，两者的不同点在于热的来源不同。从消防安全角度看，化学自燃的特点是具有隐蔽性，着火前一般不易被发现。

4. 燃烧中热烟气的一般毒害作用

一切燃烧时生成的气体、蒸气和固体物质叫做燃烧产物，其中浮在大气中能被人们看到的燃烧产物叫做烟；燃烧时生成的不能再继续燃烧的物质叫做完全燃烧产物；生成的还能继续燃烧的物质叫做不完全燃烧产物。

据统计，火灾中人员死亡的原因，因烟气和毒气直接致死的占40%，再加上由于中毒晕倒后被烧死的，则占一半以上。因此，了解火灾中燃烧产物对人体的毒害作用，对保护人民群众生命安全具有重要意义。

燃烧中热烟气的一般毒害作用包括：缺氧、高温气体对呼吸道的热损伤和热烟尘对呼吸道的堵塞作用。

（1）缺氧。人无时无刻不在进行呼吸，吸进氧气，呼出二氧化碳。正常情况下空气中氧气含量为21%（体积分数），在火场中，由于可燃物的燃烧使火场中氧的含量减少，特别是密闭环境中，例如冬天紧闭的房间，一旦着火，火场中的氧气会迅速下降。当空气中氧气含量在 12%～16% 时，人会出现头痛，呼吸急促，脉搏加快；当氧气含量在 9%～14% 时，人的判断能力迟钝，出现酩酊状态，产生紫斑；当氧气含量在 6%～10% 时，人意识不清，痉挛，致死。

（2）高温气体的热损伤。火场中，由于可燃物多，火灾发展迅速，火场气体温度升高很快。根据一般室内火灾升温曲线，着火中心 5 分钟后，即可升高到 500℃以上。人体呼吸系统中的鼻腔、气管及支气管的内黏膜和肺泡组织很娇嫩，只要吸入的气体温度超过 70℃，就会使气管、支气管内黏膜充血，出血起水泡，组织坏死，并引起肺扩张、肺水肿。

（3）热烟尘的毒害作用。火灾中的热烟尘由燃烧中析出的碳粒子、焦油状液滴，以及房屋倒塌、天花板掉落时扬起的灰尘组成。这些烟尘进入呼吸系统后，堵塞、刺激内黏膜，其毒害作用随烟尘的温度、直径不同而不同，其中温度高、直径小、化学毒性大的烟尘，对呼吸道的损害最严重。直径在 5μm 左右的烟尘，一般只停留在上呼吸道，3μm 左右的则进入支气管，1μm 左右的烟尘会进入肺部。

（二）火灾的蔓延

火灾的蔓延不单是火焰引起各种可燃物质燃烧的结果，而是通过各种热传播途径（热传导、热辐射、热对流等）积蓄热量，或由于风力、熔融物滴落、可燃物飞溅或飘落等使火灾迅速蔓延。

1. 火灾在楼层内的水平蔓延

建筑物内的房间起火，开始时往往只有一处，随后整个楼层起火，究其原因主要是内墙上的门未能把火挡住，使火灾通过门和走廊在楼层内的水平方向进行了蔓延。

从内墙上的门流向走廊的热气流，其动力一是燃烧产生的压力；二是高温烟气自身的浮力。热气流通过内墙门，经过走廊，再经过相邻房间的门进入相邻房间。如果起火房间的门和邻近房间的门都不曾开启，那么对火灾在楼层内的水平蔓延会起到一定的控制作用。如果走廊内有可燃的内装修材料，热气流则会很快将其点燃，助长火灾在楼层内的水平蔓延。

如果一个楼层内有数个防火分区，则这种水平方向的蔓延一般只在同一个防火分区内进行。

2. 火灾在建筑物内的垂直蔓延

这种蔓延一般有两种渠道，一是通过楼板上的孔洞及竖向井道；二是通过外墙窗口。

由于上下交通联系及管线垂直穿越等功能的需要，建筑物内有许多竖向的井道及开口部位，如楼梯间、电梯井、管道井、电线井、垃圾井等，这些井道和开口部位大都贯穿全楼，犹如一座座烟囱，当发生火灾时，由于竖向井道的强大抽力作用，会使烟气迅速向上部楼层蔓延。高温烟气在竖向井道中向上蔓延的速度为3～5m/s。

起火房间的温度很高时，如果烟气中含有过量未燃烧气体，则高温烟气从外墙窗口排出后会形成火焰，这将会引起火势向上层蔓延。

（三）火灾的历程

火灾通常经历三个阶段：着火过程，火灾旺盛阶段，火灾衰减、熄灭阶段。

1. 着火过程

引发着火过程的"源头"多种多样，明火、高温物体的表面摩擦或冲击产生的火花、静电放电或电气设施产生的电火花、聚焦的日光、缓慢氧化积蓄的热量（缓慢氧化引起的燃烧称为自燃）、闪电或雷击等。

以火灾中最常见的可燃物质木柴为例，着火过程是：加热到110℃，110℃前是木柴干燥失去自由水的过程，175℃分解出化学结合水，230℃开始碳化，300℃以上开始燃烧。300℃则称为木柴的燃点。

工业和民用建筑物中常见可燃物的燃点如下：木材300℃，纸130℃，汽油280℃，布200℃。

2. 火灾旺盛阶段

从着火到形成火灾，通常需5～15分钟。这一过程中燃烧是局部的，升温也不同步，即使火场温度迅速升高，建筑物还未烤热，所以对建筑物尚无明显威胁。此时，若能扑救，可使火灾消灭在萌发阶段。着火以后，火场内的可燃物燃烧，进入火灾的旺盛阶段。随着可燃物种类、数量、供氧情况不同，火灾以不同方式持续，对建筑物造成不同程度的损害。

（1）闪燃。指可燃液体液面上的蒸气与空气混合物发生的一闪即灭的短暂燃烧。由于新的蒸气来不及补充，这种燃烧不会持久。只要不引起其他燃烧，闪燃对建筑物基本无害。但是，闪燃是爆燃危险的警告，切不可掉以轻心。

（2）爆燃。爆燃是由火药或燃爆性气体混合物引起的快速燃烧，有时在一瞬间完成。爆燃对建筑物造成损伤的主要因素是冲击波，轻度破坏时仅使玻璃破碎、门窗损坏，以及砖墙出现小于5mm的微细裂缝和稍有倾斜；严重破坏时可使房屋倒塌。破坏程度与冲击波强弱和建筑物结构有关。

（3）持续燃烧。可燃物在供氧的情况下充分燃烧，其旺盛程度及持续时间与可燃物的种类、数量、堆放方式、位置、供氧情况等有关。持续燃烧对建筑物的损害主要是高温灼伤、烟气损害等，轻则使材料剥裂、脱落，重则发生坍塌。持续燃烧常常是火灾中的旺盛阶段，也是对建筑物损坏最严重的阶段。

（4）阴燃。指在供氧不充足、燃烧物间堆叠紧密，或在一些自熄性可燃物中发生的火灾，常呈阴燃或闷烧状态。阴燃也可发生在一般火灾的局部区域或部分阶段。由于其浓烈的烟气、大量的炭黑使火场浓烟滚滚、毒气重重，因而扑救困难。

阴燃对建筑物的破坏，主要来自高温保温过程中对建筑材料的解体，其持续时间有时可达数日。

（5）间歇式热冲击。某些生产过程中（如高温炉炉门加料等）发生的间歇式热冲击，虽然通常不视其为火灾，但是对建筑物造成的破坏与火灾一样。因此，应对这种现象引起重视。

3. 火灾衰减、熄灭阶段

火灾在持续了一段时间之后，由于可燃物燃尽或供氧缺乏，或各种消防扑救方式的应用，火势逐渐减弱或熄灭，火场内温度慢慢下降，表明火灾进入衰减、熄灭阶段。有时由于扑救困难（高层建筑、地下设施、库房，或因水源不足、进出困难等），火灾的衰减、熄灭阶段延续时间较长。

火灾的衰减、熄灭阶段虽然已近火灾尾声，但是，它是前一阶段造成的建筑物破坏累积至爆发的阶段。由于消防射水的骤然冷却及结构应力应变等影响，建筑物随时可能坍塌，可能会造成重大伤亡事故，因此对这一阶段的处理要特别小心。

三、消防演习

要做到迅速、安全、彻底地扑灭火灾，消防人员必须坚持灭火管理的日常训练，同时还应将日常训练与定期演习结合起来。物业公司应根据自己的实际情况，最好每年进行一次消防演习，通过演习来检验物业防火、灭火的整体功能，如检验防火、灭火预定方案是否科学，指挥是否得当，专职消防队员是否称职，消防设施是否能发挥作用等。

另外，通过演习还能检查物业用户的心理承受能力。演习后，消防队员要及时总结经验，找出不足，以便采取措施改进以后的工作，提高物业公司防火、灭火、自救的能力。进行消防演习时宜请公安消防部门来人指导，帮助讲评和总结，并请他们提供改进的办法或途径。

（一）消防演习的程序

消防演习的程序如图 5-1 所示。

（二）消防演习的准备工作

1. 参加消防演习的成员

① 物业公司防火责任人及公司领导。

② 各部门值班人员。

③ 各部门义务消防队员。

④ 物业各客户防火负责人和属下员工，或物业用户。

2. 消防演习的组织及准备步骤

物业消防演习的组织工作由公司安全部负责，其他部门配合。消防演习的准备

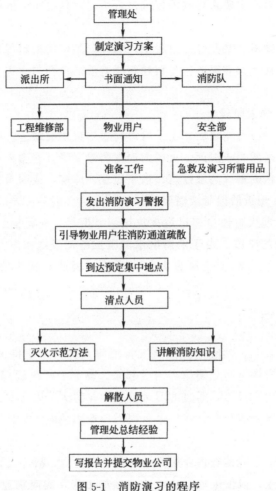

图 5-1　消防演习的程序

步骤如下。

① 安全部拟订消防演习方案，并报公司主管消防工作的副总经理审核，报公司防火总责任人批准。

② 安全部在消防演习前两周内，对现有的保安员进行消防集训，锻炼队员的耐力和意志。

③ 安全部派专人对参加消防演习的全体队员进行培训，使其掌握各种灭火器材的性能和使用方法。

④ 消防演习前公司组织一次消防设施设备检查，确保物业内现有消防设备正常使用。

⑤ 确定消防演习的日期和时间后，提前一周发文通知物业内各客户或业主，并要求物业内各公司或业主委员会提供参加演习的人员名单。

（三）消防演习的具体工作

1. 报警的程序

报警的程序主要由安全部负责。

发生火警，首先将火警地点报告消防中控室，消防中控室值班人员立即派保安员到现场确认，同时将监控镜头定在火警楼层进行监控。

经确认火警属实，应立即报告安全部经理或消防中控室负责人，按计划迅速召集各部门义务消防队员马上赶到火灾现场，进行灭火和救人工作。若火势较大无法扑救，应立即报告总经理，拨打"119"报警，并启动火灾紧急处理程序。

2. 消防演习各相关部门的工作

总经理召集公司有关人员组建消防演习的"一部、六组"，即：指挥部、灭火行动组、疏散引导组、通信联络组、安全防护组、救护组和后勤保障组，其具体工作如下。

（1）指挥部的工作。指挥部的总指挥是管理处总经理，副总指挥是管理处副总经理，指挥部办公室负责人是安全部经理，成员是各部门经理，工作地点是消防中控室，电话是××××××××。

① 指挥部成员（成员不在岗的由带班主管代替）接到通知后立即到消防中控室（根据具体情况，如初起火灾，可直接在火场适当位置组成临时指挥部，以便迅速有效地指挥），听从总经理指挥。

② 安全部经理调集灭火组控制火势，防止火势蔓延；同时拨打火警电话"119"，并派人在路口等候消防队的到来。

③ 下达疏导物业用户指令。根据现场火灾情况，利用应急广播或电话通知疏散引导组到现场疏散人员。

④ 下达启动消防设施命令。

⑤ 在火势无法控制的情况下，调集公司各部门人员抢险救灾，与消防人员共同配合扑救。

⑥ 扑灭火灾后，增派保安员保护好现场，等待公安机关、消防部门的调查。

（2）灭火行动组的工作。灭火行动组的负责人是安全部带班主管，保安队长为义务消防队队长。灭火行动组的工作职责是扑灭火灾和防止火势蔓延。

① 火灾区域的单位领导和义务消防队员要立即用灭火器、消火栓扑救初期火灾。

② 保安队备勤人员接到通知后立即到火场灭火。

③ 火灾区域相邻单位有关人员，将易燃物品按统一指挥及时搬到安全地点，防止火势蔓延，同时听从指挥。

④ 消防中控室根据火场情况和指挥部的指令，启动相应的消防设施。

（3）疏散引导组的工作。疏散引导组由各客户服务负责人若干人和客户服务部若干人组成，负责人是客户服务部带班经理和各客户主管行政负责人，职责是引导物业用户，从消防安全通道疏散到安全的地方，避免拥挤损伤。

① 发生火灾后，疏散引导组负责人立即到火灾现场组织疏散。

② 其他相邻单位的疏散引导组负责人，应做好本单位的疏散准备工作。

③ 保安队派人分别到各出入口维护疏散秩序，防止有人再次进入物业。

④ 中控室向物业用户进行广播，在紧急情况下中控室可直接启动应急广播进行疏散。

（4）通信联络组的工作。通信联络组由中控室1人、着火单位通信联络员2人和各客户服务负责人组成，负责人是公司副总经理，工作职责是保证各组与指挥部的通信联络及情况的反馈。

① 发生火警后，应立即向消防中控室报警或向消防负责人报警。

② 消防中控室接到报警并确认火情后，立即通知安全部经理及指挥部其他成员到消防中控室集合。

③ 消防中控室值班人、各单位通信联络组人员，随时向指挥部通报火场信息和传达指挥部命令。

④ 指挥部成员、各单位消防负责人，将联系电话和手机号码留存于中控室，以便随时联系。

（5）安全防护组的工作。安全防护组由保安队副队长负责，并由保安员若干人组成，工作职责是守护物业各个出口，防止不法分子进行破坏。

① 物业发生火灾后，外勤保安员立即到物业正门和地下车库门口布置警戒，防止外人进入物业。

② 帮助撤出人员撤离物业并进行安置。

③ 指挥引导消防车辆进入物业，并停靠至适合灭火的位置。

④ 疏导人员，避免堵塞道路。

⑤ 要及时通知物业用户将停放在火灾现场附近的车辆撤走，以免损毁。

（6）救护组的工作。救护组的负责人是综合办公室主任，工作职责是救护受伤人员。

① 对受伤人员进行及时抢救。

② 要及时拨打"120"急救中心电话，对受伤严重的人员进行抢救。

（7）后勤保障组的工作。后勤保障组由工程部若干人组成，其负责人是工程部带班经理或主管，工作职责是提供灭火器、断电工具及抢险工具等。

① 向火场运送灭火器以及其他抢险工具。火场烟雾大时，应向灭火抢险人员提供湿毛巾。

② 保证消防设施正常运行。

③ 及时排除消防设施故障。

（四）消防演习效果的总结

每次消防演习结束后，安全部应书面总结消防演习的效果和存在的不足；相关部门则负责搜集物业用户对消防演习的反馈意见，并填写"消防演习记录表"（表5-4），汇总后报公司防火总责任人审阅后存档。

表5-4　消防演习记录表

单位名称：

年/月/日	演习项目	参加演习的单位和人员	演习成绩	确认	审核

第三节　消防设施设备管理

一、房屋固有消防设施的管理

房屋中的固有消防设施主要有防火门、消火栓、消防水箱、消防水泵、消防电梯、火灾自动探测报警器等，另外还有安全疏散设施，如火灾事故照明和疏散指示标志等，以及电气防火安全设施，如熔断器和防雷装置等。

（一）防火门的管理

防火门是一种活动的防火分隔物，通常在防火墙、前室、走道、楼梯间设置较高耐火极限的防火门。防火门是重要的防火设备，它是有效阻隔火势，保证人员安全疏散的重要设施之一。

防火门按燃烧性能分有非燃烧体防火门和难燃烧体防火门；按开启方式分为平开门、推拉门、悬挂门（升降门）和卷帘门等。

我国将防火门分为三级：甲级必须耐火1.2h，多为双面薄钢板中填硅酸钙板及陶瓷棉，主要用于防火分区的门洞口处；乙级必须耐火0.9h，其构造为厚木板单面或双面钉石棉板及钢板，有的将木料经防火浸料处理，主要设在楼梯间、前室及消防电梯前室门洞口处；丙级应耐火0.6h，主要用作管道井的检修门。

防火门在安装使用和养护管理中应当注意以下几点。

（1）由于火灾时不可能随手关门，故防火门必须自动关闭，需设自动闭门器。目前自动闭门器分油压式及弹簧式两类，前者有缓冲油泵可使门缓慢关闭。用于防火门的自动闭门器多为单向开启的油压式门顶弹簧及单管式弹簧合页，值得注意的是，这类自动闭门器不要误将其装在靠走道（受火面）一边，以免在火灾时遭高温破坏。平时要注意自动闭门器灵敏有效，定期检查，一旦损坏要及时更换。

（2）平时处于开启状态下的防火门，必须设固定装置，以便于通行。一般设有电磁释放开关或易熔合金，把门固定在两边墙上，火灾时断电失磁（或通电生磁而将锁舌吸开）或烧熔合金，门则在弹簧作用下自动关闭。值得注意的是，不能采用挂钩或门卡将门固定，以免火灾时慌乱的人员将门敞开而易窜入烟火，从而使走道和楼梯间失去安全疏散的作用。

（3）专做疏散的楼梯间防火门，平时为了防盗在使用中往往被锁上。为了解决既防火又防盗的问题，可采用电磁门锁，平时楼层人员用钥匙将其开启而进入，火灾时由烟感器联动或消防控制室远距离控制而接通电路，锁舌则在磁力作用下缩回，门便可被推开。也可设置简便的机械式推杠门锁，任何时候里面的人只要一推门便开启，人出去后门便回弹关上，由外面进入则需用钥匙开启，故可防止作案者进入楼内。

（4）有的双扇防火门有咬口以便密闭，如果关闭时先后颠倒则不能关严，因此必须设置控制门扇关闭前后步骤的顺序器。

（5）防火门的门执手如必须用手转动才能开启，则可能在火灾时因被烤烫而无法开门。为此宜采用推杆式门锁，只需手推或身体挤压便可将门开启。

（6）要防止地毯或室内陈设物卡住防火门，保证其在火灾情况下迅速开启后密闭。

（二）消火栓的管理

消火栓是消防供水的重要设备，它分为室内消火栓和室外消火栓两种。

1. 室内消火栓的管理

室内消火栓是建筑物内的一种固定灭火供水设备，它包括消火栓及消火栓箱。室内消火栓和消火栓箱通常设于楼梯间、走廊和室内的墙壁上。箱内有水带、水枪并与消火栓出口连接，消火栓则与建筑物内消防给水管线连接。发生火灾时，按开启方向转动手轮，水枪即喷射出水流。

室内消火栓由手轮、阀盖、阀杆、主体、阀座和接口等组成。使用室内消火栓时，应先打开消火栓箱，取出水带和水枪，然后按开启方向旋转消火栓阀门手轮，即可出水灭火。

维护保养消火栓应注意以下几点：

① 定期检查室内消火栓是否完好，有无生锈、漏水现象；

② 检查接口垫圈是否完整无缺；

③ 消火栓阀杆上应加注润滑油；

④ 定期进行放水检查，以确保火灾发生时能及时打开消火栓放水。

需要使用室内消火栓箱时，根据箱门的开启方式，扭动锁头打开。如消火栓没有紧急按钮，应将其下的拉环向外拉出，再按顺时针方向转动旋钮，打开箱门。打开箱门后，取下水枪，按动水泵启动按钮，旋转消火栓手轮，即开启消火栓，铺设水带进行射水。

灭火后，要把水带洗净晾干，按盘卷或折叠方式放入箱内，再把水枪卡在枪夹内，装好箱锁，关好箱门。

消防软管卷盘和室内消火栓一样，是建筑物内的固定灭火设备。消防软管卷盘通常装在与室内消火栓供水管相连的支供水管上，它主要由转动部分、支撑部分和导流部分组成。转动部分包括转盘、摆臂、轮壳支架，主要作用是将卷盘从墙箱内拉出，并能使输水管展开和收回；支撑部分包括底座和支持架，卷盘安装在上面；导流部分包括出水管、进水管、水密封套和连接件等，除了导流、喷射水的作用外，还可防止渗漏。使用消防软管卷盘时应按以下步骤进行：打开软管卷盘箱门，将卷盘向外转动90°；开启出水阀，拉动软管，喷水灭火。

平时应定期检查卷盘、水枪、水带是否有损坏，阀门、卷盘转动是否灵活，如发现问题应及时检修。

定期检查消火栓箱门是否有损坏，门锁是否开启灵活，拉环铅封是否有损坏，水带转盘杆架是否完好，箱体有无锈蚀现象。一旦发现问题，应及时更换、修理。

2. 室外消火栓的管理

室外消火栓与城镇自来水管网相连接，它既可供消防车取水，又可连接水带、水枪直接出水灭火。室外消火栓有地上消火栓和地下消火栓两种。地上消火栓适用于气候温暖地区，而地下消火栓则适用于气候寒冷地区。

（1）地上消火栓。地上消火栓主要由弯座、阀座、排水阀、法兰接管启闭杆、本体和接口等组成。使用地上消火栓时，将消火栓钥匙扳头套在启闭杆上端的轴心头之后，按逆时针方向转动消火栓钥匙时，阀门即可开启，水由出水口流出；按顺时针方向转动消火栓钥匙时，阀门便关闭，水不再从出水口流出。

维护保养地上消火栓时应做到：每月或重大节日前，应对消火栓进行一次检查；清除启闭杆端部周围的杂物；将专用消火栓钥匙套于杆头，检查是否合适，并转动启闭杆，加注润滑油；用纱布擦除出水口螺纹上的积锈，检查内橡胶垫圈是否完好；打开消火栓检查供水情况，要放净水后再关闭，并观察有无漏水现象，如发现问题应及时检修。

（2）地下消火栓。地下消火栓和地上消火栓的作用相同，都是为消防车及水枪提供压力水，所不同的是，地下消火栓安装在地面下。

由于地下消火栓安装在地面下，所以不易被冻结，也不易被损坏。

地下消火栓的使用可参照地上消火栓进行。但由于地下消火栓目标不明显，故应在地下消火栓附近设立明显标志。

3. 消火栓的动用规定

（1）消火栓为消防专用设施，不得挪作他用。市政消防总阀非消防使用时严禁开启。

（2）消火栓的使用应由使用人填写"消防水动用申请单"（表 5-5）和"消防水停用审批单"（表 5-6）。

表 5-5　消防水动用申请单

日期	
动用时间	
动用消防水理由	
动用消防水申请责任人	
工程部意见	
安全部意见	
公司领导意见	

表 5-6　消防水停用审批单

日期	
停用时间	
停用位置	
停用申请人	
停用原因	
工程部意见	
公司领导意见	

（3）安全部设立消火栓和喷淋系统管理责任人，管理责任人每月至少对消火栓和喷淋系统配置的设备检查一次，并签名确认，由值班巡逻保安员每天定时巡逻。

（4）工程部每星期维护一次，确保消火栓和喷淋系统的正常使用功能。

（5）工程部应在消火栓和喷淋系统位置处设立明显标志，并标明水系统的走向。

（三）消防水泵的管理

消防水泵是保证室内给水管网压力和流量的机械设备，为了确保消防用水的持续供应，消防水泵要符合下列要求。

（1）一组消防水泵至少应有两条吸水管，其中一条发生故障时，其余的吸水管应仍能满足消防供水的要求。高压消防给水系统的每台消防水泵则应各自有独立的吸水管。

（2）为便于检查和维修，消防水泵的吸水管和出水管一般应敷设在水泵房的地面上，其阀门应设在便于操作的地方，并标有明显的启闭标志。

（3）消防水泵的吸水管管径不应小于消防水泵进水口的直径。

（4）消防水泵宜采用自灌式引水，以保证及时供水，一般应在接到报警后 5～8 分钟内即能启动工作。为保证在任何情况下都能正常运转，应设置两路电源或设备用内燃机动力。

（5）消防水泵与动力机械应直接连接，如有困难时，可采用 4 条以上的 V 带传动，以免打滑。

（6）固定消防水泵一般应设置备用泵，备用泵的工作能力不应小于工作泵。

（7）消防水泵的出水管上应装设止回阀和供试验、检查用的放水阀。

高压给水系统维持压力的消防水泵，在正常运行中，应严格监视或巡回检查水泵机组有无不正常的噪声或振动，轴承温度是否超过允许值（最高 75℃）。

各种监视仪表是否正常等。备用水泵和临时高压给水系统的消防泵的灌水状况、动力设备等应保持良好的战备状态，发生火警可以立即启动。

（四）消防水泵接合器的管理

消防水泵接合器是为高层建筑配套的自备消防设施，用以连接消防车、机动泵向建筑物内的管网输送消防用水。消防车通过该接合器的接口，向建筑物内的消防供水系统送水加压，使建筑物内部的室内消火栓或其他灭火装置得到充足的压力水源，用以扑灭不同楼层的火灾。

消防水泵接合器的形式有三种：地上消防水泵接合器、地下消防水泵接合器、墙壁消防水泵接合器。这三种形式安装于不同的场所，地上消防水泵接合器，其栓身与接口高出地面，目标显著，使用方便；地下消防水泵接合器安装在地面下，不占地方，特别适用于寒冷地区；墙壁消防接合器安装在建筑物墙根处，墙面上只露三个接口和装饰标牌，目标清晰、美观，使用方便。消防水泵接合器在安装、使用和养护管理中应注意以下几点。

（1）要按照规定的要求进行安装。使用消防水泵接合器的消防给水管路，应与生活用水管道分开，以防污染生活用水（如不具备条件分开，也应保证在使用时断开）。各零部件的连接及与地下管道的连接均需密封，以防渗漏。安装好后，应保证管道水平，闸阀、放水阀等开启应灵活，并进行规定压力的水压试验。放水阀及安全阀溢水口要和下水道其他水沟相通，以便用完后放出余水。

（2）操作时要先打开井盖，关闭放水阀，然后拧开外螺纹固定接口的阀盖，接上水带即可由消防车供水。用毕，要开启放水阀盖好井盖，取下水带拧好固定接口的阀盖。

（3）消防水泵接合器，必须专人管理，定期保养，保证在使用时能正常工作。

对已老化的密封件应及时更换。要防止任意埋压、圈占消防水泵接合器。

（五）消防水箱的管理

消防水箱如图 5-2 所示，是在建筑物室外给水管网不能经常保证室内给水管道有足够水压时设置的。低层建筑室内、消防水箱应储存 10 分钟以上的室内消防用水量。高层建筑消防水箱的储存量：一类建筑不应小于 18m³；二类建筑和一类住宅建筑不应小于 12m³；二类住宅建筑不应小于 6m³。消防水箱的安装高度则必须满足最不利点所设置室内消火栓的水压。

图 5-2　消防水箱

消防用水与其他用水合并使用同一水箱时，应有确保消防用水不被移作他用的技术措施，如将其他水的出水口高出消防用水的水面，但这时水箱储存的消防用水量，只能按该水面以下部分计算。

如消防水箱的安装高度不能满足最不利点消火栓的水压时，可设置固定消防水泵或气压水罐局部加压。如采用气压水罐，应保证消防用水的水量和水压。如采用固定消防水泵，应在水压不足的消火栓处，设置远距离启动消防水泵的按钮，并且为了防止加压后的水倒流入水箱，还应在消防水箱的出水管上设置止回阀。

（六）消防电梯的管理

消防电梯是高层民用建筑特有的消防设施。普通电梯在火灾时往往因为切断电源而停止使用，而消防员在扑救火灾及抢救伤员时需要使用电梯。因此，高层建筑必须设置消防电梯，以便消防队员在火灾时能迅速到达起火楼层进行扑救工作，以减少火灾造成的损失和人员伤亡。

我国规定一类高层建筑、塔式住宅、12 层以上的单元式和通廊式住宅，以及高度在 32m 以上的二类高层建筑，其主体楼层面积为 1500m² 以内时，应设 1 台消防电梯，1500~4500m² 时设 2 台，超过 4500m² 则设 3 台，且宜分别在不同的防火分区内设置。

当建筑物起火后，全部电梯必须召回首层；若火灾发生在首层，则将电梯停于较近层，待人员撤离后立即锁上电梯停止使用，而消防电梯则由消防队员操纵投入灭火救援的战斗。消防队员按动控制按钮，或将专用钥匙插入切换开关，消防电梯也能回到首层供消防队员使用。平时为充分发挥其潜力，消防电梯也可兼作服务电梯之用。

消防电梯在安装使用和养护管理中应当注意以下几点。

（1）为了防止烟火侵入井道及轿厢之中，必须将消防电梯设前室保护。同时，前室既是消防队员开展灭火扑救的基地，又是被救护的伤残者暂时的避难地。因此，为利于上述功能的实现，消防电梯的前室不得挪作他用或堆放杂物。

（2）消防电梯轿厢的大小应能容纳一副担架和数名人员，故承载能力不宜小于1500kg，轿厢尺长不宜小于 1.5m×2.0m。完善的轿厢内还配有通信联系、操作控制等多种设施，其内部装修应使用不燃或难燃材料。此外，还应配备事故电源及紧急照明灯具。平时应对上述这些设施加以妥善保护，防止丢失或损坏，以免影响使用。

（3）消防电梯的井道和机房应单独设置，其本身墙体以及与相邻普通电梯井、机房之间的隔墙均应为防火墙，隔墙上的门应为甲级防火门。井道底部应有排水措施，以免消防用水大量流入井底后影响正常运行。为了排除某种情况下窜入井道的烟气，其顶部应设通风孔洞。此外，井道内绝不允许敷设其他用途的电缆，以及使用可燃围护材料及涂料等。

（4）专用的操纵按钮是消防电梯特有的装置，要经常检查，时刻使其处于灵敏有效的状态。同时，要保持通向消防电梯的走道畅通无阻。

（七）火灾自动报警设备的管理

火灾自动报警设备由火灾探测器、区域报警器和自动报警器组成。火灾发生时，探测器将火灾信号转换成电信号传递给区域报警器，再由区域报警器将信号传输到自动报警器。

（1）火灾自动报警设备的维护管理。火灾自动报警设备是高层建筑物和重要建筑群中必不可少的重要消防设施。这一设备必须由专人负责维护管理，执行 24 小时值班制度。无关人员不得随意触动，确保整个设备处于正常的运行状态。

① 值班人员对火灾自动报警设备的报警部位，以及本单位各火警监护场所对应的编排应清楚明了。

② 设备投入正常使用后，为确保可靠运行，必须严格按定期检查制度进行检查。

③ 每天检查的内容：通过手动检查装置检查火灾报警器各项功能（如火警功能、故障功能）是否正常，指示灯有无被损坏。

④ 每周检查的内容：进行主、备电源自动转换试验。

⑤ 每半年检查的内容：对所有火灾探测器进行一次失效模拟实验，对失效的

火灾探测器应及时更换；对电缆、接线盒、设备做直观检查，清理尘埃。

由于火灾自动报警装置连续不间断地运行，报警装置发出少量误报是在所难免的，因此要求值班人员一旦接到报警，应先消声并立即赶往现场，待确认火灾后，方可采取灭火措施，启动外控其他灭火装置，并向消防部门和主管领导汇报。

（2）火灾自动报警设备的一般故障排除。火灾自动报警设备线路复杂，技术要求较高，而且各生产厂的产品结构、线路形式又大不相同，因此故障类型较多。除一般的故障外，火灾自动报警设备的维修应由专业维修人员负责。

火灾自动报警设备的一般故障及其检查方法主要有以下几种。

① 主电源故障。检查输入电源是否完好，熔丝有无被烧断以及接触不良等情况。

② 备用电源故障。检查充电装置，电池是否被损坏，连线有无断线。

③ 探测回路故障。检查该回路至火灾探测器的接线是否完好，火灾探测器有无被人取下，终端监控器有无被损坏。

④ 误报火警。检查火灾探测器的探测区域，有无蒸汽、粉尘等影响火灾探测器正常工作的干扰存在。如有干扰存在，则应设法排除。

对于误报频繁又无其他干扰而影响正常工作的火灾探测器应及时予以更换。对于一时排除不了的故障，应立即通知有关专业维修人员，以便尽快恢复火灾探测器的正常工作。

（八）应急灯和疏散指示灯的管理

为防止触电和通过电气设备、线路扩大火势，需要在火灾时及时切断起火部位及其所在防火分区或整个建筑的电源，如无应急灯和疏散指示灯，人们在惊慌之中势必混乱，加上烟气作用，更易引起不必要的人员伤亡。实践表明，为保障安全疏散，应急灯和疏散指示灯是必不可少的设施，尤其对于高层建筑和人员集中的场所，引导安全疏散更为必要。

（1）除了在疏散楼梯、走道和消防电梯及其前室，以及人员密集的场所设应急灯外，对火灾时不能停电、必须坚持工作的场所，如配电室、消防控制室、消防水泵房、自备发电机房等也应设应急灯。

（2）疏散指示灯应设于走道墙面及转角处、楼梯间的门口上方，以及环形走道中，其间距不宜大于20m，距地1.5～1.8m，应写有"EXIT"（出口）的字样，且为绿色，此色易透过烟火而被识别。

（3）目前我国常用的应急灯是手提式应急灯。它平时被挂在墙上处于充电状态，一旦断电则发出光亮，并能将其取下以手提方式使用。另外也有一种用荧光涂料做成的应急灯，已初步用于实际，其色料为硫化锌，它能储存和释放光能，且荧光无放射性。

（4）供人员疏散用的应急灯在主要通道上的照度不应低于0.5lx。消防控制室、消防水泵房、配电室和自备发电机房等部位的应急灯的最低照度，应与该部位工作时正常照明的最低照度相同。

（5）为防止火灾时迅速烧毁应急灯和疏散指示灯，影响安全疏散，在其外表面应加设保护措施。

（6）平时要经常检查、维护保养应急灯和疏散指示灯，灯泡不亮或有损坏的要及时修理更换，使之时刻保持良好状态。

（7）不得私自拆除和取用各楼层应急灯、疏散指示灯，也不得将其移位。

（8）巡查人员每天检查一次应急灯具，检查内容包括灯具是否正常发亮，表面玻璃有无破损，安装是无牢固，按下测试按钮是否仍然发亮。如发现异常，应立即通知工程部维修。

（9）保持应急灯具清洁。

（九）熔断器的管理

熔断器是在配电线路或配电装置的电气回路上用以防止短路、过负荷的保护装置。熔断器的主要组成部分是金属熔件，由铅、锡、锑、锌、铜等金属制成。熔断器除金属熔件外，还有支持熔件的接触端子和起保护作用的外壳。

由于熔件的熔点低、电阻大、截面小，所以在电流增大而超过其额定值时发热多，断得快，从而能够起到保护线路和电气设备的作用。

根据熔断器发生火灾的危险性，应采取以下安装和养护管理措施。

（1）选用熔断器的熔丝时，熔丝的额定电流应与被保护的设备相适应。

（2）一般应在电源进线、线路分支和导线截面改变的地方安装熔断器，尽量使每段线路都能得到可靠的保护。

照明线路熔丝的额定电流应稍大于实际负荷电流，一般不宜超过负荷电流的2倍，但不应大于电度表的额定电流和导线的安全载流量。

（3）为避免熔件熔断时引起周围易燃物燃烧，熔断器宜装在具有火灾危险的房屋外边，否则应加密封外壳，并离开可燃建筑构件。

（4）经常除尘，以保持熔断器的清洁。

（5）有爆炸危险的场所，不能安装一般的熔断器。

二、灭火器的使用与管理

灭火器是一种可由人力移动的轻便灭火器具，它能在其内部压力作用下，将所充装的灭火剂喷出，用来扑灭火灾。由于其结构简单，操作方便，使用面广，对扑灭初起火灾效果明显。因此，灭火器已成为群众性的常规灭火器具。

（一）灭火器的分类

1. 按充装灭火剂的类型划分

① 水型灭火器。水型灭火器的灭火剂主要是水，另外还有少量的添加剂。清

水灭火器、强化液灭火器都属于水型灭火器。

② 空气泡沫灭火器。空气泡沫灭火器的灭火剂是空气泡沫液。根据空气泡沫灭火剂种类的不同，空气泡沫灭火器又可分为蛋白泡沫灭火器、氟蛋白泡沫灭火器、水成膜泡沫灭火器和抗溶泡沫灭火器等。

③ 干粉灭火器。干粉灭火器的灭火剂是干粉。根据所充装的干粉灭火剂种类的不同，干粉灭火器可分为碳酸氢钠干粉灭火器、钾盐干粉灭火器、氨基干粉灭火器和磷酸铵盐干粉灭火器等。

④ 卤代烷灭火器。

⑤ 二氧化碳灭火器。二氧化碳灭火器的灭火剂是加压液化的二氧化碳。

2. 按灭火器的重量和移动方式划分

① 手提式灭火器。总重在 28kg 以下，容量在 10kg 左右，是能用手提的灭火器具。

② 背负式灭火器。总重在 40kg 以下，容量在 25kg 以下，是用肩背着灭火的器具。

③ 推车式灭火器。总重在 40kg 以上，容量在 100kg 以内，装有车轮等行驶机构，由人力推（拉）着灭火的器具。

3. 按加压方式划分

① 储气瓶式灭火器。这类灭火器中的灭火剂，是由一个专门储存压缩气体的储气瓶，释放气体加压驱动的。

② 储压式灭火器。这类灭火器中的灭火剂，是由与其同储于一个容器内的压缩气体，或灭火剂蒸气的压力所驱动的。

（二）清水灭火器

清水灭火器中充装的是清洁的水，为了提高灭火性能，在清水中往往加入适量添加剂，如抗冻剂、润湿剂、增粘剂等。

清水灭火器的使用方法是将清水灭火器提至火场，在距离燃烧物 10m 处，将灭火器直立放稳，摘下保险帽，用手掌拍击开启杆顶端的凸头。这时储气瓶的密膜片被刺破，二氧化碳气体进入筒体内，迫使清水从喷嘴喷出。此时应立即一只手提起灭火器，另一只手托住灭火器的底圈，将喷射的水流对准燃烧最猛烈处喷射。随着灭火器喷射距离的缩短，操作者应逐渐向燃烧物靠近，使水流始终喷射在燃烧处，直到将火扑灭。在喷射过程中，灭火器应始终与地面保持大致的垂直状态，切勿颠倒或横卧，否则，会使加压气体泄出而灭火剂不能喷射。

（三）空气泡沫灭火器

空气泡沫灭火器又称机械泡沫灭火器，是指充装空气泡沫灭火剂的灭火器。它主要用于扑救 B 类物质，如汽油、煤油、柴油、植物油、油脂等的初起火灾，也可用于扑救 A 类物质，如木材、竹器、棉花、织物、纸张等的初起火灾。其中，抗溶空气泡沫灭火器能够扑救极性溶剂如甲醇、乙醚、丙酮等溶剂的火灾。空气泡沫灭火器不能扑救带电设备火灾和轻金属火灾。

空气泡沫灭火器按空气泡沫原液与清水的混合先后，有预混型和分装型两种。预混型是指空气泡沫原液与清水预先按比例混合后，一起装入灭火器内；分装型是指空气泡沫原液与清水在灭火器内分别封装，在使用时两种液体才能按比例混合。按照加压方式，空气泡沫灭火器分为储压式和储气瓶式。空气泡沫灭火器的标记应按 GN11 的规定。

1. 空气泡沫灭火器的使用方法

空气泡沫灭火器在使用时，应手提灭火器提把迅速赶到火场。在距燃烧物 6m 左右，先拔出保险销，一手握住开启压把，另一手握住喷枪，将灭火器密封开启，空气泡沫即从喷枪喷出。泡沫喷出后应对准燃烧最猛烈处喷射。如果扑救的是可燃液体火灾，当可燃液体呈流淌状燃烧时，喷射的泡沫应由远而近地覆盖在燃烧液体上；当可燃液体在容器中燃烧时，应将泡沫喷射在容器的内壁上，使泡沫沿容器壁淌入可燃液体表面而加以覆盖。应避免将泡沫直接喷射在可燃液体表面上，以防止射流的冲击力将可燃液体冲出容器而扩大燃烧范围，增大灭火难度。灭火时，应随着喷射距离的减缩，使用者逐渐向燃烧处靠近，并始终让泡沫喷射在燃烧物上，直至将火扑灭。在使用过程中，应一直紧握开启压把，不能松开，也不能将灭火器倒置或横卧使用，否则会中断喷射。

2. 空气泡沫灭火器的维修保养

① 灭火器安放位置应保持干燥、通风，防止筒体受潮；应避免日光曝晒及强辐射热。

② 灭火器的存放环境温度应在 4~45℃范围内。

③ 灭火器应按制造厂规定的要求和检查周期进行定期检查，且检查应由经过训练的专人进行。

④ 灭火器一经开启，必须按规定要求进行再充装。

⑤ 灭火器每次再充装前，其主要受压部件，如筒体应按规定进行水压试验，合格者方可继续使用。水压试验不合格的部件，不准用焊接等方法修复使用。

⑥ 经维修部门修复的灭火器，应有消防监督部门认可标记，并注上维修单位的名称和维修日期。

（四）干粉灭火器

干粉灭火器是指内部充装干粉灭火剂的灭火器，主要适用于扑救易燃液体、可燃气体和电气设备的初起火灾，常用于加油站、汽车库、实验室、变配电室、煤气站、液化气站、油库、船舶、车辆、工矿企业及公共建筑等场所。

干粉灭火器按加压方式分为储压式和储气瓶式两种。储压式干粉灭火器的加压气体一般为压缩氮气或空气；储气瓶式干粉灭火器的储气瓶内充装的是加压液化的二氧化碳。按照储气瓶的位置，储气瓶式干粉灭火器又可分为内装式和外置式两种。

1. 手提式干粉灭火器

① 使用方法。手提式干粉灭火器使用时，应手提灭火器的提把迅速赶到火场，在距离起火点 5m 左右处放下灭火器。在室外使用时注意占据上风方向。使用前先把灭火器上下颠倒几次，使筒内干粉松动。如果使用的是内装式或储压式干粉灭火器，应先拔下保险销，一只手握住喷嘴，另一只手用力按下压把，干粉便会从喷嘴喷射出来。如果使用的是外置式干粉灭火器，则一只手应握住喷嘴，另一只手把起提环，握住提柄，干粉便会从喷嘴喷射出来。干粉灭火器在喷粉灭火过程中，应始终保持直立状态，不能将其横卧或颠倒，否则不能喷粉。

② 维护保养。手提式干粉灭火器应放置在保护物体附近，干燥通风和取用方便的地方。要注意防止受潮和日晒，灭火器各连接件不得松动，喷嘴塞盖不能脱落，保证其密封性能。手提式干粉灭火器应按制造厂规定要求进行定期检查，如发现灭火剂结块或储气量不足时，应更换灭火剂或补充气量。

手提式干粉灭火器一经开启必须进行再充装。再充装应由经过训练的专人按制造厂的规定要求和方法进行，不得随便更换灭火剂的品种和重量，充装后的储气瓶应进行气密性试验，不合格的不得使用。

干粉灭火器满五年或每次再充装前，应进行 1.5 倍设计压力的水压试验，试验合格后方可使用。经修复的灭火器应有消防监督部门认可的标记，并注明维修单位名称和修复日期。

2. 推车式干粉灭火器

① 使用方法。推车式干粉灭火器一般由两人操作。使用时应将灭火器迅速拉到或推到火场，在离起火点 10m 处停下，一人将灭火器放稳，然后拔出保险销，迅速打开二氧化碳钢瓶；另一人取下喷枪，展开喷射软管，然后一只手握住喷枪枪管，另一只手钩动扳机，将喷嘴对准火焰根部，喷粉灭火。

② 维护检查。检查车架的转动部件是否松动，操作是否灵活可靠。经常检查干粉有无结块现象，如发现有结块时，应立即更换灭火剂。定期检查二氧化碳气体重量，如发现重量减少十分之一时，应立即补气。检查密封件和安全阀装置，如发现故障必须修复，待修好后方可使用。

满五年，干粉储罐需经 2500kPa 水压试验；二氧化碳钢瓶经 22.5MPa 的水压试验，合格后方可继续使用。之后每隔两年必须进行水压试验等检查。

（五）二氧化碳灭火器

1. 手提式二氧化碳灭火器

① 手提式二氧化碳灭火器的构造。手提式二氧化碳灭火器如图 5-3 所示，由钢瓶、瓶头阀和喷射系统组成。

图 5-3　手提式二氧化碳灭火器

② 使用方法。二氧化碳灭火器使用时，随着压下压把，二氧化碳灭火器的密封开启，液态的二氧化碳在其蒸气压力的作用下，经虹吸管和喷射连接管从喷嘴喷出。从灭火器喷出的是二氧化碳气体和固体的混合物。当雪花状的二氧化碳覆盖在燃烧物上时即刻汽化（升华），对燃烧物有一定的冷却作用。

手提式二氧化碳灭火器使用时，可手提灭火器的提把或把灭火器扛在肩上，迅速赶赴火场。在距起火点大约 5m 处放下灭火器，一只手握住喇叭形喷筒根部的手柄，把喷筒对准火焰；另一只手压下压把，二氧化碳就喷射出来了。

当扑救流散流体火灾时，应使二氧化碳射流由近而远向火焰喷射，如果燃烧面积较大，操作者可左右摆动喷筒，直至把火扑灭。当扑救容器内火灾时，操作者应从容器上部的一侧向容器内喷射，但不要使二氧化碳直接冲击到液面上，以免将可燃物冲出容器而扩大火灾。

使用手提式二氧化碳灭火器灭火时应注意以下事项：灭火器在喷射过程中应保持直立状态，切不可平放或颠倒使用；当不戴防护手套时，不要用手直接握住喷筒或金属管，以防冻伤；在室外使用时应选择在上风方向喷射，在室外大风条件下使用时，由于喷射的二氧化碳气体被吹散，所以灭火效果很差；在狭小的室内空间使用时，灭火后操作者应迅速撤离，以防吸入二氧化碳而发生意外；用二氧化碳扑救室内火灾后，应先打开门窗通风，然后再进入，以防窒息。

2. 推车式二氧化碳灭火器

① 推车式二氧化碳灭火器的构造。推车式二氧化碳灭火器的构造与手提式二氧化碳灭火器的构造基本相同，其主要不同点在于：多了一个固定和运送灭火器的推车；开启机构全采用手轮式；在瓶头阀上装了一个安全帽。

② 使用方法。推车式二氧化碳灭火器使用时，一般应由两人操作。先把灭火

器拉到或推到火场，在距起火点大约 10m 处停下。一人迅速卸下安全帽，然后逆时针方向旋转手轮，把手轮开到最大位置；另一人则迅速取下喇叭喷筒，展开喷射软管后，双手紧握喷筒根部的手柄，把喇叭喷筒对准火焰喷射，其灭火方法与手提式灭火器相同。

③ 二氧化碳灭火器的维护保养。二氧化碳灭火器不应放置在采暖或加热设备附近和阳光强烈照射的地方，存放温度不宜超过 42℃。每年检查一次重量，手提式灭火器的年泄漏量不得大于灭火剂额定充装量的 5％或 50g（取两者中的较小者）；推车式灭火器的年泄漏量不得大于灭火剂充装量的 5％。超过规定泄漏量的，应检修后按规定的充装量重新充装。

满五年进行一次水压试验，合格后方可使用。之后，每隔两年，必须进行水压试验等检查。灭火器一经开启，必须重新充装。其维修及再充装应由专业单位承担。在搬运过程中应轻拿轻放，防止撞击。

三、自动灭火系统的管理

（一）自动喷水灭火设备

自动喷水灭火设备可分为自动喷雾水冷却设备、自动喷雾水灭火设备和自动喷洒水灭火设备。自动喷雾水冷却设备和喷雾水灭火设备的射流水滴较小，而自动喷洒水灭火设备的射流水滴较大。喷雾型射流冷却和灭火性能优于喷洒水灭火设备，但喷雾型射流要求有较高的喷射力。

1. 自动喷洒水灭火设备

自动喷洒水灭火设备由自动洒水头、供水管网、报警阀、水源等组成，主要用于扑救一般固体物质火灾和对设备进行冷却，不适用于扑救易燃、可燃液体火灾和气体火灾。

2. 自动喷雾水冷却设备和灭火设备

自动喷雾水冷却设备和灭火设备主要由自动喷水头、供水管道、报警阀、水泵和水源等组成。这种设备是利用压力供水装置或水泵，通过供水管道和报警阀，将带有一定压力的压力水输送到自动喷水头，自动喷水头开启后，使水雾化喷出。

自动喷雾水冷却设备和灭火设备是利用喷雾水进行冷却和灭火，用水量少，冷却灭火效果好。

自动喷雾水灭火设备可以有效地扑救固体物质火灾，对于汽车库、汽车修理间、油浸电力变压器、配电室等处发生的火灾，都有良好的灭火效果。自动喷雾水灭火设备还可以保护高层建筑的屋顶钢构件。由于喷雾水的粒径小，能在燃烧区内迅速汽化，具有良好的冷却和窒息作用，因而能迅速扑灭各种物质（除遇水燃烧、爆炸的物质）的火灾。

此外，喷雾水的电气绝缘性强，因此能较好地扑救电气设备的火灾。

3. 自动喷水灭火设备的检查与维护管理

为使自动喷水灭火设备经常处于完好状态，应建立各种制度，确定专人负责对其进行检查和维护保养。

（1）喷头的检查与维护保养。如发现喷头有腐蚀、漏水、堵塞等现象，应对所有的喷头进行检查，对达不到要求的，不合格的应进行更换。

经常保持喷头的清洁，以免尘埃沉积而起隔热作用，影响喷头的效能。清除尘埃和污物时，不要用酸或碱溶液洗刷，也不要用热水或热溶液洗刷。对轻质粉尘，可用扫帚清除。对易形成结垢尘埃，如喷漆雾粒、水泥粉等，只能分期分批拆换喷头，集中清理。

对腐蚀严重的场所，可采用涂蜡、镀铅或涂防腐蚀涂料对喷头进行处理，不论采用哪种办法，都要根据腐蚀性气体性质和使用温度的高低来决定。在采用镀铅和涂料时，绝不能涂在感温元件上，而只宜涂在喷头的本体、悬壁和溅水盘上。

（2）管系的检查和维护。如发现管系有腐蚀现象，应对管系进行耐压试验。因管内生锈结垢或外来物而引起管系堵塞，必须及时进行清理。清理工作要从室外开始，选择管子末端的消火栓作为排水口，以便提高水的流量和流速，将室外管网内的沉积物冲洗排出。

室内管路的清洗有以下两种办法。

① 顺洗法。先将支管末端的喷头拆下，装上合适的截止阀，再接上水带，引入下水道或者室外，然后大量放水，将沉积物排出。

② 逆洗法。利用压缩空气或水的力量自支管末端引入自来水，经过支管、干支管、干管和总管，最后经总阀门上的排水管将沉积物排入下水道。

顺洗法和逆洗法相比，逆洗法可避免沉积物堵塞支管。

为防止管系漏水，平时应做到：严禁将管子用作其他各种支撑物；拆装喷头时，必须按操作规定应用合适的工具，切忌直接钳住喷头悬壁进行旋紧或拧松；管子一般应涂上两层防腐漆，还应根据腐蚀的严重程度，每3～5年重新涂刷一次，采用镀锌钢管的管系，如发现有局部腐蚀，可用热沥青涂刷，再用纱带缠绕包扎。

（3）供水设备的检查

① 蓄水池的检查。检查蓄水池是否有过多的沉淀物，在金属结构的蓄水设备内壁应涂刷防锈漆，一般情况下，通常蓄水池每3年清洗一次。

② 水泵的检查。水泵应定期启动，检查其工作状态和性能，对离心泵，还应检查引水设备；试验水泵时，应打开排水阀，不得使水进入管系。

③ 水泵动力的检查。如采用电力作为水泵的动力，应检查是否有停电的应急措施；如采用内燃机为动力，应检查内燃机的工作状态和燃油储存情况，燃油应有供3小时运转所需的储备量。

（4）报警阀的检查。报警阀应定期进行检查、试验。试验方法是通过开启警铃校验旋塞，测定其发出鸣响所需的时间。第一次试验，可能所需时间较长，第二次试验一般应在 1 分钟以内。如警铃校验旋塞关闭后，仍能继续发出鸣响，则可能出现以下三种故障。

① 可能是校验旋塞未完全关紧，应加以关紧。

② 在报警阀座的环形水槽上积有障碍物，以致阀盘关闭不严，使水流继续通过环形水槽流入警铃输水管。对此，可将校验旋塞和放水阀开启，进行大量排放，冲掉障碍物。

③ 如报警阀盘下的橡胶垫板老化或皱褶，不能密封水槽，应拆开检修并更换。

（二）二氧化碳灭火设备

二氧化碳灭火的原理是通过减少空气中氧的含量，使其达不到支持燃烧的浓度。二氧化碳在空气中的含量达到 15％以上时，能使人窒息死亡；达到 30％～35％时，能使一般物质的燃烧逐渐窒息；达到 43.6％时，能抑制汽油蒸气及其他易燃气体的爆炸。

二氧化碳灭火设备按其用途分为全充满灭火设备和局部应用设备两类。

1. 全充满灭火设备

全充满灭火设备是指在房间内设置固定的二氧化碳喷头，起火后能在要求的时间内，使室内空间达到二氧化碳灭火浓度要求的设备，适用于保护容积不大且密封性较好的房间。灭火时，现场不能有人，以免人员中毒。

全充满灭火设备由钢瓶、输气管、分配管、喷头，以及报警启动设备组成。当房间发生火灾时，首先是探测器发出火灾报警，然后启动器打开钢瓶的启动阀和相应的分配阀，使钢瓶内的二氧化碳进入输导管，经过分配阀进入起火房间，最后喷洒出二氧化碳，进行灭火。

2. 局部应用设备

局部应用设备是指在保护空间（或机器设备）内设置固定的二氧化碳喷头，并在要求的时间内，使起火部位达到二氧化碳灭火浓度要求的设备。

局部应用设备仅对保护对象的特定部分或特定设施施放二氧化碳灭火剂。当被保护对象有较大的开口部分，而又无法密闭，用全充满设备又不能收到灭火效果，或保护对象规模庞大，用全充满设备不仅二氧化碳用量很大，且有可能造成人员生命危险的情况下，采用局部应用设备比较适宜。

局部应用设备由钢瓶、配管、喷头或灭火短管等组成。当保护部位发生火灾后，利用手动启动设备开启钢瓶，二氧化碳便会进入配管，由喷头或灭火短管中喷洒而出，进行灭火。

3. 二氧化碳灭火设备的维护管理

使用二氧化碳灭火设备，每周应做一次巡视检查，检查设备有无泄漏；管道系统有无损坏；全部控制开关调定位置是否妥善；所有元件自动和手动控制阀有无损坏，是否完整好用。

灭火设备每年至少检修一次，自动探测和报警系统每年至少检查两次。在年度检查中，要注意检查以下各项。

（1）二氧化碳钢瓶。检查钢瓶有无腐蚀、涂层脱落现象；钢瓶的数量是否符合规定；储存二氧化碳的量是否符合要求。

（2）瓶头阀。检查瓶头阀有无松动变形、损伤、锈蚀；先导阀、气动阀活塞杆和活塞是否上推至工作位置；闸刀阀的闸刀切口处有无弯折、缺损，各闸刀距膜片的距离是否一致；手动装置动作是否正常；电爆阀的雷管有无受潮（每4年应更换一次）；电磁阀有无损伤、锈蚀，活动铁芯是否被锈蚀卡死；电磁阀、电爆阀的导线有无损伤，端子有无松动或脱落；安全阀（片）出口有无灰尘等造成堵塞。

（3）配管系统。检查配管及连接件有无变形、腐蚀、损伤；各螺纹连接部分有无松动、漏气；管道止回阀的设置位置和方向有无错误；安全阀的出口是否畅通；安全阀及止回阀安装是否牢固。

（4）选择阀。检查阀体有无损伤和变形；操纵管连接是否可靠，有无裂纹；接线端子是否被完全固定，有无损伤、脱落。

（5）喷头。检查喷头有无变形、损伤、锈蚀；喷头有无脱落、松动；喷嘴是否畅通，有无灰尘黏结，喷头上如装有密封垫，要检查其是否被损坏。

（6）操纵控制器。检查操纵箱有无损坏，门等关闭是否顺利，涂漆是否脱落、生锈；自动与手动转换装置操作是否灵活、可靠，转换时指示灯是否准确点亮；操纵箱门上有无表示机能特性的说明标记。

对于新安装的设备或安装后长期未做检查的设备，应进行仔细检查，对管道用压缩空气或二氧化碳进行快速的短期喷气试验。必要时，可做一次短促喷射试验，以测定灭火剂施放的时间、灭火剂达到的浓度、灭火剂的分布情况和保留时间等。在进行此项试验前，必须做到：切断控制盘的电源；装配好试验用二氧化碳钢瓶上的瓶头释放装置及操作管路；拆下与试验钢瓶连接的其他不参加试验的钢瓶和其他无关的操作管路，把接头部分和管帽或封板封死；检查以上各项工作均符合试验要求后，再把控制盘的电源接通。

（三）干粉灭火系统

干粉灭火系统主要用于扑救可燃气体和可燃、易燃液体火灾，也适用于扑救电气设备火灾。根据设置干粉灭火系统场所的要求，干粉灭火系统分为自动干粉灭火系统、半自动干粉灭火系统和手动干粉灭火系统三种。

自动干粉灭火系统由干粉罐、动力气瓶、减压阀、输粉管道、喷嘴以及火灾探测器、启动气瓶和报警器等组成。当被保护对象着火后，温度上升到一定数值时，火灾探测器便发出信号，启动气瓶打开，同时，喇叭发出警报。这时，启动气瓶中的气体把先导动力气瓶打开，使先导动力气瓶中的高压气体进入集气管，管中的压力迅速上升，使其余动力气瓶同时打开。高压气体经减压后，即进入干粉罐。与此同时，集气管中的少量气体一部分进入气动放大器，另一部分进入定压发信器。当干粉罐压力升到规定压力时，定压发信器给出信号，使气动放大器动作。气体通过放大器推动汽缸，把球阀打开，使干粉罐中的粉气混合流经过喷嘴喷洒到被保护对象表面。还可采用手动方式，直接把动力气瓶打开，排出高压气体，实施向干粉罐充气充压，从而喷洒干粉。

大型干粉灭火设备的动力气瓶都采用氮气瓶，而小型灭火设备则采用二氧化碳气瓶。

半自动干粉灭火系统与自动干粉灭火系统的组成基本相似，只是报警装置与灭火设备不联动。当被保护对象着火时，需要有操作人员启动灭火设备的控制装置，进行灭火。

手动干粉灭火系统的工作原理和操作方法与推车式干粉灭火器相同。

干粉灭火系统的日常维护管理应做到以下几点。

（1）在装置区要设置详细的操作说明，操作人员必须严格遵守操作规程，对各部件勤加检查，确保其完好。

（2）日常管理必须做到严格认真、一丝不苟。因为干粉灭火系统的喷粉时间一般在1分钟左右，如若某一部分一时的误动作，就会引起全套装置的误动作，进而造成不必要的损失。

（3）按规定的品种和数量灌装干粉灭火剂，不得任意随意变动。

（4）灌装干粉最好在晴天进行，尽量避免阴雨天操作，并应一次装完后立即密封，避免受潮，以延长使用期限。

（5）定期检查动力气瓶的压力值是否在规定的范围内，如低于规定值时，要找出漏气原因，并立即更换或修复。检查喷嘴的位置和方向是否正确，喷嘴上有无积存的污物，密封是否完好。经常检查阀门、减压器、压力表是否都处于正常状态。干粉灭火剂每隔2～3年要进行开罐取样检查，当发现有结块时，应取出烘干、粉碎，重新灌装。

（四）固定式泡沫灭火系统

固定式泡沫灭火系统由消防水泵、泡沫液罐、比例混合器、泡沫管线和泡沫产生器（或泡沫喷头）组成。

1. 固定式泡沫灭火系统的分类

按启动方式，分为自动泡沫灭火系统和半自动泡沫灭火系统。

（1）自动泡沫灭火系统。这种灭火系统与自动报警设备联动，当保护对象发生火灾时，火灾探测器首先报警，将控制阀打开，使水箱中的水通过管道、水流报警启动器打开水泵，再将泡沫混合液送给泡沫产生器，产生泡沫灭火。

（2）半自动泡沫灭火系统。当被保护对象发生火灾时，值班员要迅速合闸启动水泵，打开水泵出水口阀门，并将泡沫比例混合器指针旋转到需要的泡沫液量指数上。在水泵的压力作用下，混合器即可将泡沫液按比例与水混合后经泡沫管线输送给泡沫产生器，产生泡沫灭火。

2. 固定式泡沫灭火系统的维护管理

（1）消防泵每周必须运转一次，以确保其能够正常运行。

（2）应经常开启和关闭阀门，以保证能正常用。在冬季，对管线和阀门等部件应采取防冻措施。

（3）泡沫比例混合器和泡沫产生器应经常保持清洁、完好，发现有损坏应及时维修或更换。

（4）泡沫比例混合器和泡沫产生器每次使用后应用清水冲洗，并且每年涂刷一次防水油漆。

（5）应保证消防水源充足，补水设施良好。

（6）消防泵站应由熟悉全套设备操作的专门人员轮流值班，并建立制度，严格执行。

四、消防联动系统的管理

（一）消防联动系统的管理规程

（1）消防联动监控中心应设专人24小时不间断值班，并严格做好各种记录。

（2）消防联动系统维修保养责任人必须持消防上岗证上岗，按计划定期进行维修保养，确保整个系统发挥正常功能。

（3）消防联动设施为消防专用，严禁挪作他用，专用工具、专用设备应保管好。

（4）发现消防联动系统的报警必须立即查清原因，按操作规程处理，发现故障应立即排除，所有系统的报警或动作都需做详细处理记录。

（5）消防监控中心须保持干净整洁，严禁无关人员进入监控室内。

（二）消防联动系统的日常巡查

1. 消防联动系统的日常巡查内容

（1）检查显示屏上各种显示是否正常。

（2）检查火灾自动报警柜内各接口是否松动，线路是否有损伤。

（3）擦拭设备，保持地面、墙壁、设备无积尘、水渍、油渍等。

（4）检查火灾自动报警柜上各显示灯是否被烧坏，各按钮开关是否在正确的位置上，指示是否准确无误。

（5）检查各消防报警设备、消防反馈设备的正常功能，发现故障应立即检查维修。

2. 消防联动系统巡查记录

消防联动系统巡查记录表（表5-7）。

年　月　　　　　　　　　　表5-7　消防联动系统巡查记录表

日期＼时间	1时	3时	5时	7时	9时	11时	13时	15时	17时	19时	21时	23时	问题记录	签名
1														
2														
3														
4														
5														
6														
7														
8														
9														
10														
11														
12														
13														
14														
15														
16														
17														
18														
19														
20														
21														
22														
23														
24														
25														
26														
27														
28														
29														
30														
31														

（三）消防联动系统的维修养护

1. 消防联动系统的维修养护计划

消防联动系统的维修养护计划表见表5-8。

表 5-8　消防联动系统的维修养护计划表

序号	维修养护项目	维修养护内容	维修养护时间	备注
1	联动柜	电源按钮开关控制器功能检查,显示屏、输入输出模块检查,接线点检查	每周	
2	报警部分	烟感、温感探头、手动报警按钮、消防广播检查,消防对讲电话、警铃、控制模块、线路检查	半月一次	
3	反馈部分	消防水泵试运行,主备电源检查,水池水位、消火栓检查,管道阀门检查	半月一次	
4	其他	清洁卫生,备件专用工具清洁	半月一次	

制表：　　　　　　　审核：　　　　　　　批准：

2. 消防联动系统的维修记录

消防联动系统的维修记录表见表5-9。

表 5-9　消防联动系统的维修记录表

序号	维修项目	维修情况	维修人	备注
1	控制器功能			
2	电源			
3	按钮开关			
4	探测器			
5	手扳按钮			
6	联动柜功能			
7	消防广播			
8	消防对讲电话			
9	警铃			
10	消防水泵			
11	消火栓			
12	防火卷帘门			
13	控制模块			
14	线路检查			
15	管道阀门			

其他情况：

3. 消防联动系统故障处理记录

消防联动系统故障处理记录表见表5-10。

表 5-10 消防联动系统故障处理记录表

项目	记录
故障(或报警)时间	
故障(或报警)点	
故障(或报警)处理人员	
故障(或报警)原因	
故障(或报警)处理情况	
故障(或报警)处理结果	
故障(或报警)结束时间	
工程部主任确认意见	

五、其他消防设备的管理

(一)消防监控系统的管理

1. 消防监控系统的管理制度

(1)行政中心的消防监控系统,主要对大楼的消防设施设备的状态进行监控,在发生消防事故时,自动进行灭火救灾。

(2)消防监控中心值班人员 24 小时对大楼的消防系统进行监控,发现报警应立刻通知值勤保安员到现场查看确认,防止超标准使用报警,确属火警,则按火警处理程序进行处理;属误报的,查明原因,消除故障,恢复系统。

(3)电梯迫降时,立即用对讲机通知电梯内乘客保持镇静,配合疏散工作。

(4)定期对消防系统进行巡视检查、检测,发现问题应及时排除,保证系统的正常运转。

(5)如有设备故障,监控中心值班人员应及时通知工程部进行维修处理。

(6)值班人员要负责消防中心的清洁工作,保持地面、墙壁、设备无积尘、水渍、油渍。

(7)工程部为消防报警设备维护保养单位,对消防报警设备进行日常的维护保养,物管部派人配合并监督其执行情况。

(8)物管部和安全部每月定期对物业消防系统进行模拟检测,确保消防设备处于正常状态。

(9)如因维护或其他原因要暂时改变消防系统的状态(如手动/自动等),应由物管部书面通知安全部,并提出相应的临时措施,确保物业消防安全。

2. 消防监控系统的值班记录

消防监控中心实行 8 小时轮班制,以确保值班人员精力充沛,并严格执行交接班制度,加强消防监控室管理,杜绝闲杂人员随意出入,每一值班人员都需填写

"消防监控系统的值班记录"（表5-11）。

表 5-11 消防监控系统的值班记录

单位：   年 月 日

班次	早班:8:00～16:00	中班16:00～0:00	晚班0:00～8:00
值班人			
报警电话及对讲机			
控制柜检查			
气体灭火控制器			

（二）紧急广播系统的维修养护

（1）按养护计划表做好系统保养。

（2）养护时先断开系统电源。

（3）清洁录音座的磁头、压带轮、主导轴。

（4）清洁录音机磁头和机械部分。

（5）检查切换器背后的接线端子、插头和面板按钮。

（6）清洁扩音机散热器上的灰尘。

（7）养护结束后选择部分楼层做测试，并填写消防中心设备检查表。

（三）消防排烟系统和正压送风机的维修养护

（1）按养护计划进行系统和设备的保养。

（2）手动盘动风机检查松紧度，发现异常马上检修。

（3）检查风机的风叶，清除表面灰尘。

（4）加注润滑油，检查紧固风机接线端子。

（5）清除控制箱表面和内部的灰尘，检查箱内器件。

（6）检查风机与风管间的软接管，发现破损立刻更换。

（7）手动启动风机并检查其运行情况。

（8）养护结束后，填写消防风机检查表。

（四）防火卷闸的维修养护

（1）按养护计划进行系统保养，并记录在设备日常养护表上。

（2）清除卷闸电机及传动链条表面灰尘，并加注润滑油。

（3）检查控制箱内器件，紧固接线端子，清洁箱内及表面灰尘。

（4）检查手动开关控制盒，清洁按钮上的污物。

（5）检查卷闸上下行程开关，开关滑轨加润滑油。

（6）检查电动刹车手动开关和手动起闸装置。

（7）检查手动上升和下降防火闸的运行情况，并调整上下行程开关位置，令卷闸开启或关闭处于适当的位置。测试过程严防卷闸冲顶或冲底。

（8）触发卷闸附近的烟感器或温感器，检查自动落闸功能，消防中心监控人员在联动台上测试遥控落闸功能。

第四节 火灾处理

一、火灾处理部门的职责

物业一旦发生火灾事故，管理处所有部门都要立即采取行为，执行自己职责范围内的任务，参与排除消防安全事故的行动中，不同的部门，消防应急的职责不同。

（一）消防监控中心的职责

（1）当消防监控中心监控设备发出火警信号时，值班人员应立即通知巡逻保安员到现场确认，一旦火情被确认后，应要求巡逻保安员尽量详尽地了解火灾的性质及燃烧物质等情况，并立即启动相应区域楼层的灭火系统设备投入工作。

（2）如确认为火警，应及时向安全部经理（或值班经理）报告，讲清报警地点、火势大小、燃烧物质等情况。

（3）将监控镜头定在报警楼层进行监视，并将情况及时向值班经理报告。

（4）消防监控中心值班人员迅速拨打"119"火警电话，报告消防中心，讲明发生火灾的单位地点、电话号码、着火楼层、燃烧物质等情况，并做好火警过程记录。

（5）通知应急分队。

（6）通知着火区域单位负责人到现场。

（7）通知工程部人员到现场。

（8）报告管理处主任和安全部主管。

（9）启用消防紧急广播，通知用户紧急疏散。

（10）检查电梯有无困人，若出现电梯困人现象，应及时向当班主管报告，并利用电梯对讲机安慰被困者情绪。

（11）听从现场指挥，随时准备关停通风设备，切断非消防用电负荷，启动消防泵、喷淋泵。

（12）消防监控中心应及时指派专人到交通路口，引导消防救援车辆及消防人员进入火灾现场进行扑救。

（13）对物业周边外围通道进行监视警戒，警惕其他治安事件发生，发现可疑人员应及时通知外围保安员予以制止。

（二）工程部的职责

（1）工程部责任人为工程部主管。

（2）值班人员接到报警后，及时携带应急灯和机房、管井钥匙迅速赶到现场，听从指挥，参加火灾扑救工作。

（3）及时关闭火灾现场及受影响范围内的一切通风装置，切断非消防电源。

（4）检查消防水源、消防水泵的运转情况，并对发生故障的消防设备、设施及时进行抢修和排险。

（5）进行电梯管制，营救电梯内被困人员。

（6）在配合火灾扑救的同时，应保证其他范围内重要设备的正常运转，尤其是柴油发电机、数据机房、指挥中心、变配电室、UPS设备等，在消防队到场后介绍消防水源和系统情况。

（7）火灾被扑灭后，应协同其他部门做好善后工作。

（三）安全部的职责

（1）安全部责任人为安全部主管。

（2）安全部在岗保安员在接到火警通知后，应立即赶赴火灾现场，持灭火器灭火。

（3）外围保安员应立即加强物业周边外围通道及火场外围的巡逻和警戒，同时警惕其他治安事件发生，对可疑人员进行询问，指挥无关车辆离开火灾现场。

（4）保证物业内外通道的畅通，路口保安员迎接消防车辆，并引导车辆到达室外消火栓井口，指引消防人员到达火灾现场。

（5）外围保安员对围观人员进行疏导，阻止无关人员进入物业内，视火险状况有序地疏导人员撤离火灾现场。

（6）抢险过程中，在确认火险不会造成人员伤害的情况下，尽力保护物业内的重要机房及设备。

（7）火灾被扑灭后，应协同其他部门做好善后工作。

（四）客户服务部的职责

（1）客户服务部责任人为部门主管。

（2）负责组织急救志愿人员，准备急救药品及器材；根据伤病人员的情况，在现场统一指挥下通知急救中心；准备车辆及时运送伤员和救护物资。

（3）火灾被扑灭后，应协同其他部门做好善后工作。

二、火警管理

（一）报警管理

管理处所有人员均应加强消防意识，发现有异常情况时，应立即向上级领导及消防部门汇报。

（1）人工报警。员工看到有烟雾、火光，闻到其他焦烟气味，感觉到异常声音或不寻常的热度时，应迅速予以重视并及时检查，发现并确认火情后应立即通知

（对讲呼叫、拨打热线电话或当面告知）消防监控中心，并报告管理处经理（或现场负责人）。

（2）火灾报警监控主机报警。报警主机发出火灾报警后，消防中心值班员应立即用对讲机，通知该报警区域最近的巡视人员赶赴现场进行确认。巡视人员立即赶赴现场检查，发现并确认火情后立即通知（对讲呼叫、拨打热线电话或当面通知）消防中心，并报告管理处经理（或现场负责人）。

（3）报警人报警时，应清楚、准确地报告报警人的姓名、身份、部门、起火地点、燃烧物质、火势大小，另外报警人还要询问接警人姓名。

（4）报警人在报警的同时，应及时按动最近火灾报警按钮，并用附近的灭火设施及器具扑救初起火势，如火势较大应及时撤离现场。

（二）接警管理

（1）当消防警钟鸣号时，应立即前往地下的消防控制室查看下列各控制板。

① 消防喉辘和火警钟玻璃按手系统。如属消防喉辘或火警钟玻璃按手警钟，那么消防显示板会显示该层的按手固定消防泵开动，应立即到该层楼查看是否有火警。如属意外打破火警按手，则到消防控制室把控制匙插上，使警钟停止，再关上消防泵电闸电源，另外通知工程部更换被损坏的玻璃。

② 感应烟雾头。如属感应烟雾头警钟，必须立即到现场查看是否发生火警，如发生火警，则通知当班人员火警的地点、位置，当班人员需等待消防车抵达后，带领消防队员赶赴发生火警现场。

如属其他原因引起感应烟雾头误鸣的，必须立即通知警钟控制中心（可能消防车已出发）及时将警钟停止，但千万不要还原灯号，要待消防队到现场检查收队后才能还原。若灯号不能还原，需要更换时，必须致电警钟控制中心挂牌，待换妥灯号还原后才能除牌。

③ 消防花洒水流闸。做法与感应烟雾头相同。

（2）值班人员接到电话报火警时，要问清和记录报警人的姓名、身份、起火的地点、燃烧的物质、火势的大小等，并立即与管理处经理（或现场负责人）取得联系，通知相关人员及时到现场确认。

（3）管理处经理（或现场负责人）在接到火情报告后，应立即赶赴火灾现场进行指挥。

（三）火警确认

巡楼保安员或管理员接到消防监控中心当班保安员的呼叫后，以最快速度赶到报警地点核实，并且遵循以下规则。

（1）报警地点在公共地方，直接进入报警地点检查。

（2）报警地点在写字楼单元内，先按门铃，向用户简要说明理由后，进入报警地点检查。

（3）报警地点在商场内，与商场管理人员一起进入报警地点检查。

（4）报警地点在停车场内，与停车场管理人员一起进入报警地点检查。

（5）报警地点在商场的独立商铺内且商铺已上锁，应及时报告当班主管和商场当班负责人，待当班主管和商场当班负责人到场后，决定是否破锁进入检查。

（6）报警地点在写字楼单元且该单元已上锁，应及时报告当班主管，待当班主管到场后，决定是否破锁进入检查。

（7）若观察到已上锁的场所内有明火或烟雾，则必须破锁进入该场所检查，排除险情后，加锁，并通知用户。

（四）火警通报

（1）确认起火时，应将火灾情况通报有关部门和人员，疏散通报必须根据火灾情况决定是部分通报，还是全部通报。通报的次序：首先是着火层，其次是着火层以上各层，最后是着火层以下的楼层。

（2）通报的方式为警铃通报和消防广播通告。

（五）火灾报警记录

火灾报警记录表见表 5-12。

表 5-12　火灾报警记录表

	序号	班次	报警时间	地点	报警类别	情况检查	处理过程及结论	值班人
报警记录	1							
	2							
	3							
	4							
	5							
	6							
	7							
	8							
	9							
	10							

三、常见火灾处理

在物业管理过程中，由于管理不当或其他一些意外的原因而引发火灾，会给物业公司和物业用户带来巨大的经济损失甚至危及人身安全，所以做好防火安全工作至关重要，下面主要介绍常见火灾发生时人员的救助和疏散方法，以及物资保护的方法。

（一）火灾的处理原则及注意事项

（1）发生火灾时，值班人员要保持头脑清醒、冷静，报警时要说明火灾发生的地点、联系电话、火灾性质。同时，组织现场人员进行扑救工作：一是断电、断气，转移易爆易燃物品；二是按科学方法处理，如若不能切断消防电源，电路发生火灾不能用水灭火等；三是指定专人引导消防车辆进入；四是防止不法分子乘机进行破坏活动。

（2）利用现有消防设备进行扑救，做到不失时机地扑灭初期火灾，避免发生重大的人身伤亡事故或经济损失。

在组织指挥灭火自救的工作中，应坚持以保证大多数人安全为前提，及时封堵火势蔓延口，消除火势对人员疏散通道的威胁，保护着火房屋（层）及其相邻区域的人员疏散到安全区。

（3）应急分队应在起火后3分钟内到现场进行火势控制和灭火，义务消防队应在起火后5分钟内到现场进行扑救，其他人员应在起火后10分钟内赶到现场进行扑救工作。

（4）所有员工应听从指挥，无条件服从领导及主管的调配，按照分工，各负其责，进行扑救抢险工作；现场若困有住户，应本着坚持"先人员、后财产"的原则抢救。若室内无人，在无钥匙开门的情况下，则由管理处领导决定是否破门进入房间内扑救。事后由管理处负责向物业用户做解释工作。

（5）召集人员及时向住户通报火情，疏散人员时，首先应疏散着火房间内人员及着火层以上楼层的人员，然后再疏散着火层以下楼层的人员；老弱及行动不便者应先撤离，严禁使用一般电梯进行撤离；若配置有消防电梯，则应优先安排老弱及行动不便者乘消防电梯撤离。

（6）如火势较小时，可由保安员用灭火器或消火栓进行扑救，但需要注意的是，如果火灾由电路引起，则不要用水进行扑救，应先切断所有电源再进行灭火工作。弄清着火物质，根据不同的着火物质采取相应的灭火措施。因电器故障引起着火，应用1211灭火器或其他阻燃材料进行扑救；汽油、柴油等物质着火，应用1211灭火器进行扑救；液化石油气等易燃气体着火，应用干粉灭火器进行扑救。

（7）使用灭火器时，灭火器应对准着火部位进行喷射。使用水枪时，要利用掩蔽物体，尽量接近火源，充分发挥水枪作用，提高灭火效果。

（8）工作人员发现火灾时，在可能的情况下，以灭火设备扑灭火源，但切记勿把自己置于危险之中，要注意自身的人身安全。如火势不能被控制，应使用最近的消防楼梯走到一楼空地，并将火场内情况及时报告消防队，切记不要使用一般电梯。

（9）逃生时采用依地势爬行的方式，如必须通过火焰时，应将所穿衣服用水浸湿后或将毛毯等浸湿后裹住身体迅速冲出。

（10）值班人员留守岗位并封锁火灾现场，直到有关方面到现场处理为止。

（11）工作人员应掌握各个出口、火警警钟、灭火器、消火栓的位置，以及灭火器的使用，了解各主要通道及走火路线。

（12）保持走火通道畅通无阻，确保消防设备处于正常状态。

（13）火灾扑救完毕后，管理处安排人员协助有关部门查明原因、查明损失，并做好安置工作；管理处主管消防工作的人员，应做好火灾事故的详细记录，并以书面形式报上级主管部门。

（二）初期火灾的处理

（1）一旦发现火势苗头，每位员工和物业用户都有责任向物业消防中控室报警。当发现初期火灾时，在场人员应采取各种方式报告火警。如采用电话报警时，首先要说明起火地点、燃烧物质种类、是否有人被火围困、火势情况，以及是否正在采取扑救措施等；然后通报自己的姓名及单位（部门），并注意倾听中控室的补充询问，认真回答，得到允许后方可挂断报警电话。

（2）消防中控室接到报警后，中控室保安员应立即赶赴火警现场进行确认，执行消防报警信号处理程序。如果是误报，应进行报警复位；如果是火情，应立即报告安全部经理（第二时间报告值班经理），密切监视报警地点情况。

（3）安全部经理或值班经理收到火警报告后，立即通知总经理，同时组织消防人员，携带灭火器以最快速度到达火警现场。若火势较小，应指挥在场人员进行灭火扑救，并让有关人员使用消防梯进行安全疏散。

（4）扑灭火灾后，安全部经理或值班经理安排人员留守火警现场，进行事故调查，提出改进措施。

（5）若火势较大，无法扑救或扑救无效时，安全部经理或值班经理应立即采取措施，将灭火人员撤离至安全范围内，向总经理报告，并拨打火警电话"119"，执行火灾紧急处理程序。

（6）初期火灾的处理流程图如图 5-4 所示。

（三）居民住宅火灾的处理

1. 扑救居民住宅火灾的方法

（1）煤气和液化石油气器具火灾。煤气和液化石油气器具起火时，应先用浸湿的麻袋、棉被等覆盖起火的器具，使火窒息；然后切断气源，再用水扑灭起火部位的燃烧物，灭火后打开门窗通风。如不能将气源切断，则应立即将液化石油气罐移至安全场所，并划出不得用明火的警戒范围。

（2）厨房油锅起火。油锅起火时，应将锅盖盖上即可灭火。不可将油锅中起火的油倒入其他器皿或倒在地上。

（3）电器用具火灾。当电器用具起火时，首先断开电源，然后用干粉灭火器将线路上的火灭掉。确定电路无电时，才可用水扑救。

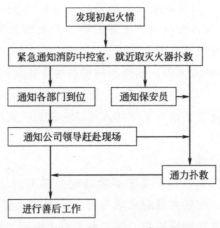

图 5-4　初期火灾的处理流程图

（4）儿童玩火引起的火灾。儿童玩火引起的火灾起火部位多在厨房、床下等位置，在灭火的同时应将厨房内的液化气罐迅速搬走，避免高温作用使气罐爆炸扩大火势，然后用水灭火。

2. 扑救居民住宅火灾时应注意的问题

（1）发现室内起火时，切忌打开门窗，以免气体对流，使火势扩大蔓延。灭火后，需打开门窗，将未燃尽的气体或烟气排除，防止复燃。

（2）嗅到煤气或异常气味时，应关紧阀门切断气源，并立即打开门窗排除可燃气体。切忌用明火检查，夜间禁忌开灯，防止打火造成可燃气体爆炸或发生火灾。

（3）发现起火后，住户除自救外，夜间要喊醒邻居，绝不可只顾抢救自己的财物而不灭火，使火灾扩大蔓延，造成人员伤亡。

（四）人员密集场所火灾的处理

商贸楼宇、住宅区都有一些方便工作、生活的配套设施，如医院、学校、幼儿园、商店、俱乐部、餐厅等，这些地方往往又是人员比较集中的场所，一旦发生火灾，如果不能及时扑救，容易造成较大的人员伤亡和财产损失。

1. 扑救人员密集场所火灾的方法

（1）人员密集场所起火后，首先应切断电源，关闭通风设施；然后打开所有的出入口，尽快疏散人员，启动灭火设备及时灭火。

（2）医院、学校的化验室和实验室用的易燃物质、气体起火时，应及时撤离出未燃物质，同时用浸湿的织物覆盖起火部位，或用二氧化碳干粉灭火器或水扑救，并用沙土围堵地面流淌的液体。灭火后，打开门窗排除可燃气体。

（3）电气设备、电路起火时，要切断电源，用干粉灭火器扑救。

（4）当火势威胁到病人和学生时，要尽快疏散或进行抢救，并将其撤离到安全地带。

（5）幼儿园、托儿所起火时，应迅速抢救出孩子，并关闭着火房间。如火势较大来不及疏散，要将孩子转移到安全房间，等待消防队前来抢救，千万不可乱动。

（6）在灭火的同时，要把起火点的未燃物资搬走或隔离，防止扩大火势。

2. 扑救人密集场所火灾时应注意的问题

（1）当有化学、塑料类物质燃烧时，要注意毒气和烟雾中毒。

（2）利用广播形式宣传、引导和稳定人们的情绪，有序地按疏散计划撤出被困人员，防止人群拥挤造成伤亡事故。

（3）灭火时要沿墙根行动，防止燃烧点上部物体坠落伤人。

（五）高层建筑火灾的处理

高层建筑具有楼高层多、人员密度大、出口相对较小等特点，给火灾的扑救工作带来一定的困难。因此，针对高层建筑火灾的救助，要掌握一些特殊方法。

扑救高层建筑火灾、抢救和疏散人员是一项艰巨的任务，消防人员要针对不同情况采取不同方法，及时进行疏散抢救，避免和减少人员伤亡及财产损失。可尽量利用建筑物内已有的设施进行安全疏散，如：利用消防电梯进行疏散；利用室内的防烟楼梯、普通楼梯、封闭楼梯进行疏散；利用室内的阳台、通廊、室内设置的缓降器、救生袋等进行疏散；利用擦窗机进行疏散。这是争取疏散时间，提高疏散效率的重要方法。

日常也要组织物业用户学习在紧急情况下利用一切可以利用的有利条件，选择正确的逃生方法。下面列举几种常见的逃生方法。

1. 利用建筑物内设施的逃生方法

（1）利用消防电梯进行疏散逃生，但着火时普通电梯千万不能乘坐。

（2）利用室内的防烟楼梯、普通楼梯、封闭楼梯进行逃生。

（3）利用建筑物的阳台、通廊、避难层、室内设置的缓降器、救生袋、安全绳等进行逃生。

（4）利用观光楼梯避难逃生。

（5）利用墙边落水管进行逃生。

2. 不同部位、不同条件下人员的逃生方法

（1）当某一楼层某一部位起火，且火势已经开始发展时，应注意听广播通知，广播会通知着火的楼层，以及安全疏散的路线、方法等。不要一听到有火警就惊慌失措、盲目行动。同时，广播人员需要注意楼内是否住有不同民族、不同国籍的用户，如有应使用相应的语言进行广播，告诉用户哪一楼层、哪个部位着火，以及安全疏散的路线、方法。

（2）当房间内起火，且门已被火封锁，室内人员不能顺利疏散时，可通过阳台或走廊转移到相邻未起火的房间内，再利用该房间通道疏散。

（3）如果是晚上听到火警，首先应该用手接触房门，试其是否已变热，如果房门变热，则不能将其打开，否则烟火就会冲进房间；如果房门不热，应通过正常的途径逃离房间。如在楼梯间或过道上遇到浓烟时要马上停下来，千万不要试图从烟火里冲出，应选择易被人发现的地方，向消防人员求救。

（4）当某一防火区着火，如楼房中的某一单元着火，楼层的大火已将楼梯间封住，致使着火层以上楼层的人员无法从楼梯间向下疏散时，被困人员可先疏散到楼顶，然后再从相邻未着火的楼梯间往地面疏散。

（5）当着火层的走廊、楼梯被烟火封锁时，被困人员要尽量靠近当街窗口或阳台等容易被人看到发现的地方，向救援人员发出求救信号，如呼唤、向楼下抛掷小物品、用手电筒往下照等，以便让救援人员及时发现。

（6）在充满烟雾的房间和走廊内，人员逃离时最好弯腰，使头部尽量接近地板，必要时应匍匐前进。

（7）如果处于楼层较低（三层以下）的被困位置，当火势危及生命又无其他方法可自救时，可将室内床垫、被子等软物抛到楼底，人从窗口跳至软物上逃生。

3. 自救和互救的逃生方法

（1）利用各楼层的消防器材，如干粉灭火器、泡沫灭火器或水枪扑灭初期火灾进行逃生。

（2）互相帮助，共同逃生，对老、弱、病、残、孕妇、儿童，以及不熟悉环境的人要引导疏散，帮助其逃生。

（3）自救逃生。发生火灾时，要积极行动，充分利用身边的各种利于逃生的设施及物件，如用洗手间的水淋湿墙壁和门，阻止火势蔓延等。

4. 火灾逃生时应注意的事项

火灾逃生时应注意的事项如下。

（1）不能因为惊慌而忘记报警。进入高层建筑后应注意通道、警铃、灭火器的位置，一旦发生火灾，要立即按警铃或打电话。

（2）起火后，如果发现通道被阻，则应关好房门，打开窗户，设法逃生。

（3）不能盲目从窗口往下跳，当被大火困在房内无法脱身时，要用湿毛巾捂住鼻子，阻挡烟气侵袭，耐心等待救援，并设法报警呼救。

（4）不能乘普通电梯逃生。

（5）不能在浓烟弥漫时站立行走，应在地上爬行，避免呛烟或中毒。

（六）火灾的善后与灾后恢复工作

火势完全熄灭后，保安员负责现场警戒，保护现场，并协助消防部门查明火因，统计损失，向上级提交事故报告。

（1）安排客户服务中心视情况准备食品饮料，安排好受灾人员的临时生活，并负责与医院等单位联系。

（2）保护现场和区分责任，安全部负责保护现场。火灾扑灭后，各相关人员按分工做好善后工作，除必须保护的现场外，其他地方应尽快恢复原状。由安全部负责写出火灾事故调查并报告上报；对火灾扑救中的工作进行总结，对扑救工作中表现突出的人员提出表扬和奖励的建议。

（3）工程部在火灾扑灭后，负责与自来水公司、煤气公司、供电局等单位联系，及时关闭自动水喷淋阀门，更换损坏的喷头或其他消防设备，并使所有的消防设施恢复正常。根据受灾现场的情况，开展维修或重建工作。

（4）火灾事故调查程序。

① 初期火警处理。

a. 对现场拍照。

b. 留守现场。

c. 调查事故原因。

d. 追究失火责任人的经济赔偿责任。

e. 向受影响客户致歉。

f. 做好事故记录。

② 火灾扑灭后。

a. 保护现场，禁止无关人员进入现场。

b. 对现场拍照。

c. 协助消防部门到现场调查失火原因。

d. 向受影响客户解释、致歉。

e. 安全部做好事故记录。

③ 常见失火的原因。

a. 未熄灭的烟头。

b. 易燃易爆物品存放不当。

c. 用电不当，产生火花。

d. 电器产品不合格。

e. 货物长期堆积自燃。

④ 事故调查报告一式两份：一份由安全部存档；另一份由物业综合办公室存档。

四、重大火灾处理

（一）大型火灾的处理程序

对于大型火灾的处理，管理处应成立大型火灾处理分队，该分队由指挥部、灭火行动组、疏散引导组、通信联络组、安全防护组、救护组、后勤保障组等组成。发生火灾时，各分组应听从指挥部的指挥，负责各自职责范围内的火灾处理工作。

具体的火灾处理程序见大型火灾处理流程图（图 5-5）。

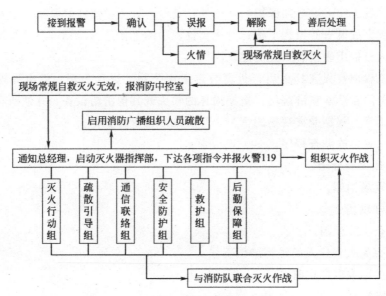

图 5-5　大型火灾处理流程图

（二）指挥部的组成及工作程序

1. 指挥部的组成

指挥部的总指挥是管理处总经理，副总指挥是管理处副总经理，办公室负责人是安全部经理，成员是各部门经理，地点在消防中控室，电话××××××××。

2. 指挥部的工作程序

（1）指挥部成员（成员不在岗的，由带班主管代替）接到火警报告后，立即到消防中控室，掌握火势发展情况，及时调集力量，布置救人、疏散物资和灭火等任务。

（2）对于初期火灾，应根据具体情况可直接在火场适当位置组成临时指挥部，以便迅速有效地指挥灭火，听从总经理指挥。

（3）安全部经理调集灭火行动组控制火势，防止火势蔓延。下达疏导用户的指令，根据现场火灾情况，利用应急广播或电话，通知疏散引导组到现场疏导用户撤离现场，并同时拨打"119"报警，派人到路口等待消防队到场，下达启动消防设施的命令。

（4）在火势无法控制、形成大火的情况下，调集公司各部门人员进行抢险救灾，与到场的消防队共同扑灭大火，并采取必要的措施。

（5）大火扑灭后，组织保安员封锁现场，等待公安、消防人员的调查。

（三）灭火行动组的组成及工作程序

1. 灭火行动组的组成

灭火行动组由保安队若干人组成，负责人是安全部带班主管，保安队长为义务消防队队长，职责是扑灭火灾和防止火势蔓延。

2. 灭火行动组的工作程序

（1）灭火区域的单位领导和义务消防队员要立即用灭火器、消火栓扑救初期火灾。

（2）保安队备勤人员接到通知后，立即到火场灭火。火势凶猛时，备勤人员应带好防毒面具，穿好消防服，听从指挥。

（3）灭火区域相邻单位有关人员，将易燃物品按统一指挥及时搬到安全地点，防止火势蔓延，同时听从指挥。

（4）消防中控室根据火场情况和指挥部的指令，启动相应的消防设施。在确定火场的情况时，应做到"三查、三看"，即一查火场是否有人被困，二查燃烧的物质，三查从哪里到火场最近；一看烟火定风向、定火势、定性质，二看建筑定结构、定通路，三看环境定重点、定人力、定路线。

（5）使用消火栓喷射水流时，应把水流喷射到火焰根部，即把水流喷射到燃烧物体上。在看不见火焰的情况下，不要盲目射水，要根据火场的燃烧情况及时变换射流。

（6）使用干粉灭火器时，应对准燃烧物体火焰的根部平行喷射，如果燃烧区火焰面积较大，可将干粉灭火器停在距火源 Sm5m 的上风或侧上风的位置，使灭火剂完全覆盖燃烧区。向有遮蔽物体的燃烧物喷射时，应居高临下，否则不易灭火。

（7）当电气设备着火并引燃附近可燃物时，在一般情况下应立即切断电源，尽快扑救，但是情况危急时，可先迅速有效地使用干粉灭火器控制火势、扑灭火灾。

（8）确认火情时应注意不要草率开门，先试一下门体的温度，如温度较高，并确认内有火情，此时如房间内有人，应先设法救人；如没有人，应做好灭火准备后再开门扑救。开门时不要将脸正对开门处。

（9）在确保灭火人员人身安全的情况下，将电梯运行至一层，并关闭电梯门，切断电梯电源。

（四）疏散引导组的组成及工作程序

1. 疏散引导组的组成

疏散引导组由各客户行政负责人若干人和客户服务部若干人组成，负责人是客户服务部带班经理和各客户主管行政负责人，职责是引导用户从消防安全通道疏散到安全地方，避免拥挤损伤。

2. 疏散引导组的工作程序

（1）发生火灾后，疏散引导组负责人和着火单位疏散引导组负责人，立即到火灾现场组织疏散，且其他相邻单位的疏散引导组负责人应协助着火单位疏散人员，并做好本单位的疏散准备，派人到各出入口维护疏散秩序，防止有人再次进入物业。

（2）中控室向客户进行广播。在紧急情况下，中控室可直接启动应急广播进行疏散。通知非工作人员迅速散离火灾现场，按安全出口通道、消防通道疏散到安全地方或避难层，及时报告火灾现场情况，确保无人员滞留火灾现场。

（3）指挥用户疏散，疏散顺序应先从着火层以上各层开始，安慰暂不需疏散的用户；引导着火房间内的人员或楼层人员安全疏散，随后查漏。引导人员从消防电梯疏散到首层，如无法从消防电梯疏散到首层时，应引导人员疏散到天台上风处，等待营救，并组织水枪掩护。

（4）对受火灾威胁的各种物资，要根据火场的具体情况对其进行处理，但要尽量避免或减少财产的损失。在一般情况下，应当先疏散和保护贵重的、有爆炸和毒害危险的，以及处于火势下风方向的物资。疏散出来的物资不得堵塞通道，应放置在免受烟、火、水等威胁的安全地点，并派人保护，防止物资丢失和受损。

（五）通信联络组的组成及工作程序

1. 通信联络组的组成

通信联络组由中控室1人、着火单位通信联络员2人、各客户行政负责人组成，负责人是管理处副总经理，职责是保证各组与指挥部的通信联络及情况的反馈。

2. 通信联络组的工作程序

（1）发生火灾后，火情发现人应立即向消防中控室报警或向行政负责人报警。消防中控室接到报警并确认火情后，立即报告安全部经理和公司领导，并通知指挥部其他成员到消防中控室集合。消防中控室值班人、各单位通信联络组人员，随时向指挥部通报火场信息和传达指挥部命令。指挥部成员、各单位行政负责人，应将联系电话和手机号码留存中控室，以便随时联系。

（2）发生火灾时，通信联络组应保持物业内外、着火楼层及消防控制区域与指挥部的联络，使指挥部的指挥意图、预定的灭火疏散应急方案顺利实施。各班组要设专人接电话，及时传话。指挥部、着火楼层及相邻部位人员通过对讲机保持联络。通信人员必须是熟悉各部门位置、各部门负责人的人员。

（六）安全防护组的组成及工作程序

1. 安全防护组的组成

安全防护组由保安员若干人组成，负责人是保安队副队长，职责是守护物业各个出口，防止不法分子进行破坏。

2. 安全防护组的工作程序

（1）物业发生火灾后，外勤保安员应立即到物业大门和地下停车场门口进行警戒，防止无关人员进入物业，并帮助撤出的人员撤离物业。

（2）清除路障，指挥一切无关车辆离开火灾现场，劝导过路行人撤离火灾现场，维持好物业内交通秩序；迎接消防队，为消防队到场灭火创造有利条件，并引导消防车辆停靠至适合灭火的位置。

（3）不准无关人员进入着火区域，指导疏散人员离开危险区域，看管好从着火楼层疏散出来的物资；引导消防员进入着火区域，为消防队的灭火行动维持好秩序。

着火楼层以外的警戒任务是：不准人员进入着火楼层；防止不法分子乘机制造混乱，保护好消防器材；引导疏散人流向安全区域有秩序地撤离；疏导围观群众。

（4）对物业内停车场停靠的车辆，要及时通知物业用户驶离物业，以免损坏。

（七）救护组的组成及工作程序

1. 救护组的组成

救护组由工程部综合维修若干人、综合办公室若干人、财务部若干人组成，负责人是综合办公室主任，职责是救护受伤人员。

2. 救护组的工作程序

（1）积极抢救受火灾威胁的人员是灭火工作的首要任务。当有人员受到火势威胁时，应根据救人任务的大小和现有的灭火力量，首先组织灭火人员救人，同时布署一定力量扑救火灾，在救援力量不足的情况下，应将主要力量投入救人工作中。

（2）火场人员疏散应先从着火房间开始，再从与着火房屋相邻楼房（或着火层以上各层）开始疏散救人；对受伤人员应及时抢救，对受伤严重的人员要及时拨打"120"急救中心电话，送急救中心进行抢救。

（3）对着火楼房以外或着火层以下楼层的人员，要做好安抚工作，不要让其惊慌、随处乱跑，要使其听从指挥。

（4）对于被火围困的人员，应通过广播、室内电话等通信工具，告知其自救办法，引导其脱险；不准使用载客电梯疏散人员；保持疏散通道畅通无阻；对疏散抢救出来的人员要清点人数，认真核对，切实搞清被困的人员是否被全部救出；对受伤人员除在现场急救外，还应及时送往医院进行救治；对人员施救时，应随身携带必要的器材、工具，如安全绳、手电筒等。

（八）后勤保障组的组成及工作程序

1. 后勤保障组的组成

后勤保障组由工程部若干人组成，负责人是工程部带班经理或主管，职责是提供水、灭火器及抢险工具等。

2. 后勤保障组的工作程序

（1）向火场运送灭火器以及其他工具。火场烟雾较大时，应向灭火抢险人员提供湿毛巾。保证消防设施正常运行，及时排除消防设施故障。

（2）后勤保障的内容：一是保证水源供应不间断；二是提供支援项目、保障灭火器材的供应。

第五节　消防管理实用技巧

一、怎么进行有效的消防管理

（1）员工应把预防火灾视作自己的日常职责。管理区域内因施工需动火的工程，必须事先通知消防中心，在管理处办理动火作业手续。

（2）施工单位动火前必须采取切实有效的防火安全措施，管理处应派人监督，待动火完毕后立刻清查现场。

（3）在重点部位、危险地段（变压器室、配电房、汽车库、发电机房、楼层和各裙楼办公室装饰等处），动火必须经管理处主任批准方能动火；违者按有关规定罚款。

（4）动火必须做到"七不、四要、一清"。动火后要认真检查现场，防止留下火种而引发火灾。

① 动火前"七不"：

a. 防火、灭火设施不落实不动火；

b. 周围的易燃杂物未清除不动火；

c. 附近难以移动的易燃结构未采取安全防范措施不动火；

d. 凡盛装过油类等易燃的容器，未经洗刷干净、排尽残有油质的不动火；

e. 凡储存有易燃、易爆物品的场所，未经排除易燃物品的不动火；

f. 在高空进行焊接或切割作业时，下面的可燃物品未清理或未采取安全防措施不动火；

g. 未配备相应灭火器材的不动火。

② 动火中"四要"：

a. 动火前要指定现场安全负责人；

b. 现场安全负责人和动火人员必须经常注意动火情况，发现不安全苗头时，要立即停动止火；

c. 发生火灾燃炸事故时，要及时处理；

d. 动火人员要严格执行安全操作规程。

③ 动火后的"一清"：动火人员和现场负责人在动火后，应彻底清理现场火种，然后才离开现场。

（5）配电房及重要机房内不准堆放可燃物品，不准吸烟，消防设备旁边不准堆放任何杂物。

（6）各走道、楼梯口等部位经常保持畅通，疏散标志和安全指示灯要保证完好，禁止住户在走道、楼梯、垃圾桶旁焚香、烧纸。

（7）严格维护消防设备，按公司规定定期进行测试检查，保证设备完好。

二、怎么进行防火安全检查

（一）一级检查

（1）一级检查由班组组织实施。

（2）每个员工每天对本岗位、本地段进行一次火情安全的检查。排除本身能够排除的一般不安全因素，上报本身不能解决的火情隐患及不安全因素。

（3）发现问题应及时处理，及时报告，否则发生事故应由本岗位当班人员负责。

（4）每天应将班组各人检查的结果向领班汇报。

（5）接班时应提前 10 分钟进入岗位，并向上一班了解安全情况，对检查内容进行验收并签名，发现一般的问题由接班班长负责处理，较大问题以书面报本处领导处理，不得忽视或拖延。

（二）二级检查

（1）二级检查由管理处领导实施。

（2）管理处领导每周组织班组长对本处管辖地段、设备物资（特别是易燃易爆物品）进行一次检查。

（3）检查班组一级对防火安全工作的执行落实情况。

（4）组织处理本处的火险隐患及整改，向员工进行安全教育，及时表扬或批评。

（5）每月向公司安全主任汇报一次本管理处消防安全情况。

（三）三级检查

（1）三级检查由公司领导实施。

（2）每月由公司办公室或公司领导对各部门进行重点检查或抽查，公司安全领导小组每年不少于一次全面检查。

（3）检查各管理处贯彻防火安全制度的执行情况，重点检查要害部位防火安全管理及执行情况。好的表扬或奖励，差的批评或处罚。

（四）检查的基本内容

（1）易燃易爆危险物品储藏、管理、使用是否符合安全要求；储存容器、管道有无定期测试，有无跑、冒、滴、漏现象。

（2）使用液化石油气炉灶，是否按照安全要求操作，摆放位置是否符合安全规定。

（3）对烟头、遗留火种是否注意安全和妥善处理。

（4）仓库内货物及物资分类存放是否符合安全规定，库房内灯泡规定 60W 以下，灯距、堆距、堆放高度、通风、室温是否符合防火安全要求以及值班情况等。

（5）电气设备运行是否正常，有无超负荷运行，电线、电缆的绝缘有无老化、受潮、漏电、短路等情况。电动机有无空转现象，防雷设备是否完好，有无拉电线情况。

（6）使用多种可燃、易爆油类是否符合安全操作要求，以及残油、气的处理情况。

（7）危险场所动火是否按规定办理手续，焊工操作时是否达到"七不"、"四要"、"一清"要求。

（8）使用有毒有害物品的场所是否有防毒的安全措施。

（9）消防器材及消防系统的完好情况。各部门对消防器材有无管好、用好和到期更换，保证正常使用。

（10）门卫对出入人员是否进行严格检查，对携带易爆危险物品的人员是否把关等。

三、怎么合理配置消防器材

为加强小区（大厦）消防自救能力，各管理处、值班室、设备房、消防控制中心，必须配备必要的消防器具。

1. 大厦消防中心或小区治安办公室应配备的设备

大厦消防中心或小区治安办公室应配备以下设备，并以专柜安放，设专人管理。

4kg1211手提式灭火器4个，消防扳手2把，消防斧2把，消防头盔10顶，防毒面具4个，口罩10个，救生绳1套，备用水带、水枪2套，铁锹杆2支，铁锹、消防桶、斗车、沙袋若干，由管理处主任确定配备数量，指定易取地点存放。

2. 大厦值班点设备房应配备的消防器具

大厦各值班点设备房应配备的消防器具：2kg 1211手提式灭火器不少于2个。

3. 使用管理制度

（1）大厦所有消防设施、设置，是为消防应急时用，严禁在非紧急情况下使用。

（2）配备的消防器具由安装地点的值班员管理，由管理处安全员每月定期进行检查、保养。

（3）严格遵守消防器材使用规范进行操作使用。

四、怎么进行电气线路防火

（一）短路防范规程

（1）必须严格执行电气装置安装规程和技术管理规程，坚决禁止非电工安装、修理。

（2）根据导线使用的具体环境选用不同类型的导线，正确选择配电方式。

（3）安装线路时，电线之间、电线与建筑构件或树木之间要保持一定距离，应用钢管或硬质塑料保护，以防绝缘遭受破坏。

（4）线路上应按规定安装断路器或熔断器，以便在线路发生短路时能及时、可靠地切断电源。

（二）超负荷规程

（1）根据负载情况，选择合适的电线。

（2）严禁滥用铜丝、铁丝代替熔断器的熔丝。

（3）不准乱拉电线和接入过多或功率过大的电气设备。

（4）检查去掉线路上过多的用电设备，或者根据线路负荷，及时更换成容量较大的导线，或者根据生产程序和需要，采取先后控制使用的方法，把用电时间错开，以使线路不超负荷。

（三）接触电阻过大防范规程

（1）导线与导线、导线与电气设备的连接必须牢固可靠。

（2）铜、铝线相接，宜采用铜铝过渡接头，也可采用在铜铝接头处垫锡箔，或在铜线接头处搪锡。

（3）通过较大电流的接头，不允许用本线做接头，应采用油质或氧焊接头，在连接时加弹力片后拧紧。

（4）要定期检查和检测接头，防止接触电阻增大，对重要接头要加强监视。

五、怎么使用手推式灭火器

手推式干粉灭火器（图5-6）药剂量大、灭火能力强、面积大、移动方便、价格低廉，用以扑灭易燃液体、气体电气设备、发动机等初起的火灾。该灭火器是发电房、化工油漆房和易着火的贵重设备等的理想灭火器材。

1. 使用规范

（1）手推式1211灭火器与手提式灭火器的适用范围相同。

（2）使用时，由两人操作，将灭火器推到火场，在距火场10m左右停下。

（3）一人施放喷射软管，双手紧握喷枪并对准燃烧处。

（4）另一人先逆时针方向拧盖数圈，使干粉向外喷射，对准火焰晃动。

2. 保养规范

（1）每月查看喷枪、软管有无堵塞。

（2）检查压力表是否在正常范围内。

（3）检查轮子是否灵活。

图 5-6　手推式干粉灭火器

六、消防中心接报火警怎么应对

（一）电话报火警

（1）接火警迅速，处警果断。

（2）要问清报警人姓名、单位、火警地点及性质、人员情况等，并做好记录，及时通知巡楼保安赶往火警现场扑救，并向上级报告有关情况。

（3）将监控镜头调到火警地点观察，启动联动系统用广播和警铃，通知火警区域人员及时疏散。

（4）回降所有电梯到首层。

（5）通过监控系统，密切注视火警区域的情况，保持与扑救人员及各部门的联系，及时向上级报告火警情况，并按总经理的指示向"119"火警台报警。

（6）火扑灭后，将所有系统复位，并做好情况记录。

（二）烟感报警

（1）接到烟感报警后，迅速将报警地点通知巡楼保安前往检查，并报告上级，同时将监控镜头定在报警地点进行观察。

（2）收到巡楼保安的情况报告后，如是火警，立即启动联动系统，并通知上级采取措施，视火情发展，用广播和警铃通知火警区域人员疏散，同时回降所有电梯到首层。如是误报或故障，将有关情况向工程部报告维修。

（三）发现火警怎么办

（1）以最快的方式通知物业消防中心，说明起火的确切地点和起火性质。

（2）疏散起火现场一带的人员。

（3）运用就近的消防器材，尽快将火焰扑灭或控制火势蔓延。

（4）保护起火现场，等候专业人员进行调查。

（5）由经理以上职级的人员决定是否向公安消防局报警。

（6）如火势扩大，难以控制，车场员工应协助指导车场人员，以最安全快捷的途径离开车场到安全地点，并提防有人趁火打劫。

（7）如出现人员受伤，应积极抢救。

第六章
不同类型物业的安全管理要点

Chapter 06

物业项目有多种类型，按照物业项目的使用功能，可将物业分为居住型物业和非居住型物业两大类，不同类型的物业项目各具特点。因此，物业管理服务企业在接管物业项目时，应针对不同类型物业项目的特点，制定不同的物业安全管理服务实施方案。本章将特别介绍住宅小区、酒店式公寓、写字楼、大型商业场所等有代表性的物业项目的安全管理要点。

第一节　住宅小区物业安全管理

一、住宅小区安全管理服务工作特性

在物业管理中，安全保卫服务是基于业主与物业管理公司按照物业服务合同的约定，为维护物业管理相关区域内的秩序而产生的，是物业管理服务的一项重要内容。北京市消协开展过一个住宅小区物业管理状况的调查，其中对小区安全保卫感到不满意的达到33％，35％的业主表示，因小区安全保卫措施不力，其人身、财产安全受到过损害。可见，住宅小区的和谐安宁已经成为公众关注的焦点。

小区物业管理中的安全保卫工作涉及内容多，而且范围广，具有专业性强、管理与服务并存性、受制性等特点，稍不注意，就有可能出现安全隐患或事故。对于物业管理这个微利行业来讲，物业管理企业因为安全保卫工作没有做到位而引起的损失，会给物业管理企业造成严重的影响。所以，除在加强小区硬件条件以外，建立起一套完善的安保制度和一支高效、专业的安全管理队伍，就成了物业管理活动的重中之重。

二、住宅小区安全管理服务工作特点

住宅小区物业安全管理服务工作具有如下特点。

1. 居住功能单一，相对封闭独立，管理具有社会性

住宅小区最大的特点是居住功能单一，小区相对封闭独立，居民集中居住。小区内一切设施都是为小区居民的居住便利而设计、构建的，小区内不包括社会物质生产等城市其他功能，这样便于管理与服务，便于提高城镇居民的居住条件和水平。

住宅小区是人们生活、居住的地方，是整个社会的一个组成部分，对它的管理与服务必然受外界影响，具有很强的社会性。小区内居住的人口结构十分复杂并相互影响，必然产生社会化现象，物业管理服务企业应争取住宅小区居民及社会各方面力量的支持与帮助。例如，生活小区的治安状况与整个社会的治安状况紧密相关，社会治安状况的大环境必然对小区的小环境产生影响，所以，在小区的治安管理工作中，应加强与所在地公安部门的沟通。

2. 人口密度高，人口结构繁多，管理具有复杂性

住宅小区内建筑密度大，形成了住宅小区内人口密度高、人口结构复杂的特点。小区居民以家庭形式为单位居住在小区内，人口结构以年龄划分，可以涵盖人口各个年龄阶段。

小区物业管理服务所具有的复杂性，首先是由于居民的结构复杂，从而对物业管理服务内容和标准要求不一。其次，房屋产权具有多元化的特点，使得管理难度增大。最后，在住宅小区的物业管理实施过程中经常涉及市政管理、水电气暖供应、公安、街道办事处等多个部门和单位，这时就需要协调关系，明确职责，在一定程度上增大了管理复杂程度。与此同时，住宅小区物业管理服务的目的，是为了满足小区内居民居住生活的需要，为居住在小区内的人们提供一个优美、安全、舒适、满意的居住环境。物业管理服务企业应该本着服务至上的宗旨，强化服务意识，为居住在小区内的人们提供高质量的服务。从事住宅小区管理服务的物业管理服务企业，通过向居住在小区内的人们提供优质的服务，达到管理的目的。

3. 房屋产权多元化，共用设施社会化，管理具有统一性

我国住房制度改革后，住宅小区的房屋基本上由住宅小区居民个人购买，产权归居民个人所有。居民个人对自己拥有产权的住房享有占有权、享用权、管理权、处置权（包括转让、出租、抵押、赠与、继承）等法律允许范围内的一切权利。一个住宅小区由众多具有居民个人产权的房屋组成，形成了住宅小区房屋产权多元化的局面。与之对立存在的是住宅小区共用设施的社会化。尽管住宅小区房屋产权归众多居民个人所有，而区分所有权的建筑物专有部分以外的共有部分，以及小区公共绿地、共用设施则属于业主共有，从而形成共用设施社会化的格局。

住宅小区内部的各个组成部分形成一个整体。各专业管理部门如果仍然采用传统的房屋管理模式进行管理，各自为政，则会互相推诿责任，其弊端显而易见。因此，对小区内的保洁、绿化、安全保卫、进出小区的车辆、公共设施维修养护及业主的房屋装修等，进行统一的管理是现代小区物业管理的主要特点之一，这样，既可保证有效的成本控制，又能提高综合服务质量，使业主直接享受到物业服务的成果。

三、住宅小区安全管理服务工作重点

住宅小区物业安全管理服务工作的重点包括以下几个方面。

1. 装修安全管理

物业管理企业应根据建设部《住宅室内装饰装修管理办法》，制定本小区的装修管理规定，严格装修期间的安全监管事项，防止出现破坏房屋结构、外观，改变房屋原有使用功能等严重违章现象。

2. 日常安全防范

由于住宅小区规模较大，每日进出人员较多、成分复杂，加之当今社会治安形势严峻，物业管理企业必须保持高度的警惕性，采取"人防"、"技防"、"物防"等多种手段，切实做好治安防范工作。

3. 档案保密管理

物业公司应注意收集、整理、汇总住宅小区工程建设资料，业主及物业使用人的档案资料和内部管理资料，特别是要注意加强相关私人信息资料的保密工作，使得住宅小区的各项管理井然有序，做到档案管理的规范化、制度化、标准化。

第二节　酒店式公寓物业安全管理

一、酒店式公寓安全管理服务工作特性

酒店式公寓是能够提供酒店水准服务与管理的高档公寓。一般来说高档公寓建筑工程设计标准较高，设备设施完善、讲究，可分层或分户居住。酒店式公寓可以是高层，也可以是多层或小高层，每层有若干套单户独立、装修精致、厅室齐备的房间，有的还配有高档家具和电器设备，智能化程度较高。

二、酒店式公寓安全管理服务工作特点

酒店式公寓物业安全管理服务工作具有如下特点。

1. 住客流动频繁，服务对象复杂

同写字楼相比，酒店式公寓的服务对象相对复杂。在写字楼内办公的人员相对固定，而下榻酒店式公寓的住客每天都在变化，流动性很大，这些住客来自社会的各行各业或来自世界各地，对酒店式公寓的服务有着不同层次的要求。对物业管理服务企业来说，要不断面对新的服务课题，以满足新住客新的要求。

2. 服务质量要求高

酒店式公寓是住客的"家外之家"，要满足不同层次住客的需求，使宾客感受到一种"宾至如归"的感觉，这不仅要求物业管理人员要具有较高的素质，而且还要求有熟练的专业技术。

3. 设备设施维修养护时间性强

酒店式公寓主要是人们休息、娱乐的场所。从经营角度讲，酒店式公寓有连续性强、时间性强和季节性强的特点。如在旅游旺季，酒店式公寓的出租率就非常高。因此，对于酒店式公寓的设备设施的检修、养护更强调时间性、季节性。应根据季节的变化、客流量的变化，制定相应的设备设施检修计划，确保酒店式公寓的设备设施能够满足住客的需要。

4. 总体协调性要求较高

酒店式公寓内部职能部门多，工作程序复杂，一环套一环，任何环节出现问题都会影响到酒店式公寓的服务质量。因此，必须高度重视酒店式公寓管理工作的总体协调性，保证酒店式公寓服务的连续性。

三、酒店式公寓安全管理服务工作重点

酒店式公寓物业安全管理服务工作的重点如下。

1. 安全保卫工作

由于入住高级公寓的客人比较富有，客人对居住安全和享受的服务都很在意，如果公寓出现了安全问题或事故，必然会影响其声誉，并对销售或出租业务造成严重损失。良好的治安环境是酒店式公寓经营的保证，安全防范工作不但是保卫部门的职责，也是其他部门和全体员工的责任。房间的安全是住客首先关心的问题，查验房卡、钥匙、核实住客身份是房间服务员的工作职责，也是为了保证宾客在店内的人身和财产安全。因此，物业管理服务对酒店式公寓的安全服务工作应融入更多的服务理念，应该把"关注安全服务"列为高级公寓经营管理的主要工作项目，不能有丝毫松懈。在安保工作中，既要求制度的严密性，又要注意内紧外松的管理方式，要技防、人防、建筑物防范三管齐下，在提供优质服务的同时，为客人提供一个安全舒适的生活空间。

2. 消防管理

火灾将直接影响在店宾客的人身安全，直接影响公寓的品牌声誉。各部门都应重视防火安全问题，尤其是厨房、洗衣房等电器较多的场所，应该建立安全消防管理和检查制度，建立安全消防预案、火灾报警预案，明确各区域的防火安全责任部门和防火安全责任人。除此以外，还应该加强员工的消防安全意识，发现火情要会报警、会疏散宾客、会使用灭火器材。

第三节　写字楼物业安全管理

一、写字楼安全管理服务工作特性

写字楼是我国目前高档物业项目的组成部分之一，是指政府办公机构和企事业单位从事行政事务和商业经营活动的楼宇。写字楼大多坐落于城市中心或交通干道附近的繁华金融区、商务区域，其建筑规模大、设施设备先进、环境优越、通信便捷、专业化程度高。写字楼在经营上有业主自用、部分自用部分出租、全部出租几种模式，需要高水平、专业化的物业管理企业进行管理。

写字楼的日常管理始终要围绕着客户的商务活动来付诸实施，要给客户提供一个舒适、整洁、安静、方便、安全的办公场所。

二、写字楼安全管理服务工作特点

写字楼物业安全管理服务工作具有如下特点。

1. 建筑规模大，机构和人员集中

现代化的写字楼建筑规模越来越大，少则几万平方米，多则十几万平方米甚至几十万平方米。在写字楼里往往有数百家国内外的机构进驻，容纳上万人在其中办公，使用密度较大。

2. 使用时间集中，人员流动性大

写字楼的使用一般都集中在早 8 点至晚 6 点这段时间。在这期间，人来人往，而在下班后则人去楼空。

3. 用户相对稳定

租住写字楼的用户一般都会选择较长的租期，短则一年，长则几年甚至几十年。由于租期较长，用户与物业管理企业彼此都比较熟悉，便于合作。

4. 设备系统先进，智能化水平高

写字楼内都配有先进的设施设备，以满足现代商务高效、舒适、安全等方面的要求。根据设备设施的使用功能可将其分为 7 大系统：供电系统、空调系统、楼宇自控系统、通信网络系统、电梯系统、消防系统、电视广播系统。

5. 地理位置优越，交通条件良好

写字楼多处在城市中心的繁华地段，与公共设施和商业设施毗邻，有多种便利的交通方式（轨道交通、四通八达的公共交通）供来往人员选择，有足够的停车位使用。

三、写字楼安全管理服务工作重点

写字楼物业安全管理服务工作的重点如下。

1. 保持设备完好，运行正常

写字楼购进的设备设施都比较先进，尤其是智能写字楼，自动化程度很高。在写字楼办公的客户，对电脑、打印机、传真机、通信设备等各种办公设备的使用率极高。因此，写字楼物业对电力的依赖非常大，必须保证不间断的供电，保证供电系统的正常运行。写字楼一般都设有变电站所或配电站为写字楼供电，管理上一般都设有操作室，实行 24 小时值班监控；同时按规定进行检查维护，发现问题及时检修，对安全隐患及时解决，以保证安全供电及写字楼各种设备设施正常运行。写字楼一般都是高层建筑，电梯是最重要的交通工具。写字楼的电梯配备的数量很多，使用率高，要制定严格的运行保养制度，进行科学合理养护，提高电梯的安全性，确保电梯运行无阻。除此之外，还有通信系统、电视广播系统、自动化监控系统等设备，都需要按规定进行检查维护，确保这些设施设备的正常运行。

2. 提供安全保障，常备不懈

作为公共场所，写字楼内的安全工作非常重要。首先是安全秩序和消防安全要求较高。写字楼多为高层或超高层建筑，人员密度相对较大，写字楼内一旦发生火灾，后果难以设想。因此，写字楼消防管理的基本目的就是预防火灾的发生，最大限度地减少火灾损失，物业管理工作除了要保障消防设备设施的完好和消防渠道的畅通之外，还要消除消防隐患，加强写字楼内的装修管理，加强员工及用户的防火宣传教育工作，消防工作要做到常备不懈。

写字楼内人员流动较大，楼内隐蔽死角较多，因此，必须加强楼内各区域的定期及不定期巡逻检查，并要完善楼内的安全监控措施，使人工监控和自动化监控有机结合，确保人身和财产安全。另外，对建筑物容易造成人员伤害的部位做出醒目标志，以达到警示作用。

由于写字楼内的设备系统、建筑结构和楼内人员的复杂性，物业管理服务企业要时刻保持警惕，随时准备应付各种突发事件。要建立完善的突发事件应急预案，如火灾预案、水管爆裂预案，公共卫生应急预案，刑事案件应急预案等，并进行定期或不定期的演习，做到常备不懈，防患于未然。

第四节　商厦物业安全管理

一、商厦物业安全管理服务工作特性

商业场所是为消费者提供包罗万象的商品或服务的场所，如商场、超市、购物中心，以及配套的各种服务、娱乐场所和银行等，是一种以出租房产（摊位）供各类商家零售商品或提供服务而获得营业收入的物业项目。

二、商厦物业安全管理服务工作特点

大型商业场所物业安全管理服务工作具有如下特点。

（1）进出人员控制难度大，人员成分复杂。

（2）设备全，商品多，客流量大，安全防范、消防工作量大。

（3）购物、活动等纠纷和矛盾多，物业管理人员又无权处理，公共秩序维护难度大。

（4）对于超市、专业市场等，使用人员采用摊位经营，较分散和独立，相互之间竞争激烈，统一管理难，欠费、逃费现象时有发生。

三、商厦物业安全管理服务工作重点

大型商业场所物业安全管理服务工作的重点如下。

1. 安全防范和消防管理

（1）重点做好公共场所的秩序维护工作，预防和制止可能发生的意外事故，引导、疏散集中的人群，遇紧急情况时，注意用广播等各种设备安抚群众，避免出现慌乱而使事态进一步扩大。

（2）对物业内部的防火、防盗工作要时刻警惕，思想上不能有丝毫松懈和麻痹。因为是公共场所，随时都可能发生意外事故。

（3）制定详细可行的火灾、盗窃、混乱等情况的应急处理方案，并把专业技能、快速反应、应急方案的演练等作为物业管理人员（尤其是保安人员）日常训练的重点，以增强突发事件的处理能力。

（4）组织广大业主或物业使用人成立义务消防队和义务安全队，以保证物业正常的经营活动。恪守自己的职责，防止超越自身的管理范围。经营者不违反管理规定，管理人员不得干涉经营者的正常经营活动。

2. 设备设施的安全管理

保证物业的能源正常供应，重点防止停电事故的发生和做好一旦停电时的应急处理工作。对于电梯等使用频繁和对安全性要求高的设备，要重点检查维护，确保安全运行。作为公共场所，人流量大且相对集中，一旦出现停电或电梯事故等，难免会引起骚乱，若不能及时处理，后果不堪设想。

第七章
物业安全应急与救援管理

Chapter 07

"应急"对应的是突发事件，"救援"对应的是突发事件后灾害控制。如何应对以自然灾害、事故灾难、公共卫生事件和社会安全事件为核心的突发事件，是物业安全管理的重点工作之一。

第一节　突发事件处理的原则和方法

一、突发事件处理的范围

突发事件是指突然发生，造成或者可能造成严重社会危害，需要采取应急处置措施予以应对的自然灾害、事故灾难、公共卫生事件和社会安全事件。

物业管理中的突发事件包括火灾、地震、台风、暴雨、治安事件、重大刑事案件，以及其他突发的不可抗拒的偶然性事件。

二、突发事件处理的原则

物业安全管理服务人员是公安机关的重要辅助力量。在日常协助公安人员维护小区治安秩序和护卫小区业主的安全中，必须及时处理各种问题。处理问题应遵循依法办事的原则，执行公司各项规章，不徇私，以理服人。

（1）遇有特殊情况和重大问题时，要沉着冷静，胆大心细，机智灵活，高度警惕，正确分析和判断情况，根据问题性质按应急方案处置。

（2）发现聚众闹事，应立即报告，并在安全部门或公安机关的指挥下，迅速平息，防止事态扩大。

（3）发现纵火、行凶、抢劫财物、盗窃等现行犯罪活动，应当尽力抓捕犯罪嫌疑人，迅速报告安全部门和公安机关处理，并注意保护现场。

（4）事后要及时进行总结，并向相关部门汇报。

（5）突发事件的处理要坚持以下六个原则：

① 以人为本，减轻危害；

② 统一领导，分级负责；

③ 社会动员，协调联动；

④ 先期处置，再行汇报；

⑤ 依靠科学，专业处置；

⑥ 鼓励创新，迅速高效。

三、突发事件处理的方法

（一）突发事件处理的工作环节

突发事件的处理一般有 10 个环节：接警与初步研判、先期处置、启动应急预案、现场指挥与协调、抢险救援、扩大应急、信息沟通、临时恢复、应急救援行动结束、调查评估。

（二）突发事件处理的方法

物业突发事件处理方法，要根据事件的不同性质，应采取不同的方法进行处理。

（1）对业主之间的属于人民内部矛盾的纠纷问题，可通过说服教育方法解决，主要是分清是非，耐心劝导，礼貌待人。

（2）对一时解决不了又有扩大趋势的问题，应采取"可散不可聚、可解不可结、可缓不可急、可顺不可逆"的处理原则，尽力把双方劝开、耐心调解，千万不要让矛盾激化，不利于问题解决。

（3）坚持教育与处罚相结合的原则，如违反情节明显轻微，不需要给予处罚的，可当场予以教育或协助所在单位、家属进行教育；如需要给治安处罚的，交公安机关处理；违反公司有关规章的，交管理处办公室处理。

（4）对于犯罪问题，应及时予以制止，把犯罪嫌疑人抓获并扭送公安机关。

第二节 治安事件处理预案

一、刑事案件紧急处理预案

（一）接报暴力案件的处理

（1）接报或发现凶杀、暴力事件，保安主管应在 3 分钟内，组织保安人员及时赶到事发现场，查明闹事人是否带有凶器及其人数、地点。

（2）及时向上级主管报告，控制事态，劝阻疏散围观人员。

（3）迅速制服犯罪嫌疑人，以免事态扩大，造成不良影响。

（4）保安主管应立即拨打"110"请求支援，对现场进行保护，对外围人员进行观察，并记录在心。

（5）向警方介绍情况并协助破案。

（二）盗窃、匪警的处理

（1）保安员在执勤中遇到或接报公开使用暴力或其他手段（如打、砸、抢、偷等），强行索取或毁坏公司财物，或者威胁业主人身安全的犯罪行为时，要切实履行保安员职责，迅速制止犯罪嫌疑人。

（2）如发现盗窃分子正在作案，应立即组织人员，当场抓获，连同证据（作案工具、赃物）送交公安机关处理。

（3）所有持对讲机的保安员在听到求援信号后，要立即赶到现场，同时通知各出入口值班员不能离岗，要封锁出事场所的出口，然后视情况向保安主管或经理汇报。

（4）若犯罪嫌疑人逃跑，一时又追捕不上时，要看清人数、衣着相貌、身体特征，所用交通工具及特征等，并及时报告保安主管或经理，重大案件要立即拨打"110"报警。

（5）有案发现场的（包括偷盗、抢劫现场）要保护现场，任何人不得擅自移动任何东西，包括罪犯嫌疑人留下的手痕、脚印、烟头等，不能让任何人触摸现场痕迹和移动现场的物品，并立即报告公安机关；在公安机关人员未勘察现场或现场勘察完毕之前，相关人员应配合公安人员，不得离开。

（6）对重大可疑被窃现场，可将事主和目击者的情况如实向公安机关做出详细报告。

（7）对可疑作案人员，可采取暗中监视或设法约束，交公安人员处理。

（8）记录事主提供的所有情况及被抢（盗）物品及价值，询问事主是否有任何可疑线索、怀疑对象等情况。

（9）突发事件现场如有人受伤，应立即拨打急救电话或送往医院抢救、医治，并报告公安机关。

（10）保安主管应在《紧急事件处理报告》中对事件经过做详细描述，报告保安部经理；保安部经理应将采取的纠正/预防措施方案，与《紧急事件处理报告》一并上报公司主管领导。

（三）抢劫案件的处理

在执勤中遇有公开使用暴力，胁迫或其他手段如打、砸、抢，强行掠取公司或业主财物的犯罪行为时，要切实履行保安人员的职责，必须立即进行处理。

（1）迅速制止犯罪，设法擒获或召集组织其他人员擒获犯罪嫌疑人。

（2）如在楼内发生劫案，应通知值勤门卫，严格检查，组织人员对楼内进行清查，如犯罪嫌疑人逃走，追不上时，应看清犯罪分子的人数、衣着、面貌明显特征、身体特点、所用的交通工具及其型号、品牌、特征等，及时报告管理处及当地派出所。

（3）保护好现场，劫匪遗留凶器、作案工具等不要用手触摸，不要让无关人员进入现场，如无固定现场的、无法将劫匪遗留的物品留在原处的，要一一收拾起来，交给公安机关处理。

（4）访问目击群众，收集发生劫案情况，提供给公安机关，同时公安人员未勘察现场或未勘察完毕不能离开。

（5）事主或在场群众如有受伤的，要立即设法将伤者送医院抢救医治，并迅速报告公安机关。

（6）填写《紧急情况处理报告》。

（四）业主家中发生刑事案件的处理

（1）值班保安员应迅速向上级主管、保安部经理和公安机关报案，对于业主受侵害的财物，如果投保了的还应通知承保的保险公司。

（2）当班保安员应根据具体情况，采取适当的方法把整个现场保护起来，禁止无关人员进入现场，以免破坏现场遗留的痕迹、物证，影响证据的收集。

（3）抓紧时机向发现人或周围群众了解案件、事故发生发现的经过，收集群众的反映和议论，了解更多的情况并认真记录。

（4）向到达现场的公安人员认真汇报案件发生情况，协助破案。

（5）填写《紧急情况处理报告》。

（五）爆炸物及可疑爆炸物的处理

（1）保安人员发现或接到各类可疑物品时，要立即向主管领导报告，并留守现场，阻止任何人再接触可疑物品。

（2）初步确认可疑物品爆炸时，立即对附近区域的人员进行疏散，并设置临时警戒线，任何人员不得擅自入内。对区域内全面搜索，消除隐患。

（3）经请示领导后，向公安机关报案。

（4）待公安人员到现场后，协助公安人员排除爆炸隐患，并进行调查。

（5）如果爆炸已经发生，保安人员要立即赶到现场扑救火灾，协助抢救运送伤员，稳定居民情绪，保护好现场，安置疏散人员。

二、治安事件处理程序

（一）接报刑事案件的处理

（1）接报或发现斗殴、流氓滋事事件，保安主管应在3分钟内，组织保安人员及时赶到事发现场，查明闹事人是否带有凶器及其人数、地点。

（2）及时向上级主管报告，控制事态，劝阻疏散围观人员。

（3）制止双方的过激行为，通过劝说、诱导或强制方法，制止或制服闹事人，以免事态扩大，造成不良影响。

（4）较为严重时，保安主管应立即拨打"110"请求支援，对现场进行保护，对外围人员进行观察，并记录在心。

（5）向警方介绍情况并协助破案。

（二）发现小偷的处理

（1）保安员在执勤中遇到或接报小偷盗窃公私财物时，要切实履行保安员职责，迅速抓获小偷，连同证据（作案工具、赃物）送交公安机关处理。

（2）所有持对讲机的保安员在听到求援信号后，要立即赶到现场，同时通知各出入口值班员不能离岗，要封锁出事场所的出口，然后视情况向保安主管或经理汇报。

（3）若小偷逃跑，一时又追捕不上时，要看清人数、衣着相貌、身体特征，所用交通工具及特征等，并及时报告保安主管或经理，重大案件要立即拨打"110"报警。

（4）有案发现场的偷盗行为要保护好现场，任何人不得擅自移动任何东西，包括嫌疑人留下的手痕、脚印、烟头等，不能让任何人触摸现场痕迹和移动现场的物品，并立即报告公安机关；在公安机关人员未勘察现场或现场勘察完毕之前，相关人员应配合公安人员，不得离开。

（5）对重大可疑被窃现场，可将事主和目击者的情况如实向公安机关做出详细报告。

（6）对可疑作案人员，可采取暗中监视或设法约束，交公安人员处理。

（7）记录事主提供的所有情况及被抢（盗）物品及价值，询问事主是否有任何可疑线索、怀疑对象等情况。

（8）保安主管应在《紧急事件处理报告》中对事件经过做详细描述，报告保安部经理；保安部经理应将采取的纠正/预防措施方案，与《紧急事件处理报告》一并上报公司主管领导。

（三）打架斗殴的处理

打架斗殴是扰乱治安秩序的违法行为，如果保安员在执勤过程中，发现管理范围内的打架斗殴事件，需做如下处理。

（1）立即劝阻打斗、劝散围观群众和收缴打斗用的凶器，如有伤人或财物损失，应立即报告公安机关。

（2）如双方不听制止，事态继续发展，难以控制，应迅速报告公安机关，协助公安人员处理。

（3）如有重伤者应送附近医院抢救。

（四）执勤中遇到不执行规定或不听劝阻的处理

在执勤过程中，如遇到不登记、不出示证件强行进入，强行在不准停车的地方停车，在不该堆放垃圾的地方堆垃圾等，可采取如下处置方法。

（1）处理问题时先敬礼，态度和蔼，说话和气，以理服人。

（2）对不听劝阻者，尽量想办法查清其姓名或单位，如实记录下来，以便向领导汇报。

（3）发生纠纷时，保安员一定要冷静，避免争吵。

（4）若遇到个别人员蛮横无理，打骂保安员，可由保安部出面妥善处理，若情节严重，报告公安机关依法处理。

（五）无证人员闯入的处理

保安员在执勤时，如遇到不愿意出示证件而强行进入，强行在严禁停车的地方停车，或乱倒垃圾、随意堆放垃圾等现象，可采取以下处置方法。

（1）保安员应使用文明、礼貌、规范的服务用语，加以劝阻，以理服人。

（2）对不听劝阻者，如实记录并向保安主管汇报。

（3）发生纠纷时，要沉着冷静，注意掌握政策和工作原则，若遇到蛮横无理、打骂保安员的情况，可逐级上报，由保安部负责人出面妥善处理。

（4）若外来人员在本辖区内故意捣乱、不听劝告，情节严重者报公安机关依法处理。

（六）对醉酒滋事或精神病人的处理

醉酒者或精神病人失去了正常的理智，有些处于不能自控的状态，很容易造成伤害，执勤人员应按如下方法处理。

（1）发现醉酒或精神病人失去理智，处于不能自控的状态下，容易对自身或其他人员造成伤害，保安员应及时对其采取控制和监督措施。

（2）如果熟悉或认识醉酒者或精神病人，应设法立即通知其家人或工作单位，请他们派人领回，并采取控制和监护措施。

（3）若醉酒者或精神病人有危害社会安全的行为，可将其强制送交公安部门，处理过程中注意保护自己。

三、人身伤亡事件处理程序

（一）自杀或企图自杀事件

（1）应立即通知保安部，上报物业管理服务公司及公安机关。

（2）保安部立即封闭现场，防止有人触摸现场物品（包括自杀者所使用的利器、药物等），同时注意避免开关任何电器，以免破坏证据或发生危险。

（3）如有自杀者采取煤气自杀方法，应按煤气泄漏事件处理。

（4）当公安机关调查完毕后，应清理现场。

（5）记录一切详细情形，撰写特别事件报告，呈报物业管理服务公司总经理。

（二）突然死亡处理程序

（1）保护好现场，不要移动或整理任何物品。

（2）立即通知保安部值班经理、公安机关，并迅速上报物业管理服务公司总经理。

（3）保安员到达现场后，应立即疏散围观者，防止无关人员进入现场。

四、爆炸、恐吓事件处理程序

爆炸犯罪具有危害性大、突发性强、不易防范的特点，所以应采取全员防范的措施。

（一）如何应答爆炸恐吓电话

（1）接听爆炸恐吓电话时，最好同时至少有两个人，以便及时通知其他有关部门（如保安部、工程部等）。

（2）要冷静面对爆炸恐吓电话，以期获得更多的信息，这对最大限度地避免和减少人员的死伤起着很重要的作用。如通知来电者楼内有许多人，并难以及时疏散，恐吓人也许愿意提供有关炸弹的详细的位置、数量或爆炸方式的信息。

（3）应最大限度地从来电者那里获取更多的信息。

（二）应向打电话人提的问题

（1）炸弹何时爆炸？

（2）炸弹位于何处？

（3）炸弹的形状？

（4）是何种炸弹？

（5）在何种情况下炸弹会爆炸？

（6）是你放置的炸弹吗？

（7）为什么要这样做？

（8）你从何处打来电话？

（9）请问你的地址？

（10）请问你的姓名？

（三）如何处理爆炸恐吓信

（1）接到爆炸恐吓信后，保留全部线索，包括信封等。一旦确认为爆炸恐吓信，不要自行盲目处理，力争保护证据，如指纹、字体、纸张、邮戳，这些都会为寻找寄信人提供证据。

（2）偶尔会收到安放了明确爆炸装置的书面警告，尽管恐吓信内容仅涉及一般的恐吓和勒索，这同样不容忽视。

（3）可疑的包裹信件的特征如下：

① 大多数人亲自投递此类包裹、信件；

② 如有邮递员投递，关注在正常状态下邮件凸出的部分；

③ 邮件的摆放不均匀，有硬框架结构；

④ 寄自公司的信件使用手写的信封或贴有标签，检查此公司是否存在或它们是否寄出过邮件、包裹；

⑤ 较小的邮件贴有高额的邮票，证明寄出时未经邮局称重；

⑥ 未付邮资或没有邮戳的邮件；

⑦ 邮件上有以下的字样"请本人拆阅"、"密件"、"今天是你的幸运日"、"内附奖品"等；

⑧ 破损、污点或有明显的电线、绳索和胶带等；

⑨ 没有发信的地址和地址明显不存在；

⑩ 当信件或包裹在未收到之前，有陌生人电话询问是否接到邮件的。

（四）注意可疑情况

（1）注意可疑人员。

（2）发现可疑行李物品或无主的行李时，应立刻报告。

（3）注意平时不易被注意的角落。

（五）其他注意事项

（1）准备毛巾。

（2）协助抢救和转运伤员。

（3）协助疏散人群。

（4）协助内保部负责现场周围的搜索。

（5）协助报案。

第三节　车辆交通事件处理预案

一、交通事故紧急处理预案

交通事故紧急处理预案的制定，是为了妥善处理在物业项目区域内发生交通事故时，能尽快缓解因交通事故引发的不良影响。

（一）管理职责

（1）保安部是物业项目区域内发生交通事故的管理责任人。

（2）保安部保安员对发生的交通事故有疏导、保护现场、维持现场秩序、指挥其余车辆绕行的义务。

（二）现场处理

（1）保安员发现物业项目区域内发生交通事故后，在第一时间迅速通过对讲机报告视频监控室，视频监控室值班人员接到报告后，马上报告保安部当班主管。

（2）保安部当班主管接到事故报告后，应立即组织有关人员对现场进行保护，抢救伤者和财物，疏导道路交通及围观人群，避免造成大范围的交通堵塞，并向上级领导做口头汇报。

（3）在征得事故双方当事人同意后，可以代为报警，报警电话为122。

（4）等待交警到来前，参与处理事故人员要稳定事故双方当事人情绪，避免发生冲突。交警赶到后要积极配合民警同志工作，将事故现场情况证明等移交民警同志处理。

（5）无人受伤的交通意外的处理方法如下：

① 维持秩序，使现场交通恢复畅通；

② 记录事件；

③ 如有需要，拍照以做记录；

④ 如因意外可能危及其他人，应将范围封锁；

⑤ 如有需要，通知物业维修人员到场采取行动，张贴警告标志；

⑥ 保安员应将事件记录于保安员工作日记内，保安主管应将事件详情记录于《紧急事件处理报告》中，上报保安部经理。

（6）交通意外导致有人受伤的处理方法如下：

① 指挥交通，给予尾随车辆警告；

② 拨打报警电话122等候支援，在适当的情况下将伤者移离危险位置，必要时打120请求急救。

（三）善后处理

（1）积极配合当事人处理善后事宜，如提供证明材料向保险公司索赔等。

（2）向上级领导做出详细的书面汇报。

二、地下车库紧急情况处理预案

（一）汛期紧急情况处理

夏季应提前准备沙袋和塑料布，一旦发生车库渗水和出入口灌水现象（尤其在特大暴雨时），要立即通知办公室值班人员。发生灌水时用沙袋堵在出入口阻拦雨水进入车库，发生渗水时要在渗水位置的汽车上加盖塑料布，防止水落在车上。

（二）停电情况处理

发生停电时要及时指挥正在车库中行驶的车辆，让司机打开车灯缓慢行驶，并通知维修班进行修理。

（三）火灾情况处理

一旦发生火灾，车库保安人员要及时通知办公室值班人员，并开启消防栓和灭火器进行扑救，做到不失时机地扑灭初期火灾。火情无法控制时要及时报119火警，并帮助救火人员做好协助工作。

第四节　消防事件处理预案

一、火灾事故紧急处理预案

火灾事故紧急处理预案的制定，是为了妥善处理在物业项目内发生的火灾事故，尽快缓解因火灾事故引发的不良影响。

（一）管理职责

（1）保安部经理是物业项目内发生火灾事故的管理责任人。

（2）保安部消防员对物业项目内发生的火灾事故有疏导、保护现场、维持现场秩序的义务。

（二）火灾事故的现场处理

（1）接到或发现火警时，立即向上级主管及保安部经理报告。

（2）消防主管应在3分钟内组织消防员立即赶到火灾现场，集结待命，组织扑救。

（3）根据火势大小，经请示后，拨打"119"请求支援。

（4）在灭火的同时，有组织地疏散人员，不要惊慌。

（5）消防队到消防地点后，配合其工作。

（6）通知有关工作人员将消防系统恢复正常。

（三）善后处理

积极配合业主处理善后事宜，如提供证明材料向保险公司索赔等；向上级领导做出详细的书面汇报；保安部所有工作人员在遇到小区内发生火灾事故时，必须严格按照本预案处理。

二、煤气、易燃气体泄漏应急方案

（1）保安员巡逻时，应提高警惕，遇到不寻常气味时，应小心处理，立即向主管上级汇报。保安部所有人员应了解和掌握小区内煤气及石油气阀的位置和开关方法。

（2）抵达现场后，要谨慎行事，敲门（不要按门铃）进入后，不准开任何电器；必须关闭煤气或石油气阀，打开所有窗门，严禁现场吸烟，做好防护措施，防止吸入有毒气体。

（3）情况严重时立即疏散周围业主，通知消防部门处理，同时关闭整幢楼房的煤气及石油气总阀。

（4）如发现有受伤不适者，应小心妥善处理，等待救护人员及警务人员抵达现场。

（5）保安员应将事件记录于保安员工作日记内，保安主管应将事件详情记录于

《紧急事件处理报告》中，上报管理处主任。

三、疏散应急方案

当物业项目发生火灾或突然发生其他紧急事故时，应该首先考虑到住户及员工的生命安全，所以应进行整个物业项目或部分人员的疏散。

（一）疏散命令

（1）中控室将对影响地区通过紧急广播发出疏散命令。

（2）广播内容："请注意，请注意，在您所在楼层内，有火情报告，火情正在处理中，请您跟随管理人员到安全地区，请不要使用电梯。"

（二）命令疏散的权力

（1）总经理。

（2）副总经理。

（3）客户服务部经理。

（4）技术部总监。

下班后或公共假期内，值班经理、客户服务部值班主任、技术部值班主任、安管部值班主任，商讨后有权进行疏散。

（三）疏散方法

（1）面临危险时，将根据危险系数的大小，决定采取总疏散还是部分疏散措施。

（2）当疏散警报响起时，应首先对受影响地区住户进行疏散。

（3）如果是高层建筑的疏散，应逆层完成并首先考虑危险的楼层。

（四）疏散注意事项

（1）将住户按一路纵队排列，从防火楼梯疏散，严禁使用电梯。

（2）防止住户再回到他们的办公场所。

（3）疏散中不得停留，防止堵塞。

（4）疏散时，保安员应重点检查以下地方：

① 检查办公室、卫生间是否有人。

② 检查是否有未熄灭的烟头和未关闭的灯。

③ 检查出入口是否畅通。

第五节　设备故障处理预案

一、电梯出现故障时的紧急处置方法

（一）当乘坐电梯出现机械故障时

（1）当电梯出现故障，电梯内被困人员按下报警用的"铃"按钮，呼叫中控室

人员。

（2）当中控室人员接到紧急呼救时，迅速用对讲机与客人联系，并从电梯控制盘上找出是哪一部电梯停在哪一楼层，用对讲机及时通知技术部和客户服务部，并向他们提供电梯的状态和所停的位置等情况。

（3）同时，中控室人员迅速确定被困人员所在电梯的位置，并用电梯对讲电话反复安慰他们不要惊慌，不要开电梯门，不要从电梯内爬出，要求他们待在电梯内等候技术部人员营救。

（4）技术部需要用手动盘下电梯时，保安员配合技术部将就近的楼层电梯门打开，协助进行营救工作，并指挥疏导被困人员至安全地方。

（5）安排紧急救护及医疗护理。

（二）当乘坐的电梯突然停电时

（1）电梯突然停电时，消防中控人员立即使用电梯对讲电话，检查本大厦所有运行电梯内是否有被困在电梯内的人员。

（2）电梯内如有被困人员，应及时用对讲机通知在现场或路上的技术部人员、客户服务部人员和保安员，携带有效工具迅速到现场。

（3）如中控室人员无法确定客人被困位置，安排尽可能多的保安员敲每层楼的电梯门，以迅速确定被困人员所在电梯的位置。找到后留在该处进行安慰："请保持平静，我们一会儿就会把门打开"，中控室人员应同时用呼叫控制盘反复告诉他们，不要惊慌，不要开电梯门，不要从电梯内爬出。要求他们待在电梯内等候技术部人员营救。

（4）保安员协助进行营救工作，并指挥疏导被困人员至安全地方。

（5）如有必要，安排救助或医疗护理。

二、电梯故障困人救援法

凡遇电梯故障，应第一时间通知专业电梯公司维修组，并由大厦技术部电梯专业维修人员根据不同情况，依下列步骤先行释放被困乘客。

（1）轿厢停于接近电梯门口的位置，且高于或低于楼面不超过 0.5m 时：

① 确定轿厢所在位置（根据楼数灯指示或小心开启外门检查）；

② 关闭电源（在机房配电柜内）；

③ 用专开外门钥匙开启外门（钥匙由电梯员工随身携带，总钥匙在技术部钥匙柜内）；

④ 用人力开启轿厢门；

⑤ 协助乘客离开轿厢；

⑥ 重新将外门关闭；

⑦ 外门关闭后，"暂停服务"标示必须放置在故障电梯外；

⑧ 通知电梯公司派人员详细检查。

（2）轿厢停于远离电梯门口位置时，应先将轿厢移动至临近电梯门口，然后按照上述（1）项之步骤救出乘客。移动轿厢方法如下。

① 利用电话或其他方式，通知轿厢内乘客保持镇定，并说明轿厢随时可能移动，不可将身体任何部位探出厢外，以免发生危险；如果轿厢处于半关闭状态，则应先行将其完全关闭或完全开启。

② 进入机房，关闭该故障电梯的电源总开关。

③ 拆除主电机轴端盖，安上旋柄座及旋柄。

④ 两位救援人员各把持住旋柄一端；另一救援人员，手持抱闸扳手，轻轻松开抱闸，轿厢将会由于自重而移动。为避免轿厢上升或下降太快发生危险，操作时应断续动作（一松一放），使轿厢逐步移动，直至接近电梯门口为止（根据楼层控制器上的楼数灯指示）。

操作时还应注意，如轿厢停于最上层电梯门口以上位置或最下层电梯门口以下位置时，不可只打开抱闸，令轿厢自行移动，而应在打开抱闸的同时，握紧旋柄，并用人力盘车，使轿厢向正确方向移动。

（3）如遇到其他复杂情况，应通知电梯公司专业人员到达处理。

三、停电、电力故障的处理

（1）若供电局预先通知物业项目停电，应立即将详细和有关文件交工程部，工程部经理接到通知后，应安排设备管理人员值班。

（2）有关停电通知预先张贴在物业项目宣传栏或公告栏处。

（3）当供电恢复时，设备管理人员必须检查物业项目主要电气设备的开关及运行情况，如有损坏，需立即报告工程部经理，安排修理。

（4）当晚间突然发生停电时，值班保安员应立即通知工程部值班人员，安排工程维修人员抢修，并按规定向业主发出停电通知，同时加强保安员的巡逻，注意防止偷盗和抢劫。

四、发生跑水事故的处理程序

（一）发生水浸事故处理流程

（1）员工在工作中接到水浸投诉或发现水浸现象，应立即将有关情况报告保安部、工程部当班负责人。

（2）保安员应迅速到达现场查看情况，积极组织人力，采用就近区域的防水设备（消防沙带）保护受浸楼层各电梯槽口，防止电梯受损。

（3）物业管理服务公司组织各部门员工采取有效的措施，拦截和疏泄积水，防止水浸蔓延，尽可能减少水浸所致损失。

（4）发生跑水事故处理具体方法：

① 工程部将电梯开高离开水浸范围；

② 关闭水浸区域的电闸，以防人员触电；

③ 在水浸区域摆放沙袋，防止水浸蔓延到其他部位；

④ 用一切手段塞住水浸漏洞；

⑤ 疏通排水地漏，排水渠；

⑥ 开启排水泵；

⑦ 用吸水机吸水；

⑧ 其他一切有效的措施。

（5）设法查明浸水的来源，并采取有效的措施加以截断：

① 如水浸来自楼内机房设施的损坏和故障，应当关闭控制有关故障部位的供水泵；

② 如水浸来自楼外，应在楼低于水位出入口安装拦水闸板；

③ 如水浸来自市政地下水反溢，应当暂时将有反溢的地下水通往公寓的入口封闭，并用排水泵将楼内积水排到楼外。

（6）水浸中断后应立即通知清洁人员吸清积水，清理现场环境，通知工程部修复受损的设施，尽快恢复公寓的整洁和正常使用。

（7）事件处理过程中应维持好楼内秩序，做好业主或住户的安抚工作，尽力为业主或住户克服因水浸所带来的实际困难，注意维护物业管理服务公司形象，对不清楚的情况不要乱讲。

（8）如有住户单元受浸水，应尽快通知住户返回处理单元内财物。

（9）任何公共设施的正常使用受到影响时，应在各主要出口设置告示牌告知住户，如有任何区域存在危险，应在该处范围外设置警示标志牌。

（10）记录一切详细情况，保安部撰写特别事件报告，呈送物业管理服务公司总经理。

（二）发生跑水事故处理程序

当物业项目发生跑水或漏水的情况时，需按照以下程序处理。

（1）如能找到跑水的源头，应马上关闭相应的水源阀门。

（2）立即通知业主或住户，告知跑水或漏水的情况、位置等，同时迅速通知工程人员和保安员到场进行抢修。

（3）在工程人员到达之前，应做到以下几点：

① 用管子或其他办法将水引至不重要的区域（后楼梯等），切忌将水引至电梯井或有电缆铺设的区域；

② 使用吸水机吸水或用废毛巾沾干等方法；

③ 用指示牌或围栏将水淹区域围起来，防止其他人员通过，以免发生危险；

④ 用吹风机吹干受影响的区域，以便恢复其正常的使用功能。

（4）当保洁人员在清理现场时，保安员应负责疏导经过的客人，尽量不让无关人员进入该区域。

（5）保安员应准备手电筒，以防因跑水或漏水造成的停电情况。跑水或漏水情况严重的区域，应通知工程人员把电源切断，避免因跑水或漏水导致停电、火灾，从而引起人员伤亡和财产损失。

（6）协助物业公司的管理人员对现场进行拍照，以便准备上交"意外事件"报告，并交送保险公司备案。

第六节　自然灾害应急预案

在气象台发布 2 号以上台风警报、水灾、地震，以及其他可能在辖区内造成危及人民生命财产的重大案情、险情期间，公司总经理可宣布全公司或局部地区处于警戒状态，警戒状态期间，执行下列规定。

（1）公司总经理下达警戒状态后，立即召集中层以上干部和有关人员举行紧急会议，成立临时指挥机构，根据灾情、险情的性质、发展情势、持续可能性，制定出防范措施，调动防范人员，启用防范设施。

（2）警戒期间，指挥人员、各级管理人员必须 24 小时值班，未经指挥长批准，一律不得擅离岗位；其他人员也应坚守岗位，随时准备执行任务。

（3）警戒期间，各部门要密切配合，主动参与；办公室保障通信畅通，及时与政府有关部门联络。

（4）警戒期间，要开动宣传工具，必要时开启消防广播，及时告知住户（业主）保持警惕，积极配合，避免惊慌失措，必要时引导群众疏散。

（5）解除警戒状态令由总经理宣布。事后进行总结，对有功人员进行表彰，对行动不力的人员给予教育和处罚。

一、地震灾害应急预案

（一）地震的类型

地震灾害是群灾之首，它具有突发性和不可预测性，以及产生严重次生灾害，对社会也会产生很大影响等特点。地震还可能直接造成建筑物破坏，以及山崩、滑坡、泥石流、地裂、地陷等地表的破坏和海啸。因地震的破坏还可能引起的一系列其他次生灾害，包括火灾、水灾和有毒气体泄漏，细菌、放射物扩散、瘟疫等对生命财产造成的灾害。

地震按照其破坏性可分为：一般破坏性地震和严重破坏性地震。

一般破坏性地震，是指造成一定数量的人员伤亡和经济损失的地震。

严重破坏性地震，是指发生 6 级及以上的地震或造成严重人员伤亡和经济损失的地震（图 6-1）。

图 6-1　地震对房屋的破坏

（二）地震灾害的预防注意事项

（1）危险物品不要放置在高架上，吊灯及吊起来的盛物架要尽量增强强度，玻璃容器或器皿应放置在盛物架下面。

（2）燃气炉要牢牢固定，并注意检查是否漏气，燃气开关及燃气器具开关，不使用时或下班前应确认关闭。

（3）厨房等用火区或其他易发生火花的火种附近，不得放置易燃物。

（4）应养成拔掉插头的习惯，在不使用的电器具（如电视机、电饭煲、电炉、烤箱等）时，应切断电源。

（5）楼梯及走廊等通道上，不可堆放物品，随时保障安全通道、出入口的通畅。

（6）随时关注国家地震预测机构发布的权威信息，做好防范措施。

（7）注意报警系统、消防设备的保养。

（三）地震灾害发生时的紧急措施

（1）地震灾害发生时，项目负责人或物业服务负责人应立即赶往建筑区域，成立应急小组，组织抢险救灾工作。

（2）控制中心应立即启动报警装置，并通过广播呼叫，告知建筑区划内的所有人员地震灾害发生，并告知相关注意事项和紧急自救措施：

① 请大家保持冷静并尽快熄灭火源；

② 地震时不要随意跑动，不要使用电梯逃生；

③ 应立即用软物体（如：枕头、厚衣物、棉被等）护住头部等身体的重要部位；

④ 建筑物内的人员应就近寻找建筑物坚固的部位（如卫生间、承重墙拐角处等）进行躲避。

（3）秩序维护员应立即赶往各出入口、通道，进行通道控制，对人员进行有序疏导，维护公共秩序，按照"只出不进"的原则，防止不法之徒乘乱滋事、浑水摸鱼。

（4）共用部位、共用设施设备维护员应立即关闭水、电、气等阀门，停止电梯等设备的运行。

（5）地震稍微平息后，控制中心应立即通过广播通知建筑物内人员马上撤离。秩序维护员组织建筑物内的人员，有序疏散到空旷地带（如广场、马路等地方），不要靠近建筑物、广告招牌、电线杆等的附近，并逐一排查有无人员滞留建筑物内或被困电梯内。

（四）地震灾害发生后的紧急措施

（1）地震灾害发生后，物业服务负责人或项目经理应立即召开紧急会议，部署抗灾救援相关工作。

（2）物业服务企业应当立即组织人员，对人员伤亡情况和建筑区域受灾情况进行统计，并及时上报所在地街道办事处、乡镇人民政府。发生严重破坏性地震造成严重人员伤亡和经济损失的，应立即向相关政府部门提出紧急援助请求。

（3）应立即组织设施设备维护人员，对共用部位、共用设施设备进行检查；对受损的设施设备应立即停止使用；将共用部位、共用设施设备的震损情况，以书面形式告知业主、使用人。

（4）应立即设立警戒岗，对建筑物（特别是受损的）进行隔离，在未经政府权威部门发布有关的安全信息前，尽量劝阻任何人试图返回建筑物内。

（5）灾害发生后，物业服务企业应当与政府相关部门保持密切联系，及时收集政府相关部门发布的权威信息，并及时向建筑区域内的业主、使用人发布，防止谣言传播。

（6）发生严重破坏性地震时，应增加设施设备检查、环境维护、消杀灭害等工作的频率，防止次生灾害的发生。

（7）积极安抚业主、使用人的情绪，密切关注人员的身体状况，特别是老人、小孩、孕妇、伤残人士，以及患有心脏病、高血压者。

（8）严重破坏性地震发生后，通常会出现一系列社会问题，物业服务企业应当加强防范。

（五）余震期的紧急措施

（1）通过网络、电台、电视等渠道，收集防震避震、自救互救常识和政府发布的余震预测信息，并及时以书面和广播形式告知建筑区域内的业主。

（2）在条件允许的情况下，指定建筑区域内空旷区域为临时安置区，搭建避难帐篷，供业主、使用人及员工使用。在选择临时安置区位置时，应尽量考虑不要占用通道、出入口。

（3）在临时安置区，设置临时服务点，由秩序维护、客户服务、环境维护人员组成，为业主、使用人提供力所能及的服务，安抚业主情绪，维护人员集中区域的公共秩序和环境卫生，以减轻大众的恐慌。

（4）做好次生灾害的防治，建筑区域内常见的地震次生灾害主要有：

① 有毒气体、液体泄漏；

② 水电气供给管路断裂；

③ 传染病疫情；

④ 公共秩序短时间内失控；

⑤ 盗窃、抢劫等事件多发。

二、台风灾害应急预案

（一）台风暴雨来临之前的工作

（1）张贴警示通告，提醒各单位、业主、住户及员工做好防范工作。

（2）检查楼宇立面，要求各住户关好门窗，搬离放在阳台上的花盆、杂物。

（3）检查天台、楼顶、地面排水管道沟渠，发现堵塞，应及时通知水工组、清洁工予以疏通。

（4）巡检地下车库潜水泵是否正常，地下车库的排水沟是否通畅，排水管道的阀门是否开放正常。

（5）搬离或固定易被台风吹走或吹倒的物品。

（6）检查加固道路标识牌等各种设施，对植物进行必要的修剪。

（7）将楼宇四周停泊的车辆疏导至停车场等空阔地带。

（8）检查落实防灾救灾物资和工具，因地制宜对地下车库采用角钢、闸板等进行加固和防洪，备好抽水设备。

（9）巡查物业服务区域，对易被风刮倒的树木要进行加固，对存在安全隐患、可能倒塌的围墙，要设置警戒线和明显的警示标识。

（10）备好雨具，并对对讲机等执勤用具、道闸开关等予以保护，以防淋雨损坏。

（二）台风暴雨袭击时的措施

（1）通知所有秩序维护员注意安全，需要户外作业时戴好安全帽。

（2）提醒过往人员、员工注意安全，勿在户外逗留。

（3）发现可能脱落暂时无法处理的不安全物件，用绳带等拉开警戒线。

（4）加强治安防范措施，严防不法分子伺机作案。

（5）台风过后，组织人员检查公共设施损毁情况并做好统计，清除垃圾、积水。

（三）台风过后的处理

（1）对受水淹没或进水的各种电气设备，物业管理企业的专业人员要坚守岗位，组织排水，并及时向供电供水等专业管理部门联系，及时抢险抢修和保养，具体受损情况要向当地物业行政主管部门及业主委员会或受损业主报告。对小区内损坏的供水管和供电线路，应组织工程人员配合自来水公司、电力部门及时抢修。

（2）及时清理淤泥、垃圾，在卫生防疫部门指导下，开展消毒杀菌，并在宣传栏发布相关信息，指导业主做好卫生防疫。

（3）对被台风刮倒或洪水冲倒的树木、广告牌、店面招牌和围墙等，要及时予以修复，确保安全。

（4）组织抢险突击队，负责装填运送沙包。

（5）及时通知车主开走水浸区域的车辆。

（6）在地库出入口处堵成沙包墙并派人看护。

（7）保护一切因水浸后易遭损坏的重要公共设施，如电梯及电力系统。

（8）发现有水浸入电梯井、强弱电井，应及时通知电梯工和电工关闭电梯、切断电源，处理电井房水浸问题。

（9）水浸过后，搬离所有沙包，打扫卫生。

三、雷雨、暴雨灾害的应急预案

（1）雷雨、暴雨灾害发生时，项目负责人或企业负责人应立即赶往建筑区划，成立应急小组，组织抢险救灾工作。

（2）控制中心应立即通过广播呼叫，告知建筑区域内的所有人员，并提请大家关好窗户，尽量不要在室外活动，不要在靠近建筑物或大树下的区域活动等相关注意事项。

（3）组织人员对建筑区域内地势低洼的区域（如地下停车场等）用沙袋等物资进行加筑处理，防止雨水灌入。

（4）共用部位、共用设施设备维护员，应密切监视共用部位、共用设施设备的使用情况，发现问题及时处理。

（5）秩序维护员应加强对各出入口、通道口的控制，防止不法之徒乘乱滋事、浑水摸鱼，并加强对公共区域的巡查，排除安全隐患。

（6）雷雨、暴雨灾害发生后，应立即组织设施设备维护人员，对共用部位、共用设施设备进行检查；对受损的设施设备应立即停止使用；将共用部位、共用设施设备的受损情况，以书面形式告知业主、使用人。

（7）立即组织环境维护人员对积水、沙土、树枝（叶）、玻璃碎片等垃圾进行清理，对排污设施进行疏通。

（8）雷雨、暴雨灾害造成洪涝、积涝等的，在积水退去后，应对建筑区域各区域进行消杀灭害，防止疫情发生。

（9）灾害发生后，物业服务企业应当与政府相关部门保持密切联系，及时收集政府相关部门发布的权威信息，并及时向建筑区域内的业主、使用人发布，防止谣言传播；组织人员对受聘提供物业服务的建筑区域受灾情况进行统计，出现较大人员伤亡、财产损失时，应立即向相关政府部门求助。

四、大风、沙尘灾害的应急预案

（1）大风、沙尘灾害发生时，项目负责人或企业负责人应立即赶往建筑区域，成立应急小组，组织抢险救灾工作。

（2）控制中心应立即并通过广播呼叫，告知建筑区域内的所有人员，并提请大家关好窗户，尽量不要在室外活动，不要在靠近建筑物或大树下等区域活动等相关注意事项。

（3）组织人员对建筑区域内高空悬挂物、可移动物进行拆除或加固，对树木进行加固。

（4）秩序维护员应加强建筑区域的巡查，对存在安全隐患的部位，应立即进行隔离，禁止人员靠近。

（5）共用部位、共用设施设备维护员，应密切监视共用部位、共用设施设备的使用情况，发现问题及时处理。

（6）灾害发生后，应立即组织设施设备维护人员，对共用部位、共用设施设备进行检查；对受损的设施设备应立即停止使用；将共用部位、共用设施设备的震损情况，以书面形式告知业主、使用人。

（7）组织环境维护员对沙尘、树枝（叶）、玻璃碎片等垃圾及时进行清理。

（8）灾害发生后，物业服务企业应当与政府相关部门保持密切联系，及时收集政府相关部门发布的权威信息，并及时向建筑区域内的业主、使用人发布，防止谣言传播；组织人员对受聘提供物业服务的建筑区域受灾情况进行统计，出现较大人员伤亡、财产损失时，应立即向相关政府部门求助。

五、大（浓）雾灾害的应急预案

（1）发生大（浓）雾灾害时，设施设备维护人员应立即开启公共区域照明装置，增加公共区域、路面的能见度。

（2）提请业主、使用人注意出行安全。

（3）加强建筑区域内道路的交通疏导，提请车辆慢行，在建筑区域出入口、十字路口等区域增加人员或设立警示、指示标志。

（4）秩序维护员应加强对各出入口、通道口的控制，防止不法之徒乘乱滋事、浑水摸鱼。

（5）加强对公共区域的巡查和公共秩序的维护，排除安全隐患。

六、高温、干旱灾害的应急预案

（1）发生高温、干旱灾害时，应在建筑区域内显著位置张贴温馨提示，提请业主、使用人注意防暑降温。

（2）设施设备维护人员应加强对共用部位、设施设备的检查，特别是外墙玻璃、瓷砖，供配电系统，防止应高温造成外墙玻璃、瓷砖爆裂脱落而伤人，以及供配电系统过热短路起火等次生事故。

（3）客户服务中心储备必要的防暑降温药物，供建筑区域内业主、使用人及公司员工使用。

（4）对不耐高温的共用部位、设施设备采取降温措施，防止损坏。加强对绿化带的浇灌养护，防止植物干涸枯死。

（5）高温天气利于细菌滋生，应加强对建筑区域的消杀工作，防止疾病、疫情传播。

七、雨雪冰冻灾害的应急预案

（1）发生雨雪冰冻灾害时，物业服务企业应在建筑区域内显著位置张贴温馨提示，提请业主、使用人注意防寒抗冻。

（2）设施设备维护人员应加强对共用部位、设施设备的检查，特别是屋面、给排水管、室外供配电系统等。

（3）客户服务中心储备必要的防冻伤药物，供建筑区域内业主、使用人及公司员工使用。

（4）加强建筑区域内道路交通的疏导，提请车辆、行人小心慢行，重点区域增设岗位或安全警示标志。

（5）对不耐低温冰冻的共用部位、设施设备采取解冻处理。具体可根据实际情况采用热水、蒸汽措施，防止损坏。必要时，相关设施设备可暂停运行使用。

（6）加强建筑物、树木、室外设施的扫雪除冰工作，防止建筑物、树木、室外设施因积雪、结冰过重而垮塌等事故。

（7）雨雪冰冻期结束后，应对共用部位、共用设施设备进行仔细检查和维护，确保其正常运行。

八、发生疫情的防治预案

依据《中华人民共和国传染病防治法》和国务院《突发公共卫生事件应急条例》，全面落实"早发现、早报告、早隔离、早治疗"的要求，提高快速反应和处理能力，将防治工作纳入法制、科学、规范的轨道，保证物业项目业主、房屋使用人，以及工作人员的生命健康和安全，切实有效地防止疫情的发生及反复。

（一）管理架构

1. 疫情的三级管理

（1）一级疫情管理：为境外或外埠爆发或流行防治措施。

（2）二级疫情管理：为本市出现疫情或爆发防治措施。

（3）三级疫情管理：为本物业项目出现疫情防治措施。

2. 组织人员架构

物业管理服务公司成立指挥领导小组。

（1）组长：项目执行总经理。

（2）副组长：副总经理。

（3）组成人员：行政办公室主任、保安部经理、管家服务部经理、保洁绿化部经理、工程部经理、财务部经理。

3. 岗位职责分工

（1）执行总经理职责：

① 全面掌控物业疫情；

② 人员安排及重大行动决策指挥；

③ 审阅每日各部门呈送的报告并做批示。

（2）副总经理职责：

① 协助物业项目执行总经理完成防疫工作；

② 项目执行总经理因故缺席时，由副总经理行使项目执行总经理权利。

（3）工程部经理职责：

① 负责保证设备设施的良好运行；

② 特殊情况下的工程维修维护抢修及家政维修的范围控制；

③ 生活用水、中央空调的消毒工作。

（4）管家服务部经理职责：

① 负责物业项目业主、房屋使用人健康状况调查分析；

② 疫情防治的宣传及解释工作；

③ 隔离人员及区域人员的安抚工作，日常用品的买送工作。

（5）保洁绿化部经理职责：

① 负责消毒、防护用品的采买及保证，包括测温器、口罩、防护服、警戒带、消毒器材及药品、简单医疗器材；

② 员工的体温、健康统计，上报物业项目执行总经理。

（二）物业项目一级疫情防治预案

（1）物业项目执行总经理从政府或医疗机构疫情发布会得知有疫情出现，马上召集领导小组成员开会，启动防控工作，直至政府宣布解除疫情。确立行动机制，做好记录。

（2）会议确立防疫宣传的内容和办法，如保安员出入控制级别和设备的配备，工程维修保障重点等。

（3）保安部于办公区入口处设防护专人，以手持式测温仪为每个员工测体温，做好员工健康的监控记录。对有疑似病例的员工建议就医检查，拒绝其上班。保安部密切关注周围人员，对在疫区居住或关系密切来往人员进行控制。

（4）领导小组共同确定公共区域及人员所需消毒防护用品、药物的使用，并决定消毒防护范围及程度。保安部于各入口设置"一前一后"两块 $3m^2$ 脚垫，前一块喷洒饱和 10％ 过氧乙酸药液，后一块为干垫。楼宇大堂设 75％ 医用酒精、棉签及抽取式面巾纸，备访客消毒之用。电梯间内外的控制面板贴保护膜，每小时保洁专人用 84 消毒药液擦拭，并及时更新消毒记录。

（5）密切建立与政府医疗、开发商、业主、总部等的信息网络，并保证通畅。

（6）保安部实施出入人员、车辆控制范围及级别，体温测量及车辆消毒工作。

（7）管家服务部定时与业主、房屋使用人联系，了解行踪及健康状况并做记录，根据情况提出建议和警示，积极宣传预防知识。

（8）办公区域保洁人员每日早 7：00、晚 7：00 以过氧乙酸喷雾消毒。卫生间放置 84 消毒药液容器，员工每日 3 次洗手消毒。保洁人员每日两次对办公室电话进行擦拭消毒。

（9）保洁人员组建两个消毒小组，配备消毒设备、防护用品，分别负责公共区域、办公区和入户、出入人员车辆的消毒工作，做好记录。

（10）工程部在疫情期间实施设备清洁消毒计划：

① 清洁、消毒室内、公共区域空调过滤网；

② 开放所有排风机、送风机及楼道窗户；

③ 对生活水箱间每日进行消毒，特别是排水沟消毒；

④ 每日对室内污水坑投放消毒药液；

⑤ 用湿毛巾封闭下水地漏并每日消毒。

以上工作每日检查记录，汇总上报项目执行总经理。

（三）物业项目二级疫情防治预案

1. 领导成员例会的召开

领导成员要召开例会，就疫情最新情况和各部门报告内容做出工作安排。告诫员工不要聚会，减少与其他人员接触的机会，办公时配戴口罩，分散用餐。

2. 各部门管理人员编制

分为两组，分别独立办公，不直接接触客户，部门间用电话联系工作。分组情况备案呈送物业项目执行总经理。

3. 物业管理服务工作重点转入防治工作

工程部取消一些紧急维护性服务，重点保证供水、供电、通信、燃气等基础设施的安全运行。

4. 管家服务部的工作

管家服务部加强宣传、联络工作，但不能造成恐慌，建议业主取消公共活动。

5. 保安部的工作

保安部严格控制出入人员、车辆，设测温仪、车辆消毒喷雾设备，杜绝一切隐患。同时，保安部要准备机动车辆。

6. 保洁部的工作

保洁每日两次消毒，应业主要求可入户消毒。公司统一准备四套防护服。

7. 管家服务部的工作

管家服务部密切与医疗机构联系，请流行病专家进入小区检查工作，提出整改。

8. 员工行动控制

分班、配戴口罩、消毒，体温每日两测，家属健康汇报并由专人统计管理，每日上报物业项目执行总经理。

9. 其他行动

（1）各部门根据情况，对年假、病假、事假加强管理甚至取消公休等。

（2）工程维修做好公共及办公区的通风换气工作，并建议会所停止服务。入户维修前戴好口罩，使用消毒好的工具，工具使用后再次喷洒2％过氧乙酸消毒。

（3）秘书定期向上级及相关机构沟通、汇报工作。

（4）保安部加强宠物控制，不得随意出入。

（5）管家服务部安抚解释加大力度，密切了解业主、房屋使用人健康状况，出现异常马上上报并跟进处理。

（6）保安部准备隔离专用房间和隔离用标识。一旦发现有疑似病例出现，保安员将配戴好必要的防护设备，将病人转移到隔离专用房间。

（7）保安部一旦得知疑似或疾病出现，穿好防护服，控制封锁现场，马上通知医疗机构，写出事件报告交物业项目执行总经理。

（8）保洁将垃圾消毒后集中处理运输。

（四）物业项目三级疫情防治预案

（1）保安部杜绝一切不必要人员及车辆的出入，严格做好封锁工作。

（2）保安部、管家服务部配合医疗及政府隔离工作，封锁疫情单元及楼盘。

（3）管家服务部对其他住户电话安抚，协助做好隔离及后续工作。

（4）工程维修取消一些家政服务项目，如需水电抢修，穿好防护服，戴好口罩，经业主同意，方可入户，现场消毒工具后工作，并做好记录。

（5）工作人员的工作生活将受到一定限制，严格做好自身防护，必要时采取隔离措施。

（6）特事特办，但不得自作主张，必须向上级请示报告。

（7）工作人员严禁传播、散布疫情信息，镇定冷静，坚守岗位，尽最大努力维护物业项目区域内的稳定，维护公司的利益。

第七节　现场救护技术

一、主要任务

熟悉或掌握现代救护理念和现场急救技术，可以增强急救安全意识和自救互救的能力，面对意外伤害、灾害事故、职业危害或常见急症等发生时，能熟练运用现场急救常识，组织开展现场救护和自救互救工作。

现场急救处理的主要任务是抢救生命、减少伤员痛苦、预防加重伤情和并发症，正确而迅速地把伤病员转送到医院。

二、实施步骤

发生意外时，最重要的是冷静。慌乱、手足无措是无法施行有效、正确的急救措施的。在实施急救之前，首先要观察伤者的状况，做出正确的方案，才能有效急救，将伤害降至最低点。

第一步，观察伤者的生命迹象。如呼吸、脉搏、意识是否清楚，确定急救措施。

第二步，如伤者或患者出现下列六种情况之一，应立即呼叫救护车，送往医院：

① 意识不清，长时间痉挛；

② 没有呼吸或呼吸短浅及没有脉搏，呼吸困难；

③ 大量出血；

④ 严重的头痛、胸痛或腹痛；

⑤ 严重的呕吐或腹泻；

⑥ 发生休克。

第三步，注意以下要点：

① 若非必需，尽量不要移动伤病员；

② 如果伤者有呕吐物现象，在判明无颈椎骨折现象后，将其头部侧向一侧，以防呕吐物堵塞气管；

③ 检视伤处时动作轻缓；

④ 不给伤者任何食物；

⑤ 了解家人健康状况，如是痫疾发作，可根据医生指导实施急救。

第四步，实施现场急救。

① 立即进行心肺复苏；

② 立即止血；

③ 包扎和固定；

④ 转运至医院。

三、心肺复苏救护技术

心肺复苏是当呼吸及心跳停止时，合并使用人工呼吸（图6-2），以及心外按摩来进行急救的一种技术。

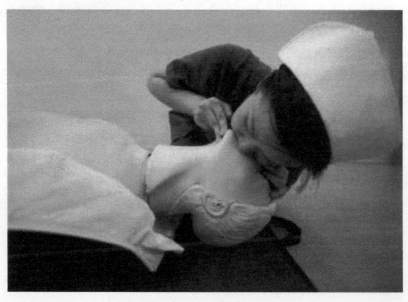

图6-2 人工呼吸

心肺复苏适用于由急性心肌梗死、脑中风、严重创伤、电击伤、溺水、挤压伤、踩踏伤、中毒等多种原因引起的呼吸、心搏骤停的伤病员。目的是防止突然、意外的死亡，而不是延长已无意义的生命，适用于各种原因所引起的循环或呼吸骤停。

对于心跳呼吸骤停的伤病员，心肺复苏成功与否的关键是时间。现场及时开展有效的抢救非常重要，抢救生命的黄金时间是 4 分钟。在心跳呼吸骤停后 4 分钟之内开始正确的心肺复苏，生存希望最大。

心肺复苏实施步骤如下。

（1）轻拍患者肩膀或按压人中，检查伤患有无意识，必须注意病患有无颈椎受伤，不可剧烈摇晃病患。

（2）大声呼救。如确定患者意识不清，应立即求救；求救时指示必须明确，例如：请帮我叫 120。

（3）迅速放好体位。使患者就地仰卧在坚实的平面上，如患者俯面，则必须将患者的头、肩、躯干作为一个整体，同时翻转而不使其扭曲，对颈部受伤者应特别注意托颈翻转。施救者跪于患者肩部位置，与患者肩部垂直。

（4）打开病患口腔，检查呼吸道中有无异物。

（5）将患者头部偏向一侧，清除其口腔及呼吸道中的异物，如口香糖、假牙等。

（6）压额抬颚，保持呼吸道畅通，防止舌头因重力下垂阻塞气道。

（7）脸颊靠近病人口鼻，眼睛注视病人胸部，观察 3～5 秒。

（8）如无呼吸，打开患者口腔，并将患者鼻子捏着，以免从口部吹气时，由鼻腔漏气。

（9）密罩患者口部，深吹两口气，每次吹气约 1.5～2 秒，必须注意患者胸部有无起伏，并等病人第一口气完全排出后再吹第二口。

（10）食指及中指先摸到喉结处，再向外滑至同侧气管与颈部肌肉所形成的沟中，按压观察颈动脉 5～10 秒。如有脉搏，继续反复施行人工呼吸，直到患者恢复自然呼吸为止，成人每分钟约 12～16 次，小孩约 15～20 次。

（11）如无脉搏，准备实施胸外心脏按压术。

（12）沿肋骨下缘向上滑，找到剑突头端起向上两指幅处，以另一只手之掌根放至按摩位置，注意不可按压剑突。

（13）两手交叉互扣，指尖翘起，避免接触肋骨。

（14）施救者两臂伸直，与患者身体呈垂直，肩膀在胸骨正上方，迅速下压4～5 厘米（1.5～2 寸）。按压应平稳而有规律地进行，不能间断，下压及向上放松的时间大致相等，按压至最低点处应有明显停顿，用力应垂直向下，不能左右摆动，放松时定位的手掌部不要移动位置，但应尽量放松，使胸骨不受任何压力。

（15）心脏按压施行速率，成人每分钟约 80～100 次，年幼患者速率应加快，婴幼儿患者每分钟约 100～120 次。

（16）对于幼童应酌情施压，1～8岁左右患者，可改用单掌施压；一岁以下患者，可改用两指施压，使用中指及无名指，按压位置为乳头连线中点下一指，人工呼吸改用口对口鼻；人工呼吸与心脏按压的频率为1∶5。

（17）单人施救时，人工呼吸与心脏按压的频率为2∶15；双人施救时，人工呼吸与心脏按压的频率为1∶5。

（18）在做完四个循环后，吹完两口气，需检查脉搏3～5秒；若无脉搏则继续心脏按压，以后每四次循环或3～5分钟检查一次。

（19）若有脉搏，则检查呼吸3～5秒；若有呼吸，则将病人置于复苏姿势，以避免呕吐物吸入气管，造成吸入性肺炎；若无呼吸，则继续实施人工呼吸。

心肺复苏急救过程是一个重要的阶段，其目的是通过上述步骤连续循环动作，可以从外部来支持心跳、呼吸停止的患者的血液循环和呼吸，以对患者的脑、心和其他重要脏器供氧，从而为进一步生命救生的成功，创造不可缺少的条件。

四、急救包扎技术

包扎术是救护及家庭医疗救护中的基本技术之一，它可直接影响伤病员的生命安全和健康恢复。常用的包扎材料有三角巾和绷带，也可以用其他材料代替。

（一）三角巾包扎法

（1）头部包扎：将三角巾的底边折叠两层约二指宽，放于前额齐眉以上，顶角拉向后颅部，三角巾的两底角经两耳上方，拉向枕后，先作一个半结，压紧顶角，将顶角塞进结里，然后再将左右底角到前额打结。

（2）面部包扎：在三角巾顶处打一结，套于下颌部，底边拉向枕部，上提两底角，拉紧并交叉压住底边，再绕至前额打结。包完后在眼、口、鼻处剪开小孔。

（3）胸背部包扎：取三角巾两条，底角打结相连，将连接置于一侧腋下的季肋部，另外两个燕尾底边角围绕胸背部在对侧打结，然后将胸背燕尾的左右两角分别拉向两肩部打结。

（4）膝关节包扎：三角巾顶角向上盖在膝关节上，底边反折向后拉，左右交叉后再向前拉到关节上方，压住顶角打结。

（5）手、足包扎：手（足）心向下放在三角巾上，手指（足趾）指向三角巾顶角，两底角拉向手（足）背，左右交叉压住顶角绕手腕（踝部）打结。

（二）绷带包扎

（1）环形包扎法：在肢体某一部位环绕数周，每一周重叠盖住前一周。常用于手、腕、足、颈、额等处，以及在包扎的开始和末端固定时用。

（2）螺旋包扎法：包扎时，作单纯螺旋上升，每一周压盖前一周的1/2，多用于肢体和躯干等处。

（3）8字形包扎法：本法是一圈向上，另一圈向下进行包扎，每周在正面和前一周相交，并压盖前一周的1/2。多用于肘、膝、踝、肩、髋等关节处的包扎。

（三）包扎时应注意事项

（1）动作要迅速准确，不能加重伤员的疼痛、出血和污染伤口。

（2）包扎不宜太紧，以免影响血液循环；包扎太松会使敷料脱落或移动。

（3）最好用消毒的敷料覆盖伤口，紧包时也可用清洁的布片。

（4）包扎四肢时，指（趾）最好暴露在外面，以便观察。

（5）应用三角巾包扎时，边要固定，角要拉紧，中心伸展，包扎要贴实，打结要牢固。

五、止血技术

急性大出血过多，将可能危及生命。因此，对外出血的伤员，尤其是大动脉的出血，必须立即止血；对疑有内脏或颅内出血的伤员，应尽快送医院处理。这里主要介绍外出血的几种止血方法。

1. 绷带加压包扎法

用数层无菌敷料覆盖创口，再用绷带加压包扎，以压住出血的血管而达到止血效果，同时抬高伤肢（图6-3）。它适用于小动脉、小静脉和毛细血管出血的止血。

2. 指压法

在动脉行走中最容易被压住的部位称为压迫点。指压法的要领是：在出血部位的上方，在相应的压迫点上用拇指或其余四指，把该动脉管压迫在邻近的骨面上，以阻断血液的来源而达到止血的效果。这是动脉出血时的一种临时止血法，所加压力必须持续到可以结扎血管或用止血钳夹住血管为止。常用的压迫止血法有以下几种。

（1）颞浅动脉压迫止血法：一只手扶住伤员的头并将其固定；用另一只手的拇指，在耳屏前上方一指宽处摸到搏动后，将该动脉压迫在颞骨上。它适用于同侧前额部或颞部出血的止血。

（2）肱动脉压迫止血法：将伤臂稍外展、外旋，在肱二头肌内缘中点处摸到搏动后，用拇指或食、中、环三指将该动脉压迫在肱骨上。它适用于前臂及手部出血的止血。

（3）指动脉压迫止血法：手指出血时，用健康手的拇、食两指压迫患指两侧指根部，并抬高患肢。

（4）股动脉压迫止血法：伤员仰卧，患腿稍外展、外旋。在腹股沟中点稍下方摸到搏动后，用双手拇指重叠（或掌根）把该动脉压迫在耻骨上。它适用于大腿和小腿出血的止血。

（5）胫前、胫后动脉压迫止血法：在踝关节背侧，于胫骨远端摸到搏动后，把

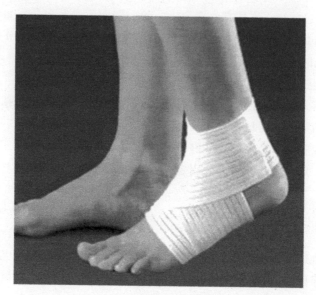

图 6-3 绷带加压包扎法

该动脉压迫在股骨上；在内踝后方，将胫后动脉压迫在腿骨上。它适用于足部出血的止血。

参 考 文 献

[1] 杨剑. 物业管理的 168 个怎么办. 北京：中国纺织出版社，2013.

[2] 樊玉璞，郑立业. 社区安全管理. 北京：石油工业出版社，2011.

[3] 周成学. 物业安全管理. 北京：中国电力出版社，2009.

[4] 苏宝炜，李薇薇. 物业安全管理服务工作手册. 北京：人民邮电出版社，2007.

[5] 余源鹏. 物业安全管理实操一本通. 北京：机械工业出版社，2002.

[6] 邵小云. 物业安全应急管理手册. 北京：化学工业出版社，2013.

[7] 张野，邵小云. 物业管理处安全防范管理. 广州：广东经济出版社，2009.

[8] 滕宝红，邵小云. 物业管理实用操作手册. 北京：中国时代经济出版社，2010.

[9] 肖建章. 物业管理服务案例与管理方法. 深圳：海天出版社，2003.

[10] 李光辉，侯章良. 物业管理职位工作手册. 北京：人民邮电出版社，2005.